真誠擁抱生命
坦然面對老病
自在迎接死亡
永續經營來生

慧開法師・著

生命的永續經營（中）

生死大事的抉擇課題：不做生命的延畢生　優雅謝幕風光畢業

〈推薦序〉

走進生命永續經營殿堂

佛光山泰國泰華寺住持 心定和尚

慧開博士法師，其個性跟他的先父陳鶴袖老師很像，正直，意志堅強，教學認真而嚴格，負責南華大學生死學研究所二十多年來，培養出很多專業人才，幾乎改變了全臺灣的殯葬禮儀，以及提升禮儀師的素質，到處都可以看到，舉辦的告別式追思讚頌會，莊嚴肅穆。更重要的是對臺灣許多安寧病房，以及臨終關懷的法師、神職人員、義工，增加許多新的知識與觀念。慧開博士法師更強調，每個人的生命，走到盡端的時候，能讓他（她）得到安詳與尊嚴，他對這方面的任務，目標正確、堅持原則，令我敬佩不已。慧開博士法師，除了教學之外，經常應邀做學術論壇、發表論文，或到各國各大學演講，累積更廣泛、更豐富的經驗，更勤於筆耕，最近即將出版《生命的永續經營》三大冊。

慧開博士法師用大力氣、大精神探研「生死大問」許多年，用最根本的理論和最實際的實踐相輔相成，為臺灣推動生死學教育功不可沒。從之前出版的《生命是一種連續函數》帶領讀者一窺生死奧秘、感悟生死自在，再到即將出版的《生命的永續經營》三大冊，為讀者提供一把生死自在的鎖鑰，打開生命永續經營殿堂的大門。

《生命的永續經營》三冊共六章：第一章、自在的生命；第二章、生命的視野；第三章、生死的抉擇；第四章、生死的議題；第五章、生死的解法；第六章、生命的謝幕。內容多方，包括：瀟灑走一回、佛法與生死疑難解答、「四千萬」心法、臨終關懷、喪葬禮俗、放生問題、輪迴觀、生老病死自然機制、安樂死迷思、病人自主權利法、器官移植與捐贈、末期絕症、死刑存廢反思、佛教經典心法、修持「一心不亂」與「正念現前」、一期生命的自然謝幕、植物人解套之方、兒童生死觀等等各面向「生命」與「生死」相關的疑難解惑。後末篇章以老布希總統喪禮、末期臨終病患通訊往生輔導，以及忠犬來喜往生實例，揭示一期生命的自然變化、面對臨終的態度，以及觀照生老病死要有正念、正見，以期無量壽。

佛陀曾經言說：「何法有故老死有？何法緣故老死有？即正思惟，生如實無間等：生有故老死有，生緣故老死有……。」又正思惟：「何法有故名色有？何法緣故名色有？即正思惟，如實無間等生：識有故名色有，識緣故有名色有。」正確明白理解到真理了，

「明」就出現，也就是正見，所以正思惟是證悟的因，正見出現，一切的苦皆滅。佛陀發覺無明是生死輪迴的主因，所以思考：「我時作是念：何法無故則老死無？何法滅故老死滅？即正思惟，生如實無間等：生無故老死無，生滅故老死滅……。」實相般若如如不動、不生不滅、不增不減，這是明白一切諸法的如實相的智慧，是「正見」。

正見靠正思惟的細細思考而引生，當觀色無常是正思惟，所得到的理解，就是正見，可以照見五蘊皆空，解脫生、老、病、死、憂、悲、苦惱，這就是度一切苦厄。人人都有人生問題與生死關頭，面對人生與一期的生命，用功一個正念往生淨土，這就是解脫、是究竟，千千萬萬不可一個差池，落入事理與生死的輪迴。

提供一個方法，利用八正道：正見（正當的見解）、正思（正當的思想）、正語（正當的語言）、正業（正當的行為）、正命（正當的生活）、正勤（正當的努力）、正念（正當的意念）、正定（正當的禪定）探討、研讀和實踐慧開法師《生命的永續經營》三冊所闡述的理念，即可深入這三冊書的精髓，達到這三冊書目的所在，解決或增強關於生死觀點、人生態度、社會問題，以及生命如何解脫究竟等諸議題的困擾或觀照能力。比如書中有位李老居士，一心念佛求往生而預知時至，生命見好就收；再如開爸爸、開媽媽的生活態度，以及對於信仰的信念，臨終時安詳捨報；再好比書中對死刑案、安樂死、病人自主權利法的析論，可以多層面地反思研討當前社會與人心的迷悟之間。

色身終會消滅，執著就會覺苦。了解因緣所生法如夢幻泡影，色受想行識皆是空，而「無我」觀是其中最最重要，臨終時，就能無有恐怖，心無罣礙，得生淨土或乘願再來。

推薦讀者細細研讀《生命的永續經營》三冊，以用功生活、精進修行來體證，必然生死清淨自在，生命永續經營無礙。

〈推薦序〉

瀟灑去來 生命更從容

佛光大學校長 楊朝祥

「生與死」是個難於參透的習題。「未知生，焉知死」，星雲大師常言「老、病、生、死」，「死」是另一個新生的開始，而在堪稱「生死學教父」的慧開法師筆下，對於「生命」與「死亡」則是抱持著一種慈悲、坦然的態度，將「生命」看成「因緣」，把「死亡」視為「新生」。那麼人在來去之間即能「瀟灑」以對，結緣此生，「生命的永續經營」因此成為一項重要的課題，本書的出版深具意義。

佛經有云：「五度如盲，般若為導。」面對生死課題，須有「般若」（智慧）做為導航。每個人的「出生」及「死亡」，有其個別的「自然時機」，此即，自然的旋律與節奏，一切皆要隨緣自在，歡喜面對。誠如慧開法師所言，或許因為年輕，極少思考生命的終極意義，更少探索生命的歸宿與出路；不少人，一旦居齡退休之後，生命突感失落，不是迷失了生命方向，就是喪失了生命鬥志，是以，「未來何去何從？」、「如何成功老化？」、「如何超越老化？」、「該如何面對死亡？」，看完此書，令人茅塞頓開，因而能更加有智慧的看待生命。

談到「一合相」這個觀點，啟發了認清事物的本然實相，彷彿間，真的注入一股觀照世間的洞見內力，而能從比較寬廣的角度看待宇宙人生的種種現象。「微恙」即是一種「預警」。最近新冠肺炎疫情肆虐全球，打亂了人們的生活、學習方式，剎那間，世界的腳步就在此刻慢了下來，或許這就是對人類的一種警示作用，提醒人們多關心身邊的人、多留在家裡，也多愛自己一點。而這些正是在快速轉動的社會中，人們點滴喪失的寶貴資產，由此也讓我們體會到書中所述的「微恙彌珍」之諦。衷心盼望疫情趕快畫下休止符，讓人類在危機中重建生活、工作的次序與機轉。

對於一般人把「一心不亂」與「正念現前」想像得過於玄妙、神奇而脫離了現實，以致於有一種「不得其門而入」的感覺。慧開法師於書中指出，其實，佛法的修持是很實際的，一點都不玄。他認為，不管理論講得多麼高深玄妙，最後還是要落實在三業、六根上面的實踐，以深入淺出的方式傳遞人間佛教的真諦。

本書分為上、中、下三冊。上冊有：第一章、自在的生命、第二章、生命的視野；中冊有：第三章、生死的抉擇、第四章、生死的議題；下冊有：第五章、生死的解法、第六章、生命的謝幕，共計六章，對於生死的種種課題有著鞭辟入裡的見解，值得展書一讀，從容於「生命賞味期」之前，「所作皆辦」、「正念現前」，將「生命的永續經營」能從「理念信仰」落實為「實踐行動」。

滄海桑田、無常變遷，興衰起浮、是非成敗，乃至生離死別、悲歡離合，是人生無法避免的磨礪。慧開法師的這本大作《生命的永續經營》可使讀者們從「自在的生命」了悟臨終關懷的心歷路程；由「生命的視野」解讀「生、老、病、死」的自然機制與奧秘；以「生死的抉擇」呼籲大家關心「病人自主權利法」；從「生死的議題」論死刑存廢問題；又用修持「一心不亂」與「正念現前」面對「生死的解法」；再以老布希總統的喪禮追悼辭看生死文化「生命的謝幕」，章章精彩，值得一讀再讀。

慧開法師的筆下娓娓道來，把對生命的經營描述得如此淡然、超越，朝祥有幸先睹為快，體會良深。此種預見和前瞻，不約而同，也印證於股神巴菲特（Warren Buffett）於今年寫給Berkshire Hathaway股東的信中就曾提及：「100 percent prepared for our departure」，姑不論股神是否預言啟動接班計畫，我們深信永遠須為未來做好準備。恭喜慧開法師大作出版，以立言方式，廣結善緣，實踐佛陀慈悲教義，讓今生圓滿、永續人生更從容。好書，要與好朋友分享，願意在此為大家推薦。

〈推薦序〉

磅礴的交響樂是由單調的樂音所組成

南華大學校長　林聰明

慧開法師是享譽國際的生命教育泰斗，曾兩次受邀赴羅馬天主教教廷（梵蒂岡）專題演說，一生著書論說、奉獻生命教育志業居功厥偉，二〇一六年獲頒教育部生命教育「特殊貢獻獎」，殊為典範，逢其《生命的永續經營》大作付梓，專書肯定會是生命教育中的絕妙樂章。

德國哲學大儒叔本華說：「青年是屬於詩歌歲月，老年則是哲學沉思的季節。」前者在於對外部事物的直觀，好惡是建立於對外界的印象，後者則為對生命歷程的思索與追憶，行為是藉由思想決定；人類自呱呱落地、成長茁壯以迄退化衰老，與大自然的日升日落、潮起潮伏同為定律，如何從生命終極課程中，讓自己免落於精神貧乏、靈魂空虛、不知所措等困境，秉持在燦爛日子裡沒或忘天空仍會有陰霾，於面對可怕仇恨時仍感受曾有過愛的溫暖之心境，知天命地享受青壯與晚年之幸福氛圍，走一回瀟灑人生，已成為大家共同關注的議題、顯學。

本書探討的內容既深且廣，開師父（這是校內大家對慧開法師的敬稱、暱稱，本人也在此引用）不僅止於對生命哲理的探討、論述，更以實例、經驗來闡述生命關懷的實踐，很容易引領讀者入門，帶給讀者有切身之感；開師父在諸多談論生死的課程中，為學員就「自己最感疑惑、過去想問而不敢問、想問卻找不到人問」之有關生命終極問題、疑惑，從哲理、佛學、生活經驗等多面相予以解惑、鼓舞，弭平青年直觀與老年沉思間的嫌隙，堪稱是一部「老壯青皆宜」的好書。

器世間宇宙的「成、住、壞、空」與有情眾生生命的「生、老、病、死」流轉不息，不為權勢者、英雄、富豪而片刻停頓，惟渠等或被個別視為無趣的單調樂音，若能透過對生死哲理的探討、領悟，讓「內在靈性生命」與「外在肉體生命」得以相輔相成，生命過程將幻化為一首鏗鏘磅礴、動人心弦的曼妙交響樂，生命的經營、意義且將成為永續。

〈推薦序〉

生死並論尊嚴謝幕

中國醫藥大學前校長　黃榮村

慧開師父眷村世家子弟出身，從小對聲音高頻反應有缺陷但有絕對音感，而且聽聞講話學習過程順利正常，他從臺大數學系畢業後，在普門中學任教，之後披剃出家，到美國費城天普大學，從生死學研究權威傅偉勳教授門下修習，一九九六年獲博士學位後返回佛光山，一九九七年到南華大學生死學研究所擔任專任教職，中途短暫轉任佛光大學佛教學院院長，嗣後擔任南華大學學術副校長，已有二十幾年的大學教研經驗。

慧開師父人生一路走來，頗有傳奇味道，因此在撰寫本書《生命的永續經營》三冊時，經常流露出作者博學多聞的一面，在多元題材上面帶來很多趣味，他也藉此機會講講談談自己的成長與體驗，非常有趣也很有參考價值，可說很有一點小自傳的味道。我與他都在一本由臺大出版的「生命教育」刊物編委會當委員，他一向直言無諱觀點獨具，也很樂意與人論辯。所以不要將這本書看成只是一本正經八百講生論死的著作，因為本書隱藏有各種有趣的觀點與內容，而非只是談生論死而已。

慧開師父在書中提出主要問題，認為人不只在生之時須規劃，死亡亦同。死亡是生命的結束或是生命的轉換？如何平順又尊重生命的走完生命末期與臨終？如何知道不只尊重生命也要尊重死亡，做好往生的準備，不要抱憾而終？人生如何自然謝幕？這些問題與做法不只是針對正在面對死亡的當事人，也直接衝擊著活在當事人周圍團團轉的親友在內，整體而言，面對死亡的背後主軸就是一種生命的永續經營。作者如此立論，不只因為他本人就曾實際深入經歷家人的生老病死，對醫療與急救都有基本了解，而更因為是他已發展出一套完整的「往生到佛國淨土」的基本框架之故，基督教也說回返天家，因為那都是無上恩典。有了這類哲學基礎，就能一步步緩慢而踏實的找出法門依此而行。但對一般人的思考慣性而言，因為還未建立中心思想，所以這種話在初聽之時，處處不精準、樣樣不踏實，連思考都跟不上遑論找到落實的法門，確有困難啊！所以對生命的掌握應該要有一套系統性的教育，以便發展出清楚的信仰，之後才比較能發展出真正能夠面對生命與死亡的自然方式，這是生命教育可著力之處，本書已經做了一個具有說服力的示範。

本書針對喪葬禮俗儀節中的宗教儀軌，敘說詳細，讓我們對「慎終追遠」的各項「喪祭之禮」有所了解，這也是生命如何以極簡與優雅方式謝幕的必經過程。作者對安易死（安樂死）、預立醫囑、持續植物人狀態、尊嚴死、安寧緩和醫療條例、病人自主權利法等項的相關立法與政策，觀點獨具，也有各類深入的批判，更認為佛法當中自有遠比安樂死高明的解套法門，希望在人生謝幕的緊要過程中，能夠停止不當的醫療干預，而一心一意積極「求往生」。書中也以輕鬆的筆法談及生死輪迴觀、前世記憶與遺忘等有趣的內容，這些都是信仰與科學之間可以依證據互相攻防的課題，讀者們倒是不必太過執著。

一般人可能更在意人的一生如何過得有意義，但這是勵志書籍的主體內容，本書所談則是屬於更難的，如何優雅面對死亡的問題。孔老夫子說：「未知生，焉知死？」不過在人類確有其人口學上的死亡極限下，人的一生不管活得怎麼樣，總會走到盡頭，慧開師父反過來應該會說：「未知死，焉知生？」而且主張生死並論可也。不過作者在本書中所提出，花開處處的「慧開心法」，則是須修練的，好在書中雖然玄機不斷，但也留下很多可操作的具體法門，我想讀者一定可以找到適合他／她靜下心來心領神會的思考方向。

〈推薦序〉

直指生命的實相

臺灣大學前校長　李嗣涔

我與慧開法師結緣主要是在一些與生命教育有關的研討會上，我們同為受邀演講的講師，我講的主題通常是與人體科學有關的特異功能現象，或為解答宇宙大中小尺度的謎團為主的宇宙實像模型假說。法師談的主題主要是生命永續經營的主題，由於他當年出家前是學數學出身，論證生命的經營廣用案例的邏輯性很強，而且他很會演講用詞詼諧常常讓人會心一笑，聽得非常過癮，令人印象深刻。

這次他把多年演講及研究的心得整理出書，讓讀者可以更全面及廣泛地了解他對生命永續經營的哲學基礎及理論根據，經由許多國際及國內面對病人生死關頭實際案例的討論，主題包括當地法律的規範、倫理的考量及實務所面對不同的情境，他提出對生死問題非常深刻的看法。我特別欣賞的是他對「安樂死」、「死刑存廢」問題的討論，這兩個問題是當前社會面對的重大議題，安樂死是每個家庭碰到家人受到重大傷害瀕臨死亡時，都要面對的天人交戰的艱難抉擇，持續救下去可能成為植物人，餘生成為家庭的重大負擔，不救則於心難安，你該怎麼辦？作者認為沒有得到病人本人的同意，安樂死就像謀殺，他以佛教的觀點認為成為植物人是因為病人的靈魂仍然執著肉體不肯離去，解決的方法是要靠宗教的方法，由具有特殊溝通能力的宗教人士直接與病人靈魂溝通，勸服他離開生病的肉體前往生命的下一階段邁進，不要執著目前的困境。我個人非常認同作者的論點，生死輪迴在我研究的範圍所觀察過成十上百的案例，可以確定是宇宙的真理，靈療者在治療因果病時，的確有能力與附身的靈魂溝通說服他們離開肉體。因此我知道作者的建議是做得到的，也不違反病人自願的原則。

作者另外一個論點是死刑的存廢問題，作者由佛教因果相報的論點是不贊成廢除死刑的。雖然有人會以前世因果來替兇手辯護，作者解釋說如果妄言臆測殺人是前世因果會「沒完沒了」，為什麼？因為要講因果，不能只講一世、兩世，而是要講三世、生生世世，就有扯不清的冤冤相報，那豈不是「沒完沒了」？兇手要解除「沒完沒了」就必須要為自己的犯行業果負起全責這樣才能解脫罪愆。如何才算「負起全責」？如果殺人兇手能誠心誠意地向被害人及被害人家屬認錯、道歉、懺悔，然後坦然地面對死刑「以死謝罪」，他的重大過失與罪愆才能真正地解脫，不但現世的罪業可以化解，也可以免除來世的糾纏，死刑宜慎不宜廢，不應將「人權」汙名化，反而讓兇手累世受苦。我認識一位靈療者，三十多年來治癒成千上萬因果輪迴的病例，讓人理解因果力量的巨大與報復的可怕，與其糾纏於生生世世因果的報復，不如像作者所建議的當世做一了斷，其實是對兇手生生世世比較慈悲的考量。

我從這本書對於生死問題有了更深入的思考，也佩服作者資料整理得很完整，邏輯清楚論證嚴密，讓我學習到生命中許多重要的議題，相信所有讀者也能和我一樣，獲益匪淺。

〈推薦序〉

好好說再見

衛生署前署長　楊志良

我曾二次受邀至南華大學演講，其中一次題目是「好好說再見」，介紹「安寧緩和條例」及「病人自主權利法」。釋慧開法師是聽眾之一，臨別贈我一本鉅作《生命是一種連續函數》。本人愚鈍，從書名不識端倪，日後開卷，才知他曾擔任南華大學的教務長、副校長等職，重要的是他創立了南華大學的宗教研究所及生死學系，並廣為傳授生死學，是臺灣第一人；也才知他跟我同是建中、臺大（數學系）校友。

該書博大精深，至今多尚未參透，近日法師又委請香海文化送來三大冊鉅著《生命的永續經營》，邀我寫序。但如同孔子言「未知生，焉知死」，對於今生尚不明白，遑論前世及來世，真是折煞我了，只能勉勵學習，才略知其一、二。

此書論及佛法的生死、生命輪迴，更深入探討敏感尖銳的議題，從放生、器官捐贈、安樂死及死刑的存廢，都有精闢的研析。總而言之，對才疏學淺的我而言，這書是討論「生命」的大作。

有生必有死，死亡是完整生命的一部分。生命誠可貴，孔子說：「始作俑者，其無後乎！」不但不能用活人殉葬，就是用人形的陶俑陪葬，孔子都給予嚴厲的譴責，孔子教誨學子們的是尊重生命。

尊重生命是普世價值，深植中外文明社會。例如在文明國家，虐貓、虐狗，加以殺害，都是犯罪行為，因為貓狗均是生命，會虐動物之人，顯然潛在有虐人、殺人的心態。曾經，臺灣流浪狗被捕捉後，一段時間無人認養，就要給予安樂死。此舉受到國內外人士的譴責，政府只好放棄，造成收容所「狗滿為患」。當然對於棄狗者，或以強制貓狗繁殖營利，又任意「放生」者，也加以譴責或規範。

不僅如此，因人是生物的一種，必須依賴其他物種以維生，但在尊重生命的普世價值下，不論飼養動物或宰殺動物，都強調要符合人道規範，給予足夠的空間、良好的環境。最重要的是強調不要浪費食物，因為丟棄食物就是增加宰殺動物，及破壞其他生物的生存空間。

雖然尊重生命是普世價值，但現實情況是，每天不知有多少生命被凌虐及殺害，或生不如死，身心靈都受到殘害。就以人類來說，根據聯合國難民署的統計，在二〇一七年底，全球共有六千八百五十萬人流離失所，其中一千六百二十萬人是於二〇一七年內成為難民，相當於每天增加四萬四千五百人。

二〇一五年，敘利亞穿紅衣服的難民小男孩被沖上土耳其海灘上，面部朝下俯臥著，那張照片不知讓全球多少人熱淚盈眶，激起歐洲一片接納難民的運動。但不過三兩年，各主要國家卻開始拒絕難民，特別是川普治理下的美國，避之唯恐不及。

至於在不合理的勞動條件下，包括童工、女工被剝削者處處皆是。臺灣一向自以為是民主、自由的進步國家，但僅只衛福部有案的虐童事件，一年就有萬起，平均每週約有兩個以上孩童被虐死。生命如何不被踐踏，是人類第一大事，或許目前無解，但就如同人道屠宰一般，只要往前一步，就是往佛家說言「普度眾生」前進。

有生就有死，生是隨緣而來（與父母之緣），無從選擇，但死在今日，卻可如願而去。

二〇〇〇年大選後，政黨輪替前，我以代理署長身分，有幸主持「安寧緩和條例」的修訂。初始施行不很順利，一方面是多數人認為應將生命儘可能延續，一方面是家屬間常意見不同。

二〇一〇年五月，我在回應立委質詢時，說「癌末急救是浪費生命」，但來不及說出「安寧照護可以減少生命痛苦」，招致當晚各媒體的非議。但第二天，創立國內第一個安寧病房的安寧之父賴允亮醫師說：「安寧照護不等於放棄。」他解釋，對末期病人來說，急救只是延長心跳，並沒有延長生命，反而是對生命的不尊重。

國內安寧之母趙可式教授，特別來電鼓勵，並公開說：「楊志良是觀念正確，但話說得太快，尊重生命的概念，是能有尊嚴的離開，不要讓生命再受痛苦。」媒體也有不少投書，提到因不知可以選擇不再急救，讓他們的親人受盡插管、氣切、急救壓斷肋骨等折磨，只是心跳多了半小時。

民氣可用，我就將選擇安寧照護及生命末期不再急救，列入住院須知，讓病患可以簽署選擇。

楊玉欣立委推動的「病人自主權利法」則更進一步，讓每個人在生前可自行選擇如何（如願）離開。只要生前立下遺囑，便可在有尊嚴的照護下，選擇去除維生系統及管灌飲食（末期病人給予食物，即使只是飲水，都會造成痛苦），給予高度鎮定，就如老僧坐化往生。

當然，每個人對生命的定義不同，也有人認為，只要有呼吸心跳，即使是使用葉克膜、永久植物人、嚴重失智、長期嚴重痛苦，目前無醫學方法可以緩解者，也是生命，就該盡力延續。此種看法也應予以尊重。

我自己的家人及數位好友，就是選擇安詳地離開。可惜的是傅達仁先生，病重時「病主法」雖已通過，但須經過三年宣導期，在二〇一九年一月才生效，他不得已在二〇一八年赴瑞士尋求安樂死。若在今日，「病主法」即可解決他的苦痛，他的遭遇令人悲痛。我一再呼籲，醫學教育不是僅教導如何延長壽命，更要學習如何減少末期病人的痛苦，此說也受到若干醫界大老支持。

釋慧開法師的大作《生命的永續經營》，對生命的討論深入淺出，充滿智慧，是每個關心生死者必讀的好書，特此推薦。

〈自序〉

從「生死自在」到「生命永續」

自從二〇一四年六月《生命是一種連續函數》出版以來，至今（二〇二〇年）已經整整六載。這六年來我仍然筆耕不斷，持續在《人間福報》「生死自在」專欄，與讀者們分享及探討現代社會中有關生死大事的各個方面課題，每週日出刊一篇文章，於今累積了有三百餘篇系列文章，將近五十萬言，再次集結成書，題名為《生命的永續經營》，分為三冊。

在過去這六年當中，我遭逢了生命中的重大變故——我敬愛的父親（開爸爸）於二〇一四年八月往生，以及生涯中的一些轉折——就是我終於能夠卸下將近二十年的各項行政職務，專心於教學、研究、弘法及寫作，這些經歷對於我在生死課題的探索以及生命意義的實踐上，有了更深一層的體會與領悟。

二〇一四年六月下旬，就在《生命是一種連續函數》出版後不久，我的父親開始出現無力用拐杖站立的情況，而且吃東西時吞嚥有困難，喝水會嗆到。在此之前，他在持誦《金剛經》時，常常念到一半時，經本還捧在手上就睡著了，顯示他的精神和體力明顯地下降，綜合這些情況，顯示了父親老化而且人生賞味期將盡的徵兆。

六月二十三日，父親突然發高燒，小弟緊急送他到耕莘醫院永和分院，經診斷為急性肺炎，注射抗生素以控制症狀。那時我們兄弟已經有了共識，爸爸年事已高，壯年時受盡醫療的折磨，一條腿撐了將近四十年，虔誠持誦《金剛經》也將近四十年，如今已邁入人生的最後一哩路，面臨人生的畢業考，我們千萬不能再讓他遭受到醫療的不當干預及折磨，破壞他往生佛國淨土的機緣。

我們兄弟有了兩年前（二〇一二年）陪伴照顧母親，一直到她安詳往生的寶貴經驗，所以這次陪伴照顧父親，更為信心堅固與篤定。基於我們兄弟的一致共識，以及同心協力地陪伴照顧，父親身心安適，沒有遭受到醫療的不當干預，而且能夠預知時至。在最後九天，我們將他從醫院接回家中，大家一心念佛，積極旁助開爸爸求生佛國淨土。八月十八日清晨，爸爸在意識清楚的情況下，沐浴在佛號聲中，注視著前方的阿彌陀佛像，安詳地捨報往生，享壽九十一歲。之後，我寫了一篇文章〈開爸爸的人生最後一哩路〉刊在《人間福報》以悼念父親，此文也收錄在本系列書之中。

如今回憶雙親都能夠年享高壽，也都是預知時至，而且都是在意識清楚的情況下，正念現前，安詳地捨報往生，內心覺得十分安慰。我們兄弟心中雖然難過與不捨，但是也因為他們都沒有遭受現代醫療的不當干預及摧殘，這一生圓滿地謝幕，而覺得沒有遺憾。這也是我幾十年來探索生死課題、推廣臨終關懷，以及靈性照顧的最大回報，希望藉由本書的出版，將我們兄弟陪伴照顧父親的心得與切身經驗，分享給關心生死大事的讀者朋友。

非常感謝師父星公上人的愛護、提攜與栽培，也感謝當年傅偉勳教授的鼓勵，讓我有機緣赴美進修，在賓州費城天普大學攻讀博士學位，從學於傅老師。一九九六年秋，獲得宗教學博士學位後回到臺灣，我先在佛光山叢林學院擔任院長，同時在南華管理學院（南華大學前身）哲學研究所兼課。一九九七年秋，獲聘專任教職進入南華大學剛創立的生死學研究所，然後從一九九八年開始擔任各項不同的行政職務，前後將近二十年。

在這二十年的教育生涯當中，南華大學的各項行政工作大部分我都擔任過，包括教學主管：研究中心主任、系主任、所長、學院院長，以及行政主管：教務長、學務長、研究發展處處長、副校長、代理校長，還曾經於二〇一一年一月借調到佛光大學擔任佛教學院院長前後一年半。

擔任這些行政職務原本就不是我的意願與興趣，都是由於種種的外在因緣條件，而落在自己身上，為了護持師父上人的辦學理念，同時也為了將人間佛教的精神與生命教育的理念，融入高等教育的校園實踐之中，而不得不承擔下來，但是在心中一直希望有一天能夠卸下所有的行政工作，專心於講學與著述。

機會終於來臨，二〇一六年十月中旬，我接到師父上人的電話，他對我說希望我能夠到世界各地弘揚人間佛教的理念以及推廣生死學，如果能夠不擔任行政職務會比較方便，我當下就稟報師父說，依教奉行，這也是我的心願。於是我就向林聰明校長請辭所有的行政兼職，專心於教學、研究及弘法。

從二〇一七年一月份開始，我利用寒暑假及課餘時間，到美國、歐洲、中國大陸、香港、澳門、馬來西亞、日本、印度、南美洲、澳洲各地演講及參加學術會議，迄至二〇一九年底，累計有二百十一場次，其中臺灣各地九十六場，海外世界各地一百一十五場，總平均每年七十個場次，可以說是全年無休。同時我持續不斷撰寫《人間福報》「生死自在」專欄的文稿，也因此才有《生命的永續經營》這一系列書的結集出版。

回顧這二十多年來，不論是在臺灣或者世界各地，我經常有緣應信眾、聽眾及讀者之請託，到醫院或其家中為末期與臨終的病人開示，以及協助與指導家屬如何陪伴照顧末期與臨終親人的原則與要領，也因此累積了許多實際的案例與故事。也因為經常有聽眾及讀者向我提問有關臨終關懷的各種問題，我就將那些值得參考的真實案例，整理之後陸續寫在專欄文章裡面與大眾分享，如今也收錄在本書之中。

上一本書《生命是一種連續函數》的主旨是「探索生死的奧秘，體現生死的自在」，而這一系列書的主軸為：從「生死自在」到「生命永續」，「生死自在」是一種生活的態度，而「生命永續」是一種生命的實踐。

我最早在二〇〇九年六月開始公開提倡「生命的永續經營觀」此一理念，而這一系列書以《生命的永續經營》為題，就表示「生命永續」以及「生命的永續經營」是貫穿全書的核心思想，前者「明理」——闡明「生命永續」之道理，後者「顯事」——開顯「生命永續經營」之實踐。我們面對生死大事，不能「執理廢事」，或者「執事昧理」，而要「理事兼備」，還要進一步「理事圓融」。

師父上人在他講述的《人間佛教．佛陀本懷》一書中，針對人間佛教的一般誤解與疑義，提出了二十則要義，希望將人間佛教真正的原意還復回來。在這二十則要義中，有關「生命不死」的闡述就佔了七則，超過三分之一，有相當大的比重，可見「生命不死」是人間佛教的核心信念。我所提倡的「生命永續經營」，充分呼應師父上人的「生命不死」

之人間佛教理念。

《生命的永續經營》這三冊書的內容，涵蓋了現代社會中「生、老、病、死」的各方面課題，除了探討「生、老、病、死」的自然機制與奧秘、末期病人臨終關懷的理論與實務之外，還包括「喪葬禮俗的基本認知」、「病人自主權利法」、「器官捐贈」與「器官移植」的議題，乃至「死刑存廢問題的探討」以及「安樂死」的迷思與解套之方，還有〈現代人如何修持「一心不亂」與「正念現前」〉、〈研讀佛教經典的心法秘笈〉以及〈從長命百歲到無量壽〉的探討等等，都是現代人生活在現代社會裡，不得不面臨而想要探索與了解的重要課題，我提出個人的一點心得供各位讀者參考。

我的人生早已經過了耳順之年，原本希望在二〇一九年八月，能夠屆齡（年滿六十五歲）從學校退休，回歸佛光山常住。其實，身為佛門僧眾的一員，是沒有「退休」的，佛門的說法是「盡形壽」，也就是「鞠躬盡瘁，死而後已」，但是身為教授的一員，是可以從教職退休的。不過，林聰明校長與本山的長老師兄們都不同意我從學校退休，所以我就繼續留在學校延長服務。

也正好南華大學生死學系的博士班經歷多年來的努力，終於在二〇一九年奉教育部核准設立，於二〇二〇學年度開始招生。這不只是南華大學以及生死學系的喜訊，甚至於對整個臺灣的高等教育而言，都是意義十分重大的里程碑。這樣的時節因緣也讓我覺得，我的留校延長服務有了新的意義與使命，希望經由生死學系博士班的成立，讓生死學的教學、研究與社會實踐，以及整個臺灣社會的生命教育與生死關懷，根扎得更深，樹長得更高，枝葉更茂盛，果實更豐碩，影響更深遠。

最後，希望本書的讀者，能夠藉由閱讀書中的內容，開展出更為寬廣深遠的生死視野，培養更為瀟灑自在的生死態度，落實更為前瞻宏觀的生命規劃與永續經營，不但自己受益，也能利益家人與親朋好友，慈悲喜捨，生死自在，盡未來際。

目次

（上冊）生命的終極功課：生死自在 瀟灑去來

（中冊）生死大事的抉擇課題：不做生命的延畢生 優雅謝幕風光畢業

第三章 生死的抉擇

—第四章— 生死的議題

（下冊）順應生命的自然機制：自然謝幕非難事　如願往生操之在我

—第五章— 生死的解法

第三章

生死的抉擇

「安樂死」的迷思與解套之方

前言

二〇一五年農曆新年，我回佛光山過年時遇到高希均教授，在佛陀紀念館禮敬大廳二樓陽台上觀賞夜景時，高教授和我談起了生死學，問我對於「安樂死」的看法。我說「安樂死」並不是理想的死法，因為「安樂死」只是顧慮到如何及早結束「生命難忍的痛苦」與「痛苦難忍的生命」，而完全沒有考慮到如何開展未來續起的生命。其實，佛法當中有遠比安樂死高明的解套法門，透過佛教的往生助念法門，一者，可以旁助末期病患克服身心上的痛苦；二者，可以協助末期病患（甚至於植物人）安詳地捨報；三者，可以引導末期病患發願往生佛國淨土、上生天界或乘願再來。不過當時是在過年聚會的場合，所以沒有時間和高教授詳細深談。

之後，我就計畫在《人間福報》「生死自在」專欄針對安樂死的議題，寫一篇系列文章詳細討論「安樂死」的相關問題，但是因為當時還正在進行〈從佛教觀點談「器官移植」與「器官捐贈」〉的系列文章，後來又因為臺北內湖發生了四歲小女童「小燈泡」被斷頭的驚駭命案，以及蔡京京夫婦弒母被判免死案，為了因應時事，在討論「器官移植」與「器官捐贈」的系列文章結束後，我又寫了〈三論死刑判決與存廢問題〉的系列文章。之後，為了幫助讀者進一步了解「生命永續」的意涵與道理，就寫了〈生死輪迴觀的現代探索與解讀〉的系列文章，然後才寫這一篇〈「安樂死」的迷思與解套之方〉。

二〇一六年十二月中旬，各媒體報導，資深媒體人傅達仁於十二月二日上書總統蔡英文，陳請通過「安樂死」法案，他表示：因應高齡社會配套長照政策，所造成國家資源之浪費，還有老人及其家人之痛苦，期盼以自身為例，願做臺灣合法安樂死首例。

接著，傅達仁又於十二月十四日傍晚在臉書上貼文出示總統府回函，並留言表示：總統相當關心他的身體狀況，也非常重視安樂死議題，已經函請行政院處理。

本來我還在考慮是否要先寫有關「自殺防治」的系列文章，後來因為看了傅達仁的報導，就決定接下來著手寫「安樂死」的議題。

英文「euthanasia」一字的誤譯與「安樂死」一詞的嚴重誤導

首先我要指出，「安樂死」一詞其實是個錯誤的翻譯，這是由日本人翻譯英文「euthanasia」一字而來，而後為國人所沿用。此一英文字源於古希臘語，其字根「thanas」的語源是「Thanatos」，原為希臘神話中死神之名，而字首「eu-」乃是「good」或「easy」之義，因此，「euthanasia」一字的原意為「安易（而無痛苦的）死」，與「快樂」或「不快樂」根本無關，是故，「安樂死」一詞不但是錯誤的翻譯，而且還嚴重地誤導社會大眾，我必須鄭重地聲明：「安樂死」一點都不安樂！

已故傅偉勳教授曾在他的劃時代著作《死亡的尊嚴與生命的尊嚴》一書中，特別提到這一點，並且曾在《中國時報》人間副刊上發表過一篇小文章（一九八四年六月二十二日），建議改譯為「安易死」，不過因為「安樂死」大家用慣了，已經約定俗成，幾乎不可能再改變了，但是對於這個名詞的出處與原意，以及其所要表達的概念內涵，我們應該要有正確的理解。

其實，當今在美國已經不太使用「euthanasia」一字了，因為這個英文字本身就有誤導美國社會大眾之嫌，現在比較普遍的用語是「physician-assisted suicide」（由醫師協助的自殺）。不過，就實而論，「physician-assisted suicide」如同「euthanasia」（安樂死）一般，二者都是一種「自我謀殺」的行為，亦即，它是病人意欲及早結束自己的生命，後者（euthanasia）是由醫師直接採取注射致命藥物的行動，而前者（physician-assisted suicide）則是由專業醫師從旁指導及提供致命藥物，但是不直接執行，所以稱之為「由醫師協助的自殺」。

因此，不管是「euthanasia」還是「physician-assisted suicide」，我認為都是錯誤的生命處置方式，因為那既不是正常，也不是妥善的「死法」。佛教有更高明的辦法，原則上，就是停止醫療的不當干預，而一心一意積極「求往生」，詳細的內容與道理，我會在本文中詳加解說。

有關「安樂死」爭議的社會脈絡

一九九三年，傅偉勳教授在《死亡的尊嚴與生命的尊嚴》一書中，特別針對自殺與「安樂死」的相關議題，花了十頁的篇幅做了一番頗為詳盡的討論，而且預言了現代社會中「安樂死」的問題將會持續地發酵。為了幫助各位讀者對於安樂死爭議的社會脈絡有個基本的了解，而有助於後續的討論，我先根據傅教授在書中所論述的內容大要整理一番，同時也增加一些補充資料，供讀者了解。

安樂死與自殺，在本質上有個根本的差異，自殺行為必然是出於自我選擇，在法律上無法定罪，如果一個人決意自殺，不但誰都阻止不了，法律也管不著。但是安樂死則不然，有可能不是出於自願，即使出於自願，也很難達到目的。就美國而言，有關安樂死的法律問題及其爭議，幾十年來一直非常複雜嚴重，至今無法解決。

「安樂死」方式的分類

根據傅偉勳教授的分析，安樂死的方式可以分為兩類四項，一方面分為：自願的（voluntary）與非自願的（involuntary），另一方面又分為：主動的（active）與被動的（passive）。

「自願的安樂死」出於病人本身的自我意願，並以口頭或者以書面表達；「非自願的安樂死」則是未經，或者無法經由本人同意而進行，其原因為病人本身已經失去意識而無法表示意願，而由家人代為主張。例如躺了四十七年「類植物人狀態」的王曉民，她的母親趙錫念生前擔心自己身後王曉民無人照護，因此曾經向立法院請願，要求速訂安樂死法律，使王曉民能解脫殘酷的病痛折磨。此事在立法院引發了激烈的辯論。由於多數委員反對，而且學者對於日後可能產生安樂死濫用的情況，存有很深的疑慮，因此無法達成任何共識或結論。

主動的或積極的（positive）安樂死，是由他人（如醫師、護士）直接有意地給病人服用致死的藥物，或以注射的方式等，讓病人提早死亡；被動的或消極的（negative）安樂死，則是由他人移除繼續維持病人生命的醫療設施之類。主動的安樂死在美國一直是非法的，一般認為那等於是主動殺人（killing）；至於被動的安樂死是否非法？則要看情況而定，美國各州的法律處分並不一致，一般認為那不算是主動殺人，而是屬於一種「讓（病人）死去」（letting die）。

如果將上述的兩類安樂死做排列組合，可以分為「自願主動的」、「自願被動的」、「非自願主動的」與「非自願被動的」四種情況。在這四種情況當中，在法律上與道德上最有問題與爭議的，當然是「非自願主動的」安樂死；其次是「自願主動的」安樂死，不過，雖然是病人自願的，但是因為醫師採取主動直接的「殺人」方式，所以在法律上和道德上也很難過關。然而，自一九九〇年以來，在社會輿論上，由於強調「死亡尊嚴」的人愈來愈多，自願主動的安樂死已經成為一項「熱門」的議題。

最著名的案例就是密西根州的退休病理學者（pathologist）克渥基安（Jack Kevorkian）

（一九二八年五月二十六日—二〇一一年六月三日），他發明了一種助人自殺的工具，而且直接從旁協助自願安樂死的重症病人，運用此一工具提早結束生命，人稱「死亡醫師」（Dr. Death）。他公開提倡透過「醫師協助的自殺」（physician-assisted suicide），完成末期病患的「死亡的權利」（the right to die）；他生前聲稱已經協助了至少一百三十名患者結束生命。一九九九年，克渥基安因為二級謀殺罪被判處十到二十五年徒刑，自一九九九年入獄服刑八年，於二〇〇七年六月一日，他同意不再為病人提供自殺建議及協助，不參與任何涉及安樂死的協助自殺行動，也不鼓吹或談論有關協助自殺的過程，在此條件下假釋出獄。

傅教授在書中，引述了一九九二年間有關安樂死爭議的相關報導，分別刊載於《費城探訊報》（*The Philadelphia Inquirer*）、《洛杉磯時報》（*Los Angeles Times*）與《聖地牙哥聯合論壇報》（*The San Diego Union-Tribune*）等著名的報紙，讀者可以自行參閱《死亡的尊嚴與生命的尊嚴》一書，在此就不詳述。

贊成與反對「安樂死」的基本理據

根據傅偉勳教授的分析，大體上，贊成安樂死的基本理據有三點：

一、每一個人都應該有自由選擇生命與死亡的權利，包括自求安樂死的權利。絕症患者自願選擇及早結束自我的生命，既是他們的基本人權，而且又不損害他人，法律不應該干涉才是。

二、醫藥科技的高速進展，能延長絕症患者的生命，但是對病人本身卻是一種痛苦與折磨，反而剝奪了他們的生活品質，同時也加重了他們家人的經濟與精神負擔，做為人的尊嚴大為折損。

三、有些絕症患者的病痛極難忍受，連帶的病人的身心情況也非其家屬所能承受。於此情況，不讓病人有選擇安樂死的權利，未免太過殘酷，不合情理。

反對安樂死的基本理據，則有下列四點：

一、根據「人類生命的神聖性」原理，人的生命絕對不可侵犯，不得在任何請況下予以剝奪。反對安樂死者或以宗教信仰為根據，或以社會秩序為根據，或以歷史的殷鑑考察（例如人命往往由國家或家庭肆意宰割）為根據，雖然根據不一，原理則同。

二、如果准許安樂死，極有可能助長自殺與殺人的念頭，不符合尊重生命的道理。

三、如果准許安樂死，極易助長家屬、醫師或其他相關人士藉機濫用法律，導致種種弊端而不可收拾，譬如以經濟困難為理由，逼迫絕症患者同意提早結束肉體生命。

四、就如俗諺「有生命處就有希望」（Where there's life there's hope.），醫師誤診的情況並非罕見，萬一並非絕症卻被誤診為絕症，就有可能因誤判而讓病人安樂死，豈非等於主動殺人？又如果讓病人安樂死後不久，卻有了新的醫療技術或新藥品問世，豈非後悔莫及？

如上所論，安樂死的贊成者與反對者，各有相當的理據與支持群眾，旗鼓相當，勢均力敵，一時難分高下。傅偉勳教授在書中，引述了一件一九八六年的案例，一直成為反對安樂死者的例證理據。有位基督教長老會的牧師名叫寇爾（Harry Cole），他的妻子（Jackie Cloe）因腦血管破裂而完全陷於昏迷不醒的植物人狀態。醫師判斷一般這種病況維持不了半天，病人多半在當天就會死亡。但是，很奇蹟地，寇爾太太當天並未死亡，卻以「類似植物人的狀態」維持生命跡象，醫師認為這樣的情況會一直拖延下去，而且幾乎不可能好轉。寇爾牧師與子女商量過後，決定向法院申請移除病人的人工呼吸器，但是被法院拒絕。

然而，奇妙的是，被拒六天之後，已經昏迷了四十七天的寇爾太太居然甦醒過來，不久之後終於痊癒了。事後，寇爾太太並未責怪丈夫曾經向法院申請讓她安樂死的行為。寇爾牧師自己說道：「如果她一直以植物人的狀態活下去，這樣不但帶給全家人不可言喻的精神負擔，而且在經濟上我們還得負擔三萬美元以上的醫藥費用，叫我們如何能夠承受下去？」

這一件案例具體地說明了，非自願的安樂死，在道德上和法律上，都遠較自願的安樂死更為嚴重而困難。安樂死如係自願，則不論結果對錯如何，畢竟是出於病人本身的自由意志，自我承擔，問題不至於太複雜。

美國政府當然不曾也不會鼓勵老百姓安樂死，但是早在一九九〇年代，美國各州已經開始鼓勵民眾，最好平常就要事先準備好自己的「生前預囑」（living will），又稱為「health care directive」（醫療照護事前指示）或「advance directive」（預立醫囑），於其中明白表示如果自己一旦罹患絕症（或腦死）時，可以自願拒絕任何醫藥治療及干預，以便能夠帶有尊嚴地走完人生。就如同自願的安樂死，較無道德上和法律上的困擾與困難，事先準備好遺囑以備萬一的美國人愈來愈多。

在美國，「生前預囑」（living will）是正式的法律文件，除了預立醫療照護的相關重大事項外，還涉及財產的處分、身後事（包含遺體及喪葬禮儀）的安排處理、個人的遺願完成等等，內容包含有法律的專業詞彙、用語及文書格式。填寫完成之後，還要通過法律認證程序，才能生效。記得一九九〇年前後，我在美國費城天普大學宗教研究所進修博士學位的時候，在坊間就有多家電腦軟體公司針對生前預囑設計了套裝軟體，將所有的相關內容及文書格式放在一片光碟裡，售價美金十九點九十九元至三十九點九十九元不等。

依照傅教授早在一九九三年的推測，隨著現代社會的開放性、多元化與自由化，現代人會逐漸從傳統以來對於「安樂死」的負面論調「解放」出來，同時會逐漸強調個人的生命自主權利乃至選擇死亡的尊嚴與權利。當然這不等於說我們對於「安樂死」就可以完全放任不管，或是在道德上與法律上絲毫不加約束。如何在個人的自由選擇原則與社會道德及世間法律三者之間，採取中庸之道？在現代社會裡，這將繼續構成一項重要的探討課題。

有關「euthanasia」一字的歷史脈絡之補充

第一位明顯使用「euthanasia」此一術語的，是古羅馬的歷史學家蘇埃托尼烏斯（Suetonius，約六九—一四〇），他描述了羅馬皇帝奧古斯都（Augustus，六三—一四 BCE），「迅速地死亡，而且沒有痛苦地在他的妻子利維亞（Livia）的手臂中，經驗了他所希望的「euthanasia」——安樂死。

而「euthanasia」這個字首次用於醫學語境中，是十七世紀的著名英國哲學家法蘭西斯・培根（Francis Bacon，一五六一年一月二十二日—一六二六年四月九日），係指一種簡單、無痛、快樂的死亡，在這個過程當中，是基於「一位醫師的責任以減輕病人身體的痛苦」。此外，培根還提到一種「外部的安樂死」（outward euthanasia），他用「外部的」（outward）來區分另一種精神靈性的概念——也就是靈魂已準備好的「安樂死」（euthanasia）。

在歐洲中世紀之後的近代文學中，較早提到「euthanasia」這個概念的是英格蘭政治家、作家、社會哲學家與空想社會主義（又稱為烏托邦社會主義）者湯瑪斯・摩爾爵士（Sir Thomas Morus，一四七八年二月七日—一五三五年七月六日），為北方文藝復興的代表人物之一。他於一五一六年用拉丁文寫成「*Utopia*」（《烏托邦》）一書出版，在書中描述一位病重者的期望，以服用安眠藥及絕食的方法，在神職人員及醫師的陪伴下，寧靜地走完生命的旅程。

然而，在現實世界中「安樂死」（euthanasia）遠非如此理想或「安樂」。二次大戰中，希特勒的慘絕人寰滅絕猶太人計畫，就是一種沒有經過當事人同意的「隱密性安樂死」（crypt-euthanasia），也是一種「種族歧視性安樂死」（discriminative euthanasia）。

如果是一位重病患者，受人勸說以「安樂死」方式來解除家屬情感上及經濟上的負擔，則稱之為「鼓勵性的安樂死（encouraged euthanasia）」。又如當一患者本身沒有能力進行此種決定，而由其監護人或法定代理人來決定者，稱之為「代理性安樂死（surrogate euthanasia）」。

以上四種安樂死，皆是「非自願性」安樂死（involuntary euthanasia），即使是第四種，在醫學倫理及法律道德上，都一直有許多爭議，更何況是前面三種了。

「安樂死」的執行方式與過程等同於「謀殺」或「自殺」

社會上絕大多數人都被「安樂死」一詞中的「安樂」兩個字所誤導與迷惑，而以為「安樂死」可以讓陷入生死困境的絕症病人「安樂而死」或「安樂地」死亡。而事實真相絕非如此，從醫療科技角度及醫療倫理立場來看，「安樂死」的執行方式與過程，等同於「謀殺」（如果是非自願的）或「自殺」（如果是自願的），這也是為什麼現在美國社會已經改用「physician-assisted suicide」，而很少再用「euthanasia」的原因之一。

在二〇〇一年十月十三日南華大學生死學系主辦的第一屆「現代生死學理論建構研討會」上，成功大學醫學院賴明亮教授發表了一篇論文〈論植物人安樂死之不合醫學倫理：由死刑及腦死談起〉，我現在根據賴明亮教授的論文以及其他相關參考資料，讓各位讀者了解，為什麼「安樂死」等同於「謀殺」或「自殺」。

以美國奧克拉荷馬爆炸案兇手之死刑執行為例

一九九五年四月十九日，美國奧克拉荷馬市（Oklahoma City）市中心「艾爾弗雷德・P・默拉聯邦大樓」（Alfred P. Murrah Federal Building）發生的本土恐怖主義炸彈襲擊，共計導致一百六十八人死亡，另有超過六百八十人受傷，還令方圓十六個街區（block）的三百二十四幢建築物被毀或受損，八十六輛車遭燒毀或由衝擊波摧毀，震碎了附近二百五十八幢建築物的玻璃，共計造成至少價值六點五十二億美元的重大損失。

爆炸案發生後九十分鐘，奧克拉荷馬州巡警攔下了駕駛無牌車輛的蒂莫西・詹姆斯・麥克維（Timothy James McVeigh），並以涉嫌非法攜帶槍枝將其逮捕。而後經過調查、起訴，被證實為爆炸案主嫌，一九九七年六月十三日被判處死刑，死刑的執行方式則採用注射藥物。

二〇〇一年六月十一日早上七時十四分，麥克維在印第安納州特雷霍特（Terre Haute）的聯邦懲戒所（Federal Correctional Complex），以注射藥物形式執行死刑。執行過程通過閉路電視進行轉播，讓爆炸案中受害者的親屬可以見證麥克維的死亡。麥克維的注射死刑執行過程是，經由插入其右臂靜脈的導管，首先將令他昏迷的「速效巴比妥藥劑」（barbiturates）注入，接著注入令其呼吸停止的「神經肌肉傳導阻斷藥物」（neuromuscular blocking drugs），最後是由注入「氯化鉀」來停止他的心臟搏動，完成死刑。

奧克拉荷馬爆炸案兇手麥克維死刑之執行，與醫療上爭議多年的「安樂死」做法並無二致，可以說是一模一樣；然而很弔詭的是，目前社會上仍然有不少人希望或主張對末期病人與植物人進行「安樂死」，無論從醫療科技的角度，或是從醫療倫理的立場來看，確實都有不合宜之處，所以必須加以釐清，以正視聽。

「安樂死」嚴重違反醫學倫理

之後，賴明亮教授又在《科學發展》三九〇期（二〇〇五年六月）上發表了一篇文章〈安樂死真的安樂嗎？〉在文中談到「安樂死」其實嚴重違反醫學倫理。首先，安樂死違反了醫學之父希波克拉底氏（Hippocrates，約四六〇—三七〇 BCE）的誓言，他提到：「在任何狀況下，我絕不用我的知識、技能去違反人道。」大家都同意殺人是不人道的，就連在罪犯身上執行死刑，社會上都有許多反對的意見，何況是沒有罪的病人？因此，絕大多數醫界人士的看法，都認為人類沒有資格扮演上帝或是主宰生命的角色。

再者，在荷蘭有調查顯示，倘若因為執行的醫師臨時有事而拖延，未能即時施行病人的安樂死，其後當事人絕大多數會拒絕再度接受安樂死，並表示很慶幸當時沒有死掉，因為病人感到生命即使再艱辛，活著也有其意義，也值得堅持。

因此，像在美國號稱「死亡醫師」的克渥基安（Jack Kevorkian）幫失智症病人進行安樂死，即被聯邦法律定為謀殺罪而判刑入獄，主要的理由是病重者何辜？今天的絕症可能明天會有新的解藥被發現，而且疾病的嚴重情形往往會隨著時間而改變的，令人無法在臨床上清楚地判定是該給予「安樂死」或是不該。

以失智症為例，病人心智的退化是連續性的。假設我們給病人進行智力測驗，如果法律規定：以「簡短智能測驗」（Mini-Mental State Examination，MMSE）的智商檢查為例，總智商掉到二十以下可以進行安樂死，那麼智商剛好在二十一或二十二分的該如何處理？倘若今天測試是十九，但是臨實施安樂死前卻變成二十一，又該怎麼辦？

再其次，若病人有自行判斷的能力，事情或許可能比較單純，但是如果病人根本已經失去意識，或者無法處理一般事務時，別人如何有權幫他進行這種決定？贊成「安樂死」的人，會指出這類病人已經沒有「生活的品質」及「生命的意義」了，但是這些涉及生命情況的指標，其實任何旁人都很難代替當事人設定或決定。最可怕的是，法律所訂的明文往往無法涵蓋所有的情況，如果被有心者利用，更可能造成人類的浩劫，就如第二次世界大戰時，德國納粹對猶太人的種族屠殺即是一例。

死亡的定義及腦死的判定

因為「安樂死」涉及「死亡的定義」以及「腦死的判定」，所以必須就此二者的內容做一些觀念上的釐清，在此我引用賴明亮教授的文章來做說明。

在以往醫療科技還不甚發達的年代，都把呼吸及心跳停止視為死亡。呼吸及心跳的控制中心，是在中樞神經系統。人類的中樞神經系統分成腦部及脊髓兩個部分，一些比較單純與基本生活所需的運動、知覺、反射、排泄等功能，多半由脊髓處理，而涉及較複雜的學習、創造方面的能力，則由腦部職司其事。

腦部又分為大腦、小腦、腦幹等部分，其中腦幹掌管的是與眼球活動、咀嚼、吞嚥有關的顱神經功能，還有和清醒、昏迷有關的意識狀態，以及與生命存活相關的呼吸及心跳等。小腦掌理平衡的功能，而大腦的功能可略分為二，其一是屬於較原始，和人類生存功能有關的，如人體的味覺、嗅覺、生殖、情緒、記憶、內分泌調控等，是由原始皮質區管理；其二是和思考、知覺、創作有關的，則由新皮質區控管。

在醫學上，死亡是一個不可逆轉的結果，因此在進行死亡的判定時，醫師都極為小心，以避免由於錯誤的判定而產生種種醫療、法律及倫理上的問題。以往常用呼吸及心跳停止來決定死亡的時間，但自上世紀以來，由於醫療科技的發展，人類可以透過氣管插管、氣管切開，以及呼吸器等科技協助病人呼吸，並以人工心律器、心臟按摩、心臟電擊，或直接由靜脈或心臟給藥，抑或注射強心藥物以維持心跳，使得病人雖然醒不過來，但卻可利用人工方法來維持心跳和呼吸，因而延後了判定死亡的時間。

人體死亡時間的判定，隨著醫療科技的進步而有大幅的改變，在器官移植醫學逐漸發展之後，一九六八年哈佛大學首先提出了「腦死」（brain death）的概念，主張若確定病人的腦幹功能處於無法回復的狀況下，可視之為「死亡」，使得器官移植可以提前施行，以達到救人的目的。前衛生署（現衛生福利部）於一九八七年公布的「腦死判定程序」，就是依據世界上公認「腦死」的判定條件來施行。

判定「腦死」的步驟明確地規定如下：首先，必須確定病人昏迷的原因，是遭受無法復原的腦部結構損壞而陷入深度昏迷，不能自行呼吸而必須依賴人工呼吸器維持呼吸，這是先決條件。其次，必須排除可逆性的昏迷，包括新陳代謝障礙、藥物中毒與低體溫引起的昏迷；如果罹病的原因不明，即應排除腦死的可能性，而不再進行判定。再次，在使用人工呼吸器的狀況下，至少要觀察十二小時，在此期間病人應成持續性深度昏迷，而且無自發性的抽搐或運動。罹病原因如為情況明顯之原發性腦病變，觀察十二小時即可，但是若有藥物中毒之可能時，則必須等待藥物半衰期過後，再觀察十二小時，若藥物種類不明時，至少必須觀察七十二小時。

在完全符合上述各種情況後，才能進行腦幹功能測試，除確認病人已喪失所有腦幹反射（如瞳孔遇光縮小等）外，更要進一步確認病人無法自行呼吸。有關腦幹功能測試的詳細過程於此不再敘述，讀者若有興趣，可自行上網搜尋相關資訊。這些測試過程都有嚴謹的標準作業程序（SOP），而且必須是具有神經科、神經外科或麻醉科專科醫師資格者，再經過衛生署認可的腦死判定講習，才具有判定腦死的資格。而且這種測試必須進行兩次，中間至少相隔六至二十四小時。

按目前規定，腦死之判定僅限於病人意欲捐贈器官，而且其本人或家屬先前有意思之表示者。賴明亮教授還特別提到，在臨床上他們的確遇到，有些病患因為長期臥床且昏迷不醒，家屬要求醫師，在帶病人回家之前，先進行腦死判定，以免遭到親戚鄉里譏為不孝或不盡心，但是幾乎全部都未達到上述可進行腦幹功能測試的前提標準，因此皆予以婉轉說明拒絕。

這種嚴苛的腦死判定程序，是醫療專業對個人生命的尊重以及對社會大眾負責的具體表現，因為一旦判定為「腦死」，跨越了這個分界點，病人的許多權利、義務將隨之而消失，因此絕對不能不慎重地看待。

有關植物人的一些觀念釐清

坊間的媒體報導經常會提及，一個人一旦成為「植物人」，除了自身的生命失去了意義與價值，對家屬、社會也都是一種負擔，因此考量讓這些患者提前結束生命，而美其名為「安樂死」，賴明亮教授認為，就醫學倫理而言，這樣的觀點與說法都是錯誤的。

首先，我們要問的是：何謂「植物人」？其實，「植物人」是指病人處在一種「持續性植物人狀態」（persistent vegetative state，PVS），病人的大腦（尤其是皮質部分）因為種種急性、慢性或退化性病變而呈現意識障礙，在一段期間之後，仍須依賴別人的照顧方能存活下去。而且上述急性病變者，必須是急性期過後，依然處於無意識狀態，並須經兩次鑑定，才能判定是否是「植物人」。

以下所提到的「植物人」，如果沒有特別界定都是指PVS，也就是「持續性植物人的狀態」。由於「腦幹還具有功能」，因此「植物人」能夠維持其正常呼吸及循環的功能，也有類似睡眠、覺醒的週期性變化，但是卻無法自行移動，也無法自行飲食，所以須靠長期靜脈輸液或鼻胃管餵食以維持營養。

「植物人」雖然有自發性睜眼的動作，眼球也可以轉動，甚至可以追視目標，但是無法認知並做出正確的反應。病人可能會呻吟或尖叫，但並無言語能力，對於疼痛及外界的聲音，會有反射性反應，但是無法和外界進行有意義的溝通。病人也會出現咀嚼或磨牙的聲音，以及偶爾出現臉部或肢體的反射性動作（例如對疼痛刺激的肢體縮回及皺眉頭），並且會有大小便失禁的情形。

由於「植物人」狀態形成的原因很多，因此其預後也有相當程度的差異。一般情況，大腦的損傷，其功效的回復通常在一個月內產生，超過三個月之後再回復的情況是很少見的。雖然也有報告指出，某些案例居然能在一年半之後脫離植物人狀態而略有進步，但這只是極為罕見的例外。

由於「植物人狀態」的診斷與判定，須由專家來執行，通常必須有神經科、神經外科、小兒神經科專科醫師的專業知識和技術才能勝任，因此，我們可以了解坊間媒體報導所稱的「植物人」，大多數並未能符合真正的診斷標準。由上文的說明可以了解，經初步診斷是「植物人狀態」確定者，再經過醫療照顧後，有相當大的比率會好轉，而不再處於

「植物人狀態」，也就是無法再確定是PVS（持續性植物人狀態）。因此，單憑以訛傳訛的媒體刊載而視病人為「植物人」，並且妄加論斷可以致其於死地，又美其名曰「安樂死」，其實是不尊重病人的基本存活權益，不僅違反醫學倫理的標準，也不見容於法律的基本要求。

「美國神經學學會」（American Academy of Neurology）為了臨床實務上的診斷及治療所需，於一九九五年發表了一篇文章，提供給神經科醫師做為參考。他們以文獻檢索的方式蒐集了七百五十四個PVS病例，研究這些病人的預後。在此研究中所定義的PVS是指：如果是急性外傷性或非外傷性腦病變於發病一個月時，或者如果是退化性及代謝性腦病變至少在病發一個月之後，仍持續存在植物人狀態。

而上述研究中所指植物人之恢復，可分為意識之恢復與功能之恢復。前者由「病人出現了解自己及周遭環境，以及對視覺、聽覺刺激出現了長期一致性、有意志力的行為反應，以及和其他人交互作用的證據」來判斷；後者則由「病人可以移動、能夠溝通及學習，可以自我照顧及呈現適應性之技巧、參與職業及社交娛樂的活動」來判定。

根據上述的研究，因為腦部受損而變成植物人之患者，經過十二個月其意識恢復的機會（包括重度殘障、中度殘障、恢復良好），如果是「非外傷性腦病變」，成人的機會是百分之十五，兒童是百分之十三；如果是「腦外傷性病變」，成人的機會是百分之五十二，兒童是百分之六十二。

在醫療上，即使由擅長神經學檢查及診斷技巧的專科醫師確定病患為「植物人狀態」，負責照顧病人的醫師們，有責任和家屬或病人的代理人討論，並且告知病人逐漸恢復或持續停留在「植物人狀態」的可能性。植物人也應該持續接受合宜的醫藥、護理及家庭的照料，以維持其個人的衛生及尊嚴，況且病人多半還是有可能會脫離植物人狀態。如果植物人狀態的診斷確定，則醫師宜與家屬共同討論，就如何治療病人進行合理的決定，包括下述醫療的使用與否：(1)藥物及常用醫囑。(2)氧氣及抗生素。(3)如透析治療等較複雜的維持器官功能之治療。(4)給予血液及其製劑。(5)水分及營養。

然而，如果經由臨床專業推斷，其「植物人狀態」極有可能已達永遠性，則可以鄭重考量尊重病人在患病前的意願，或由民法規定的親屬代表，代為決定「不予急救」醫囑。不予急救包括「不實施」呼吸及心肺性急救，「呼吸急救」包括氣管插管及氣管切開手術，「心肺急救」則包括急救性心臟按摩術（俗稱CPR）、心臟電擊術、使用抗心律不整藥劑及提高血壓藥劑等等。

綜合以上的剖析，我們可以了解，所謂的「安樂死」雖然名為「安樂」，其實是不合乎醫療倫理的「謀殺行為」。坊間媒體報導所提及的「植物人」，大多都是以訛傳訛，未經醫療專業驗證判定的。就如臥病四十七年之久的王曉民（一九六三年九月－二〇一〇年三月），以醫學判定，根本不是「植物人」，她的病情比「真正的植物人」要猶勝許多。即使是「真正的植物人狀態」，醫療界也僅止於考量不進行積極治療，絕對不贊成以人為加工的方式提前令其死亡。

「安樂死」不等於「尊嚴死」，真正的「尊嚴死」絕非「安樂死」

二〇一七年三月十三日各大媒體報導，當年七十九歲的知名作家瓊瑤十二日在個人臉書發表了「寫給兒子和兒媳的一封公開信」，表示因為近期讀到一篇名為「預約自己的美好告別」的文章後感觸良多，對於自己的「身後事」，開始有不一樣想法，決定發文「交代」，並且表明支持「安樂死」、「不搶救」。她曾說過：「生時願如火花，燃燒到生命最後一刻。死時願如雪花，飄然落地，化為塵土！」寫這封信時，她也是抱著正面思考來寫，希望下一代莫陷入「生死」迷思而被綑綁。

她並且寫下五點對兒子和媳婦的叮囑，表示「不動大手術」、「不能送進加護病房」、「絕對不能插鼻胃管」、「不能在我身上插入各種維生的管子，尿管、呼吸管、各種我不知道名字的管子都不行」，並稱「最後的急救措施，氣切、電擊、葉克膜……這些，全部不要！」更提到「身後事」希望一切從簡。

瓊瑤的聲明，一半正確，一半錯誤。她具體表明不做無謂的治療、急救，不進加護病房，不插管、氣切，避免醫療的不當干預，這一部分是正確的；但是她表明「支持安樂死」，則是對「死亡」本身與「安樂死」的認知有很嚴重的誤解。

一週之後，到了三月二十日深夜，瓊瑤再度於臉書上發表了千字文，透露自己的母親在過世前二年罹患了失智症，在那二年期間，對病患和家屬來說都是無法遺忘的折騰，當年痛苦的經驗並未隨著歲月而流逝，因此，瓊瑤坦言「失智症」是她最害怕的一種病，所以才發出心聲希望立法通過「失智者列為安樂死優先病人」。

瓊瑤PO文分享當年照顧失智母親的過往，提及她和妹妹為了制止無時無刻想衝出門，誤以為被欺負而不斷喊「救命」的母親，母女三人經常上演拉扯、哭喊的戲碼，卻反而遭到父親的誤會與責罵，無盡的委屈加上心力交瘁，在老公平鑫濤一句安慰話：「我知道你愛你媽！但是，我也愛我的老婆！」讓她回憶起那段辛酸，又瞬間淚崩。

她提到因母親、親舅舅、阿姨等親人都沒有逃過失智症的命運，更害怕自己會遺傳到這種病，因而在擔心自己會失智前就先交代好一切，而且還希望立法通過「安樂死」，讓失智者列為最優先「安樂死」的對象。她說：「因為到了重度失智階段，病人還會失能、失禁，沒有生命尊嚴，也沒有生活品質，會忘掉自己最愛的人，也忘掉自己……這是多麼殘忍的最後一站。」

資深體育主播傅達仁，在瓊瑤上一次於臉書上PO文之後，就公開表示支持瓊瑤的安樂死主張。傅達仁那些年來為病痛所苦，不僅切除膽囊，連胃也切了一半，二〇一六年在短時間內就挨刀六次，四個月內暴瘦十二公斤。因此於二〇一六年十二月他上書總統府，希望安樂死能合法化。傅達仁在接受媒體訪問時表示，他生病了之後，坐也不是、躺也不是、站也不是，前後依靠自己負擔及健保資源花了大概上百萬元，而且都是找名醫診治。不過膽管阻塞無法開刀，因為不斷發燒，只能裝支架，還有不斷打消炎藥、抗生素，讓他每天都感覺很痛苦。他說：「大家都在討論一例一休和婚姻平權，卻沒有人注意到老人問題，我才會站出來。」

瓊瑤公開表示在自己生命末期時拒絕醫療的干預，這一點非常難得，值得我們肯定與讚賞。但是她和傅達仁公開支持「安樂死」，我認為非常不妥。我不忍苛責他們的主張是「非常嚴重的錯誤」，但是我認為他們並不真正了解「安樂死」的詳細內容及具體做法，而被其名稱誤導，以為「安樂死」真的可以讓病人「安樂」而「死」，而事實絕非如此。

我在前文中已經詳細說明過了，於此不再重述。

「安樂死」根本就不是失智症的解套之方

現代人的很多健康問題，其實是現代科技造成的，包括生態破壞、環境汙染、空氣汙染、水源汙染、食品加工、藥物濫用，以及社會環境不自然、生活作息不正常等等，在在都構成現代人健康的嚴重威脅。請大家想一想，古早的時候，遠的不說，就以我出生和成長的一九五〇、六〇年代而言，有像現在那麼多老人失智嗎？沒有！那個年代有「安樂死」的呼聲嗎？沒有！瓊瑤因害怕失智而主張「安樂死」，甚至主張「失智者列為安樂死優先病人」，我認為是極為嚴重的迷思與錯誤，而且根本就沒有針對失智症提出應有的解套之方。

老年失智的問題是現代社會的普遍現象，而且全世界都是如此，並不是如瓊瑤所說因為「近親通婚」的遺傳因素。其實，現代人因為醫療科技發達普及，壽命大幅延長，因此，只要活得夠老，就有可能失智，只是時間遲早的問題而已，並且活得愈老，失智的可能性就愈高。

任何人要想避免失智，乃至避免因失智而陷入生死困境，平日就要注重身體的健康保養以及心智的健康活動；此外，最重要的就是「千萬不要拖過個人生命的『賞味期』」、「千萬不要變成個人生命的『延畢生』」！到了接近生命的末期，最高竿的就是能「見好就收」、「無疾而終」！這就必須有「十方三世」的宇宙人生觀與「生命永續」的生死觀，以及堅定的宗教信念與精進的宗教行持。

總統府與衛福部對於「要求安樂死合法化」的回應

二〇一六年底傅達仁上書總統府，表達希望「安樂死能合法化」之後，總統府發言人黃重諺表示，總統府確實收到了傅達仁的陳情信，他說：「我們會就具體內容做進一步的了解，並且請相關單位來協助處理。也請傅達仁先生保重身體。」對此傅達仁似乎不甚滿意，他表示希望這項政策要確實推動，也呼籲總統蔡英文要設好相關配套措施。可以看出，總統府對於「安樂死」此一敏感議題，採取「冷處理」的方式應對，並沒有明確地表態，也算是合宜適當的回應。

衛生福利部的反應是，目前沒有計畫討論「安樂死」。衛福部醫事司司長石崇良說，現行的「安寧緩和條例」和未來的「病人自主權利法」都算是消極的被動做法，「安樂死」則是由醫師主動讓患者死亡，兩者相差很多。石崇良表示，目前沒有計畫討論「安樂死」，至少得等到「病人自主權利法」實際上路之後，檢視實施面是否有所不足，才會再進一步討論「安樂死」。

媒體的報導則另外補充說明國內目前仍不能行使「安樂死」，二〇〇〇年通過了「安寧緩和醫療條例」，可在健保卡上註記拒絕心肺復甦或接上維生器，避免在生命的末期因搶救而增加病患的痛苦；二〇一五年十二月十八日「病人自主權利法」三讀通過，將範圍擴大到昏迷者、嚴重失智者、不可治癒的疾病等人都能適用，二〇一九年正式實施。

目前世界上「安樂死」合法的國家中，最有名的是荷蘭，但是必須病人自己主動表達意願，而且必須由醫師證明病人正處於「不能減輕」和「不能忍受」的痛苦中，醫師和病人之間也得先達成共識才能實施。此外，包括瑞士、美國部分州也能實施「醫師協助的自殺（physician-assisted suicide）」，但是仍然引發不少生命倫理學、人權和監護人制度的爭議。

我希望總統府、衛生福利部及其他相關單位裡有人注意到我這篇文章，如果將來他們有計畫要討論「安樂死」，我一定會挺身而出，大聲呼籲、強烈反對「安樂死合法化」，當然我也會提出我的理據以及相應的解套之方。以下就我對於佛教唯識學的理解，從宗教（不限於佛教）「靈性關懷」的立場，提出「植物人」與「安樂死」困境的可能解套之方。

「植物人」與「安樂死」困境的可能解套之方

回憶在一九九五年前後，有一次華珊嘉教授（Prof. Sandra Wawrytko）和我談論到「安樂死」這個問題時，舉了一個她所知道的「植物人」例子——病人陷入無止境的絕境，家人基於絕望與無奈，考慮予以「安樂死」——問我在這種情況下，佛教對安樂死有什麼看法？我說在臺灣也有類似的例子，淪為植物人的病患，求生不得、求死不能，也不時地在社會上引起輿論關注與討論，但也一直都沒有任何具體的結論。不過，基於佛教的信念，我認為「植物人」與「安樂死」困境仍然可以有解套之方，以下就我個人對佛教的了解，對此問題提出一點看法，供大家參考。

就表象現況來觀察，「植物人」在幾乎無意識，而又了無生趣的狀態下，為什麼還不走？或者，為什麼走不了？從佛教唯識學的觀點來分析，可能有以下幾個原因：一、壽命未盡；二、業報未盡；三、與親人的緣未盡；四、對殘存的病體生命仍有很深的執著。雖然表面上看來，病人的六根（眼、耳、鼻、舌、身、意）已經接近完全無法正常地作用——所以稱為「植物人」，但是在其潛意識中，對這個色身（肉體），或者是對親情仍然有很深的執著，所以抗拒死亡，而維繫著苟延殘喘的狀態。就如《瑜伽師地論》卷九十四中所說：「由能執受諸根大種識故，令彼諸根大種，並壽並煖，與識不離身為因而住。」

再者，從佛教唯識學的觀點來講，第七意識（末那識，亦即我執）與第八意識（阿賴耶識）的狀態，是永恆地轉動而不會停止的，根據《唯識三十頌》所述：「恆轉如瀑流，阿羅漢位捨」，也就是說，第七識和第八識像瀑布一樣地永恆流動，即使在肉體死亡的剎那仍然如此，要等到有朝一日證到阿羅漢果的時候，才能「轉識成智」，此時，屬於凡夫層次的意識之流（亦即「妄念」）才會終止。

由此我們可以清楚地理解到，在證悟到阿羅漢的果位之前，凡夫的意識之流是根本不會，也不曾間斷的。換言之，我們的靈性生命是從來不會也不曾死亡的，「死亡」只是肉體衰敗而不堪使用的表象。

從生死流轉的層次與現象而論，我們的色身肉體並非生命的「主體」，只是生命的「載體」，因為是物質的結構，有其相應的使用年限，而會經歷汰舊換新的「死亡」關卡；靈性生命的「意識之流」才是生命的主體，沒有使用年限，因而也沒有所謂的「死亡」關卡，只是永恆不斷地流轉。

以佛教的觀點來看，主導有情眾生的生死去來，有兩大力量：一者是業力，二者是願力。清代徹悟禪師（一七四一—一八一〇）在其語錄中說：「吾人生死關頭，唯二種力：一者，心緒多端，重處偏墜，此心力也；二者，如人負債，強者先牽，此業力也。業力最大，心力尤大，以業無自性，全依於心，心能造業，亦能轉業。故心力唯重，業力唯強，乃能牽生。」如果在病人的內心裡，有意願捨棄無法康復的肉體，而展開未來的生命，他就可以自然而然地捨報往生，至於如何幫助病人放下對色身的無謂執著，就是關鍵之所在。

在「植物人」這種情況下，如果要幫助病人解脫這種生不如死的痛苦（同時也是幫助家屬解脫精神上與經濟上的沉重負擔），已經遠遠超過醫學的範疇，必須借助宗教的力量，才能提供比較圓滿的解決方法。而我所說「比較圓滿」的意思，是讓病人自然而然地捨報往生，而不須突然中止其人工生命維持系統，或是藉由醫療干預方式（如「安樂死」），而提早結束其生命，那樣等於是殺生。再者，我所說「宗教的力量」，當然不限於佛教的方式，其他宗教也可以有其「比較圓滿」的方法，不過在此我僅提出佛教的看法。

雖然植物人的六根，幾乎都已經喪失了正常的功能，但是只要生命的現象仍然維繫著，那就表示六根並未完全敗壞，他與至親之間還是可以做某種程度的溝通。在本文前面討論中已經提到，植物人並非完全沒有意識，況且大多數的案例，嚴格來說，都不算是「真正的植物人」。

我在前文中曾引述《唯識三十頌》有關「意識之流」的描述，這裡再強調一次，有情眾生的第八意識（阿賴耶識）「恆轉如瀑流，阿羅漢位捨」，第七意識（末那識）亦同，就是說：眾生的意識之流有如瀑布一般地永恆地轉動，要一直到證悟阿羅漢果位時，凡夫的意識之流（亦即「妄念」）才會停止，但不是斷滅，而是「轉識成智」，即是將無明妄念的凡夫意識，轉為深觀洞明因緣性空的般若智慧，而從生死輪迴中徹底解脫出來。《唯識三十頌》經論中有關意識的說明與描述，揭示了一個非常關鍵而重要的訊息，簡言之，就是「意識不滅」，而且可以「轉化升級」，也就是經由正勤修持「戒、定、慧」心性功夫，最終可以達到「轉識成智」的境界。

在一般日常生活當中，我們的意識之流本來就是二十四小時不停地轉動，在睡眠之中也不曾停止，在昏迷當中（不論是因為意外撞擊受傷或者醫療手術麻醉）也不會停止，甚至在肉體死亡捨報的那一剎那，意識之流也沒有停止，而是肉體停止作用，意識則脫離肉體，而進入另外一個時空環境，所以，即使是在「持續性植物人狀態」（PVS）下，意識之流也不會停止。

前文已經說過，意識是生命的「主體」，而肉體只是意識的「載體」，不過意識要發揮運作功能，必須在身體相對健康的情況下，身體健康狀況愈好，意識的功能愈能發揮；反之，身體情況愈差，意識的運作就愈加受限。在持續性植物人狀態下，意識的功能等於是被「鎖住」了，或者說是處於「當機」的情況下。猶如在電腦當機的時候，電腦是開著的，power是在on的狀態，硬碟也一直在轉，但是鍵盤及滑鼠卻不聽使喚，完全沒有反應，這時候要找電腦高手來解。

佛教的經典中都說，娑婆世界（亦即我們這個世間）的眾生耳根最利，即使是剛過世的人，他仍然可以聽到周圍的聲音，這也是為什麼淨土宗強調臨終及死後八小時內，要為亡者助念佛號的原因之一。如果病人的耳根（或者耳識）還可以接受聲音的訊息，那麼其親人就可以透過語言，與病人的深層意識與意志溝通，安慰他及開導他，死亡並不是生命的終結，而是另一個光明的開始，勸導他放下對這個色身與親情的執著，鼓勵他放下而告別這個病體軀殼的桎梏，走進另一個新的人生。

在植物人的狀態下，他的耳根停止作用，因此他的耳識等於是被病體鎖住，與意識的連結中斷，以至於耳識功能也停頓，這時候家人就必須祈求並仰仗佛、菩薩的慈悲力量，轉而運用念力與植物人的深層意識溝通。當助念者面對植物人至誠懇切地持誦經文，或是稱念佛、菩薩的聖號，其誦經及稱念聖號的聲調與音韻，可以藉由至誠的心念，與佛、菩薩感應道交而穿透植物人的分別智，直入其深層意識中，令其放下執著而提起正念。家人可持續為他助念佛號、開導及幫助他發願往生。如果病人原本就有淨土法門的信仰，則效果會很顯著。

如果病人原本就有宗教（不一定是佛教）信仰，或者曾經接受過「生死學」或「生死教育」的薰陶，對於死亡及往生早已有心理準備，則以上所述的助念法門也會比較容易達到效果。反之，若病人沒有宗教信仰，或者有而不堅固，恐怕就比較困難了。我認為傅偉勳教授所構想未來的「臨終精神醫學」與「臨終精神治療法」，提示我們未來可以在這方面做更進一步的探討。

我絕對相信可以借助宗教（不限於佛教）行持的力量取代「安樂死」，來幫助植物人（或者別種絕症的患者）達到「安易死」的目的，讓病人能安然無痛苦地告別這一期的生命。但是，我同時也認為，「安樂死」很難用一個統一（不論是宗教上或是醫學上）的理論或原則來規範，因為每一個生命都是獨特的個體，其生也獨特，其死也獨特。就如傅教授所說：「我們的生死問題，畢竟是每一個單獨實存的主體性態度問題，如果我們的心性未能予以肯定體認，則任何外在化了的宗教真理，都無助於我們解決自己的生死問題。」

宗教信念與行持能為「植物人」與「安樂死」的困境解套

我所堅定信仰的，同時也極力主張的，就是回歸生命本來的自然機制，拒絕（而非放棄）現代醫療的不當干預，借助宗教（不限於佛教）行持的力量，來為「植物人」及「安樂死」的困境解套，讓病人能夠儘量免除痛苦，安然而且自然地告別這一期的生命。這樣的主張，是基於一個堅定的信念：「生命是永續的，色身（肉體）只是生命的載體」。

因為生命是永續的，所以當我們的色身由於惡疾、絕症、災難或老朽等等情況而不堪使用時，靈性的生命自然也必然會有其相應的後續出路，不論是好、是壞、善道、惡道、上升或墮落，就如同電影《侏儸紀公園》（Jurassic Park）裡面那位研究混沌理論的數學家（Dr. Ian Malcolm）和那位領導化石勘驗小組的古生物學家（Dr. Alan Grant）說的經典台詞：「Life will find its way out!（生命會尋其出路！）」

但是光是這麼說或者光是這麼認為，還不足以真正解決問題，如果我們做出錯誤的判斷及抉擇，到了肉體生命的末期還任憑醫療的不當干預，乃至陷入「持續植物人狀態」，就算最終採取「安樂死」，也無法為生命解套。我必須說，「安樂死」其實是下下策，靈性生命不但找不到出路，反而陷入另一種困境。

或問：「有否解套之方？」答曰：「當然有！肯定有！」首先，要堅信「生命是永續」的，所以我們對於「生命的經營也要永續」！其次，要徹底扭轉對於「死亡」的錯誤認知與迴避態度，「死亡」不是「生命」的終結與斷滅，而是「生命」的轉化與繼起；因此，我們要能坦然接受死亡的來臨，回歸生命的自然機制與週期，在關鍵時刻能放下對色身的無謂執著。最後也是最重要的，就是要有宗教的信念與行持，這裡所言的宗教，並不限定於某一特定的宗教，世界各大宗教皆有其個別獨特的教義及修持法門，能夠引導其信眾超克死亡的恐懼，迎接未來的生命。

在持續植物人的狀態下，雖然病人本身已經無能為力，但是其家屬至親仍然可以借助宗教信念與行持的力量，幫助病人脫離困境。如果家屬至親以至誠懇切的心念，經由持誦個別宗教的經文（諸如：佛經、道經、《聖經》、《古蘭經》等等），以及稱念個別宗教聖靈的名號（諸如：十方諸佛、菩薩、上帝、真主等等），持續與病人的深層意識溝通，開導他放下對於病體色身的執著，進而提起願意捨報往生的意念。「人有誠心，佛有感應」，只要家屬信念堅定，持誦經文與稱念聖號的功課持之以恆，同時祈求聖靈慈悲加持，用心念及愛語和病人的深層意識溝通，必然能夠感應道交，能讓病人自然而然地捨報往生，根本就不需要用「安樂死」的不當干預方式。

綜合評述及結語

很明顯的，在現代醫學與醫療科技的思惟脈絡及大環境之下，「持續植物人狀態」本身就是一道無解的難題與困境，而原本想用來要幫助「植物人」脫困的「安樂死」，又形成另外一個醫療及生命倫理道德兩難的困境。弔詭的是，這種雙重的困境，其實是根源於現代醫學與醫療科技自身的視野與侷限。

自然界的任何生命本來就會「自然死」，但是現代醫學與醫療科技本身不接受「自然死」，而將「死亡」當成「疾病」來處理，致使生命陷入生死兩難的困境，結果卻居然要冒險採用「安樂死」這種「不自然」的「謀殺」方式來結束病人的生命，這不是很諷刺嗎？

傅偉勳教授曾說：「平時培養健全的生死態度，遠較患上絕症而後『臨時抱佛腳』的最後努力，更為重要，更有真實的人生意義。」所以問題的根本解決之道，還是要從社會大眾的「生死教育」著手。

其實自古以來，無論東、西方文化對於「生命」與「死亡」的看法原本就不只是侷限於肉體的層次來界定，還有靈性的層次與向度；因此，在古今中外各個文化傳統中都有「死後生命」與「死後世界」的說法與描述。

然而弔詭的是，及至科學昌盛而又醫學進步的現代文明，對於「生命」與「死亡」的看法反而愈來愈窄化，只是侷限在肉體軀殼來定義，「靈性的層面」幾乎被忽略、排除甚至抹煞了。

現代醫學與醫療科技最大的盲點，就是只關注生命的「物質面向」與「肉體層次」，而幾乎完全抹煞生命的「精神面向」與「靈性層次」，當然也就看不到生命的永續與未來，這也正是「安樂死」的思惟困境與兩難。

「植物人」或者各種痛苦絕症患者的真正解套之方，絕非「安樂死」，而是由家人從旁引導，喚醒其生命的內在能量，進而投向未來的生命開展，讓病人與其個人信仰上的聖靈（佛、菩薩、耶穌基督、真主安拉等）感應道交，不但能將病人的痛苦降到最低的程度，而且能讓病人的肉體生命自然地謝幕，同時往生而邁向未來的生命。

大家來關心「病人自主權利法」

事由

二〇一五年十月十一日的傍晚，我接到陳秀丹醫師的電話，說有一件非常重大而且有急迫性的事情請我幫忙，說話的口氣透露出幾分急切，我問是什麼事情？她說是有關「病人自主權利法」的立法問題。

這項「病人自主權利法」草案，是由楊玉欣、陳鎮湘、王惠美、田秋堇、劉建國、羅淑蕾等六位立委提案，還有二十五位立委連署，但是在推動的過程中，遭到醫師公會全聯會理事長、秘書長及一些立委、學者等人的質疑及反對，還說不符合國內民情。陳秀丹醫師擔心這個攸關全民生命尊嚴與死亡尊嚴的良善立法會因而難產，所以急著打電話向我求援。我問她：「我能幫上什麼忙？」她說：「你可以在報上寫文章支持，並且呼籲大家上網連署。如果你同意，我就請楊玉欣立委打電話給你。」我說：「義不容辭，鼎力相助。」

當天晚上，我就接到孫效智教授的電話，代表楊玉欣立委，進一步說明「病人自主權利法」草案的內容，並將較詳細的相關資訊e-mail給我。他說陳秀丹醫師打電話告訴他，我願意在「病人自主權利法」上助玉欣和他一臂之力。他說陳秀丹醫師可能不知道我們很熟，其實我們早就是共同推動生命教育的好夥伴。

誠如陳秀丹醫師所說，這一項「病人自主權利法」，是一件非常重大而且有急迫性的立法課題，其立法成功與否，攸關你我、家人及全民的生命品質與死亡尊嚴，所以我就決定從那一週起，先暫停〈別有天地非人間〉的專欄系列文章，而以〈大家來關心「病人自主權利法」〉為題，展開一系列的討論，邀請各位讀者一同來關心。

我從二〇一五年十月十八日至十二月十二日連續九週，一共寫了九篇專欄系列文章，討論「病人自主權利法」的相關問題，而且在每一週的專欄文末都附上連署網頁，請讀者一起來支持，並且廣為宣傳。同時，我在那段期間的每一場演講，都公開呼籲聽眾一同上網連署，支持該項立法。以下的內容，就是根據專欄系列文章彙整修訂而成。

關鍵問題意識

設想一個屢見不鮮的情境：發生了一場意外，傷患命在旦夕，急救了之後，會變成植物人，不救的話，會死。這一類的事件，可能會發生在我們自己身上，也可能會發生在家人身上，您的選擇會是？相信有很多人會說：我寧願不救而死，也不要救了變成植物人，求生不得，求死不能。

但是，就算您不願意自己或家人毫無尊嚴地活在植物人的狀態下，我們國家有這樣的法律機制設計嗎？醫師可以尊重及幫助病人完成他的心願嗎？很不幸的，答案是個大大的「NO」！

根據當時（二〇一五年）的相關法令，不管是從「衛生福利部」還是從「法務部」的立場來看，在上述的情況下，醫師只能「搶救到底」，病人則必須持續接受無效醫療的摧殘與折磨，無法如願善終！

根據衛福部（衛部醫字第1041663576函）：「若非《安寧緩和醫療條例》第三條第一款安寧緩和醫療及第二款所稱之末期病人，醫療機構或醫師均應依《醫療法》第六十條第一項及《醫師法》第二十一條規定，對該病人予以救治或採取必要措施，不得無故拖延。」一句話——即使無效，也必須救到底！

根據衛福部（法檢字第1040450288O函）：「依據《刑法》第二七五條及第十五條，醫師不得以病人囑託或得其承諾而不為救治或維護其生命應有之作為，更不得依家屬之同意而不作為，否則於現行法律規定下，恐涉及刑事責任問題。」一句話——醫師不救有刑責！

立法提案的緣起

根據「《病人自主權利法草案》總說明」，因為我國當時法律對於病人醫療自主權保障不夠周延，例如《醫療法》第六十三條、第六十四條與第八十一條中有關「告知」及「同意」的規定，「病人本身」受告知與表示同意的地位與「其他關係人」相同，並未真正照顧到病人的權益，因此對病人知情選擇與決策權的保護明顯不足。特別在病人意識昏迷或無法清楚表達意願時，在現行的制度下也欠缺應有的配套措施，無法確保病人的「醫療自主權」；此外，病人的「拒絕醫療權」亦一直沒有清楚的規範，導致病人必須被迫持續忍受不必要的痛苦與折磨，嚴重地侵害其生命尊嚴與死亡尊嚴。為了維護人性尊嚴與尊重人格自由發展，國家應保障病人醫療自主權，因此，提案委員們參考國內外相關立法例，擬具《病人自主權利法草案》。

「病人自主權利法草案」導覽

維護人性尊嚴與尊重人格自由發展，乃是自由民主憲政的核心價值，其中不但包含維護及尊重個人的生命尊嚴與生活品質，也應當包含維護及尊重個人的「死亡尊嚴」與「死亡品質」。因此，知悉個人的醫療資訊並據以做成醫療決策，更是個人生活私領域不可或缺之部分，應當受到憲法的保障，任何他人均不得恣意干涉。然而，我國現行法律與制度對於病人的「醫療自主權保障」並不完善，亟待改善。

根據《醫療法》第六十三條、第六十四條規定，醫療機構在實施手術及依規定進行侵入性檢查或治療前，應向病人「或」其法定代理人、配偶、親屬或關係人說明，並經其同意，始得為之。另外，根據《醫療法》第八十一條之病情告知對象，同前兩條之規定，亦為病人「或」其他相關人。依此，《醫療法》所規定之「受告知對象」與「做醫療決策的主體」未必是病人本人，在實務上也往往不是病人本人，而導致在實務上經常出現醫師只對「家屬」說明，由家屬簽具同意書之情事，至於病人則可能自始至終都被蒙在鼓裡，不但剝奪病人的醫療自主權，更嚴重侵害病人之隱私。

其次，在病人意識昏迷或無法清楚表達意願時，我國現行法律與制度也欠缺應有的配套措施，以至於無法確保病人的醫療自主權得以實現。根據《醫療法》第六十三條與第六十四條以及《安寧緩和醫療條例》第七條等規定，當病人意識昏迷、無法清楚表達意願時，係由「法定代理人、配偶、親屬或關係人」簽具同意書，然而這樣的同意書未必與病人原本的意願相符。

近年來，世界各先進國家均致力於推動「預立醫療照顧計畫」（Advance Care Planning，ACP）、「預立醫療指示」（Advance Directives，AD）、「醫療委任代理人」（Health Care Proxy，HCP），讓個人可以「事先決定」選擇或拒絕各式醫療照護方針，而將個人的醫療自主權「延伸至」喪失決策能力之後。反觀我國，相關的醫療法律與制度則尚未建構完整，目前僅僅《安寧緩和醫療條例》有相關簽署意願書之規定，但是法規範圍與適用對象均非常有限。因此，有必要建構相關的醫療法規制度，以利全面提升全民的生命與死亡的尊嚴與品質。

最為關鍵的是，在我國現行法制下，「病人拒絕醫療的權利」並未獲得適當規範與保障。現行的《醫療法》第六十條與《醫師法》第二十一條，課予醫院、診所和醫師在病人危急狀況下的救治義務，一旦病人發生危急情況，醫院、診所和醫師「依法」負有急救義務，不得因尊重病人意願而不施行、撤除或終止維持生命治療，否則不但違反相關醫療法規，也會因為刑法第十五條規定導致此種消極不作為等同積極作為，而有違反刑法第二百七十五條「加工自殺罪」之虞。

當時只有特別法《安寧緩和醫療條例》賦予末期病人不施行「心肺復甦術」或「維生醫療」的權利，醫院、診所和醫師可援用「刑法第二十一條」的規定，主張依法令之行為而「阻卻違法」（註）。然而，《安寧緩和醫療條例》的適用對象僅限於「末期病人」，可是在醫療科技已大幅躍升且持續進步的情況下，大部分的植物人、漸凍人、重度失智症患者與罕見疾病患者都不是「末期病人」；因此，這一類的病患即使在其意識清楚時已明確表達在特定情境下不願接受積極治療，也無法適用《安寧緩和醫療條例》。除非醫療機構或醫師甘冒違法的風險，尊重病人的意願而不提供積極治療，否則這些不幸的病人——一方面痛苦難以忍受，另一方面疾病又無法治癒，而且已經沒有其他合適的解決方法——在現況之下都只能被迫持續忍受不必要而又無意義的痛苦與折磨。

為此，制定本《病人自主權利法》（以下簡稱「本法」），將可提供醫療機構與醫師尊重病人意願、執行預立醫療指示的法律保障，在確保病人拒絕醫療權的同時，保障醫師免受醫療糾紛或其他法律責任的非難。

請各位讀者特別注意的是，雖然「本法」同意在特定條件下病人有拒絕醫療權，但是這與「安樂死」不同，橋歸橋、路歸路，二者之間有明顯的區別。蓋依「美國醫學會」（American Medical Association，AMA）的定義，「安樂死」是「為減輕病患無法忍受且無法治癒的病痛，而由他人為病患施以足以致命之藥劑」，只有「積極致死」的行為才是「安樂死」；「本法」的核心立場在於容許病人行使其應有的「拒絕醫療權」，避免無效醫療行為的無謂干預及痛苦折磨，而回歸生命週期的自然歷程，聽任死亡自然發生（letting die naturally），是故「絕非」安樂死。而且「世界醫學會」（World Medical Association，WMA）也一再重申「拒絕醫療是病人之基本權利，若醫師在尊重病人意願下中止醫療，導致病人死亡之結果，亦與醫學倫理無違」，可見二者在倫理上有非常明顯的差別。

在醫病關係部分，「本法」訴求「共融決策」，不僅強調病人自主，同時也要顧及醫療專業與醫師的多元倫理觀點。例如本法第四條至第六條保障病人的「知情選擇」與「決

註：「阻卻違法」（affirmative defense）有「積極抗辯、確認的抗辯、肯定性答辯」之意涵。按民事訴訟或刑事的指控，除了原告人或檢察官所指稱的事實外；如果還有一組事實，經過被告證明，結果原告人或檢察官的告訴失敗、或者減輕了被告的非法行為之法律罪責的抗辯謂之。在民事訴訟中，「阻卻違法」包括：詐欺防止法、棄權，及其他的阻卻違法事項。在刑事訴訟法中，阻卻違法的例子則是正當防衛，精神障礙辯護，以及消滅時效等。在阻卻違法中，被告可以承認他們犯有所指稱的行為，但證明行為是否事實要根據法律的規定，要麼並無犯案或者豁免這些不法的行為，或者駁回原告的指稱。在刑法中，阻卻違法有時被稱為辯護理由，或者豁免辯護。因此，「阻卻違法」可以限制、或者豁免被告的刑事有罪、或者民事責任。「違法性」在刑法是個很複雜的概念，後來有人很簡單地把「違法性」的概念指向「負面的」構成要件的概念，意思就是說，即使某行為已經符合刑法某條文的內容，但是如果同時也符合「負面的構成要件」的話，也不構成犯罪。在一些特殊的情況下，因為有某種原因存在，使得刑法不加以處罰，這類的特殊原因，我們稱作「阻卻違法事由」（負面構成要件）。刑法設有明文規定的阻卻違法事由，稱作「法定阻卻違法事由」。違法阻卻性事由，又稱「排除犯罪事由」，是大陸法系中的一個概念，是指排除符合犯罪構成要件的行為的違法性的事由。普通法系（Common Law System）亦有類似概念，稱作「合法化事由」（Justification），包括正當防衛（Self-Defense）、防衛他人（Defense Of Others）、依法令的行為（Law Enforcement）等等。

定權」，均「以醫師對於病情、醫療選項之專業判斷為前提」，立法方式也與現行《醫療法》第六十三條、第六十四條與第八十一條相近，故無病人自主權凌駕於醫療專業之虞。同樣的，本法引進「預立醫療照顧計畫」（ACP），目的是讓病人接受醫療團隊的專業諮詢，以了解各種醫療情境及其可能的醫療方式與風險，再根據自身的意願做出決定。

同時，為尊重醫師的多元倫理觀點，「本法」並不強制醫療機構與醫師執行病人的預立醫療指示。「本法」第十三條是規範病人「得拒絕施行」或「要求撤除」維持生命治療的容許構成要件，而非課予醫療機構與醫師執行預立醫療指示的義務。換言之，若醫師本於其倫理價值考量，不願遵照病人預立醫療指示而繼續施行維持生命治療，並不違法。

綜合上述，國內現行法律與制度對於病人醫療自主權的保障未臻完備，為了維護人性尊嚴與尊重人格自由發展，國家應積極保障病人的醫療自主權，並提供醫療機構與醫師明確的法律依據，免受相關行政罰或刑罰制裁，提案小組爰參考國內外相關立法例，擬具《病人自主權利法草案》，其要點如下：

一、本法立法目的、主管機關及用詞定義。（草案第一條至第三條）

二、確立本法保障病人的知情選擇與決策權。（草案第四條）

三、病人受告知權與同意權的具體落實。（草案第五條、第六條）

四、醫療機構或醫師的急救義務與例外。（草案第七條）

五、預立醫療指示之要件、內容、健康保險憑證註記與撤回，醫療委任代理人之要件與權限。（草案第八條至第十二條）

六、病人拒絕施行或要求撤除維持生命治療之要件與醫療機構提供緩和醫療之義務。（草案第十三條、第十四條）

七、醫師的登載與保存義務。（草案第十五條）

拒絕醫療權的國際趨勢與立法案例

根據「世界醫學會」（WMA）的主張：「拒絕醫療是病人的基本權利，也符合醫學倫理。」因此，「拒絕醫療權」已經形成世界共識與國際趨勢。以下簡要舉幾個國家的案例供各位讀者參考。

以美國為例，一九七六年的Karen Ann Quinlan案，最高法院判決肯定其有拒絕任何醫療的權利，包含了拔除維生所需的人工呼吸器，且病人拒絕醫療的決定高於醫師的行善義務。此案與其他類似的案件在美國社會逐漸形成「偉大的美國共識」（The Great American

Consensus）。

一九九〇年的Nancy Cruzan案，聯邦法院最後判決結果是，病人有權拒絕任何醫療措施，包含了延長生命的餵食餵水，只要有充分證據顯示，停止餵食餵水符合他本人的意願，即可停止。

同年，美國立法通過《病人自決法》（Patient Self-Determination Act），建立了「預立醫囑」（AD）的法律地位，也確保了病人的「拒絕醫療權」。

憲法保障病人的尊嚴、隱私與自由，並非取決於「病人的存活時間、病人是否處於末期、病人有無自決能力」，無自決能力者可由「醫療代理人」替他決定，決定的首要標準為「病人的意願與偏好」，而最明確的證據就是「預立醫囑」。病人應該享有「拒絕醫療」的「消極自主權」，如今已經成為美國的全民共識。

其次，以德國為例，一九九四年，德國最高法院肯定「無行為能力病人」也有拒絕「包含餵食、餵水等人工維生措施」的自主權，只要這是病人的「推定意願」（der mutmaβliche Wille）。二〇〇三年，德國聯邦法院確定「預立醫囑」（Patientenverfügung）的法律效力。

二〇〇九年德國修正民法第一九〇一條以下規定：

1.任何有同意能力（einwilligungsfähig）的成人得以書面方式立定「預立醫囑」（Patientenverfügung），針對自己在失去同意能力時是否接受特定健康檢查、治療措施或侵入性醫療表示同意或不同意（§1901a.1BGB）。

2.病人自主權的效力與疾病的種類、期程無關（§1901a.3BGB）。

3.病人得拒絕任何醫療，包含醫師認為仍有價值的維生醫療在內。

4.病人指定的醫療委任代理人或法院指定的監護人之首要任務是捍衛與貫徹病人的意願。

5.病人之意願表達或其代理人對其意願之確認，均應以先掌握醫學上之專業意見為前提。

6.病人的意願最首要的是當下所表達的意願，其次，是寫在預立醫囑裡的想法，再次，是根據他口頭或書面表達過的思想、倫理或宗教的信念以及其他相關價值觀所推定的意願（§1901a.2BGB），再來，則是他的家人或信賴的朋友所表達的意見（§1901b.2BGB）。最後，若以上均不可得，則應按照醫師專業的判斷，做最有利於病人的醫療決定。

由上述的立法進展歷程可知，自一九九四年以來，德國對於病人自主權之保障漸趨完善。

再以澳洲為例，二〇〇九年發生了Brightwater Care Group（Inc）vs. Rossiter一案，四十九歲的Christian Rossiter原本是一位敏捷的野外健行者（bushwalker）、攀岩者和自行車騎士，因為意外遭汽車撞擊導致全身癱瘓，以鼻胃管灌食，自述深陷於「活生生的地獄」（living hell）之中，他說：「我是自己身體裡的囚犯，我根本就不能動，甚至於無法擦自己的眼淚。我無懼於死亡，但疼痛難耐。」因而要求Brightwater醫院停止供給營養及水分。醫院遂向法庭提出「停止餵食是否合法？」的疑慮，請求裁示。

最後，西澳大利亞最高法院認為：一、本案與「安樂死」及「醫師協助自殺」無關，二、神智清楚病人知情下擁有拒絕醫療權，因而做出一項深具里程碑意義的判決，給予了四肢癱瘓的Christian Rossiter對他的醫療照顧者拒絕飲食的權利。

針對本案，西澳洲安寧照顧機構（Palliative Care WA Inc）的醫師Dr. Scott Blackwell，提醒大眾切勿將Mr Rossiter的案例與「安樂死」混為一談。

香港是沿襲英國的判例法地區，是故沒有成文法，然而根據《香港註冊醫師專業守則》第三四．四條＆「香港醫院管理局」之「成人預立醫囑之臨床醫師準則」《Guidance for HA Clinicians on Advance Directives in Adults》（Operation Circular No. 8/2014），有以下之規範：

一、適用的臨床條件

病人如有下列情況，得不接受「維持生命治療」：

（一）病情到了末期。

（二）陷入不可逆轉的昏迷或處於持續植物人狀況。

（三）其他晚期不可逆轉的生存受限疾病，例如：

(1)晚期腎衰竭病人。

(2)晚期運動神經元疾病。

(3)晚期慢性阻塞性肺病。

(4)不可逆轉主要腦功能喪失及機能狀況極差的病人。

二、預設醫療指示內容

所謂「得不接受『維持生命治療』」，係指任何有可能延遲病人死亡的治療，包括：心肺復甦法、人工輔助呼吸、血液製品、心臟起搏器及血管增壓素、為特定疾病而設的專門治療（例如化學治療或透析治療）、在感染可能致命的疾病時給予抗生素以及人工營養及流體餵養。

上述兩者的範圍都較臺灣的現況更為寬廣，我們應該好好思考、檢討、改進。

現行法律對於病人知情選擇與決策權的保護未盡周延

在上文中，雖然已經就《病人自主權利法》的立法提案緣起以及「本法」的草案內容，做了相當詳盡的說明，但是為了加深各位讀者對於本法「立法必要性」的理解，仍須對現行法律的「不足」之處，提出進一步的分析。

現行《醫療法》與《安寧緩和醫療條例》的限制

根據《醫療法》第六十三、六十四條的規定，醫療機構或醫師在實施手術、侵入性檢查或治療時，「應向病人『或』其法定代理人、配偶、親屬或關係人說明，並經其同意」。在這當中有兩重問題：其一、這種告知皆是以「醫療機構或醫師」為主體，傳統的「知情同意（informed consent）」一詞的概念，是以醫師為中心，病人被期待以同意來回應，「本法」則是以病人本人為主體，尊重其個人自主意願。其二、就「被告知」的對象而言，並非以病人為優先，「病人」與「其他關係人」地位相同，並未得到「應有」的尊重與保護，而且在現實的社會情境中，病人往往被蒙在鼓裡，因此，現行的《醫療法》對於「病人的自主權」根本未能充分保障。而「本法」則是以「病人」為中心，肯定病人「知情及主動選擇與決定」的權利（informed choice & decision）。

再來看《安寧緩和醫療條例》第七條與第八條，雖然有尊重病人自主權的規定，也保障了病人「不接受或拒絕甚至於撤除無效醫療及無意義維生醫療」的權利，但是仍然有兩重限制：其一、只保護到「末期病人」的自主權，對於大部分不是「末期病人」，例如植物人、漸凍人、意外重大傷殘、癱瘓、喪失行為能力等情況的病人，則保護不到，其二、《安寧緩和醫療條例》的「維生醫療」概念，是針對「末期病人」而設的，係指「只能延長其瀕死過程的醫療措施」，「本法」所稱「維持生命治療」係指「任何有可能延長病人生命的醫療及照護措施」，適用範圍較廣。

當病人意識昏迷、無法清楚表達意願時，自主權如何確保？

根據《醫療法》第六十三、六十四條及《安寧緩和醫療條例》第七條，雖然規定了：當病人意識昏迷、無法清楚表達意願時，由法定代理人、配偶、親屬或關係人簽具同意書，但實際現況是，這樣的同意書並不一定是出於病人本身之意願，而很可能是出自於其周遭人的想法！問題關鍵在於現行法律並無「預立醫療指示」與「醫療委任代理人」等等的設計。

「本法」主張法律應充分尊重個人意願，並且具體提出「預立醫療指示」與「醫療委任代理人」等設計，讓病人在意識清楚時，能預先表達其個人的醫療意願，而在必要關鍵情境時，有「醫療委任代理人」根據其「預立醫療指示」執行病人的醫療意願，如此病人的自主權才能真正地落實。

現行的刑法與行政法架構過度限制「拒絕醫療權」

目前我國的刑法對於生命法益保護，採取「生命絕對保護原則」，亦即保護國民的生命寧可過之而勿不及。《刑法》第二七一條：殺人罪，處死刑、無期徒刑或十年以上有期徒刑。第二七五條（加工自殺罪）：教唆或幫助他人使之自殺，或受其囑託或得其承諾而殺之者，處一年以上七年以下有期徒刑。依《刑法》第十五條第一項規定，對於特定人於法律上具有防止其死亡結果發生義務之人，如以消極不作為之方式幫助其自殺，或受其請求或得其同意而殺之者，皆可能成立加工自殺罪。《醫療法》第六十條及《醫師法》第二十一條：醫院或醫師對於危急病人應施予必要的急救措施，不得無故拖延。以上的法律都是基於「生命絕對保護」這樣的大原則。

「生命絕對保護」原則的思惟背景與再省思

這樣的「生命絕對保護」思惟與大原則，有其時代背景，因為在古早專制朝代及威權時期，政府或獨裁者往往會假借所謂的「公權力」，無端殘害甚至於剝奪無辜百姓的生命，所以到了近代，世界各國人民紛紛追求民主、自由，推翻專制、打破威權的思想及運動風起雲湧，維護「人權」的思惟與主張也應運而生。各個民主國家紛紛制定保護人民生命、財產、言論自由等權益的相關法規制度，嚴格限定政府部門以及各行政機構或相關機制的權限，以防止人民的生命、財產、安全、自由等遭受無端的傷害。

然而，到了現代化的二十世紀與「後現代」的二十一世紀，在自由民主國家裡面，遠古的專制朝代與權威統治早已走進歷史博物館了，但是我們的法律規章，特別是有關醫師與醫療的相關法規卻沒有與時俱進，還停留在上個世紀。

在當今的民主國家與自由社會裡，人權、生存權、生命權已經是基本核心價值，而且也早已得到應有的保障與維護，這一點毫無疑問。但是在這一層面之上，還有更高一層的

「人性尊嚴」與「人格自主」，並未受到充分的關懷與討論，當然也就還未得到應有的尊重與維護。再者，很弔詭的是，「生命絕對保護」的大原則，到了後現代的社會，往往構成病人追求「人性尊嚴」與「人格自主」——也就是「死亡品質」與「死亡尊嚴」——的重大障礙。

再具體一點地講，「生、老、病、死」本來就是生命的常態與自然週期，但是長久以來，我們只重視、追求與維護「生命的品質與尊嚴」，卻一直都忽略、漠視「死亡的品質與尊嚴」。我們一再地運用現代醫療科技勉強地「救治」與「維持」病人的「生命現象」，卻無法維護他的「生命的品質與尊嚴」，讓他陷入地獄般的痛苦生命牢籠，一直要拖到身體機能完全衰敗，器官功能全部衰竭，最後是在毫無「死亡品質」與「死亡尊嚴」的情境下，痛苦地告別人世。

各位讀者！這是您希望看到的生命結局嗎？當然不是！但是很不幸的，在現行的醫療思惟框架及醫療法規的限制下——也就是「生命絕對保護」思惟與大原則下，這是絕大多數現代人的生命結局，很少有人能夠逃得過！借用陳秀丹醫師的話，在很多現代人所面臨的生死情境，「救治」往往是一種「殘酷的仁慈」，「不救」才是真正的慈悲。因此，在「救」與「不救」之間，也就是在「生命救治」與「尊嚴維護」之間，我們應該有更為全面的整體思考。

該「救」或「不救」的刑事責任歸屬與再省思

當然，「救」或「不救」，不僅是醫療實務問題，同時也涉及法律責任歸屬問題。站在法務部的立場（法檢字第10404502880號函），根據《醫療法》第六十條及《醫師法》第二十一條，這兩條法律賦予醫院診所或醫師救治義務；再者，依據刑法第二七五條及第十五條，醫師不得以病人囑託或得其承諾而不為救治或維護其生命應有之作為，更不得依家屬之同意而不作為，否則於現行法律規定下，恐涉及刑事責任問題。因此，根據現行法律，醫師非救不可，不能不救，「不救」是「犯法」的，而且有「刑事責任」。

在這樣的客觀情況下，僅有的唯一但書，就是「末期病人」，如果病人已經簽署了安寧意願書，又被診斷為「末期病人」，醫師不急救或終止維持生命治療符合《安寧條例》第七條規定，既不違反《安寧條例》，依據《刑法》第二十一條「依法令之行為，不罰」規定，亦得在刑法上「阻卻違法」而不受刑罰。但是，如果是「非末期病人」，很不幸的，在「本法」未通過及實施前，還不在免責的範圍之內。

「安寧緩和醫學學會」認為：「植物人」不必然等同於「末期病人」，因此不在「救」或「不救」（「治」或「不治」）的考慮範圍之內。「中華民國重症醫學會」則認為：如果確定（非末期）病人在自主且具行為能力狀態下預留指示，建議「應予認可」，但只是停留在「建議」的階段，而沒有任何「法源」根據與「法條」支持。總之，即使有醫師想要幫助那些一心「拒絕醫療」的病人解脫生不如死的困境，然而在現行的法規當中，不但找不到任何依據來協助他們，醫師甚至要擔負法律責任。

當有「非末期病人」請求或同意「拒絕醫療」時，如果醫師秉持仁道而不救治，他會擔負什麼樣的法律責任？《安寧條例》第十條：「違反第七條之罰則為處新臺幣六萬元以上三十萬元以下罰鍰，並得處一個月以上一年以下停業處分或廢止其執業執照。」《醫療法》第一〇二條第一項第一款：「違反第六十條第一項，處新臺幣一萬元以上五萬元以下罰鍰，並令限期改善；屆期未改善者，按次連續處罰。」《醫師法》第二十九條：「違反第二十一條，處新臺幣二萬元以上十萬元以下罰鍰。」《刑法》第十五條及第二七五條：「處一年以上七年以下有期徒刑，未遂犯罰之。」

由上述這些法條內容可知，醫師動輒得咎，只能被迫積極救治，或者消極地選擇遊走在法律邊緣。雖然在法理上，有超越法規「阻卻違法（罪責）事由」得以援用，但是一方面，具體要件不確定，另一方面，在國內也尚未形成判例，對醫師而言風險太高。

不論是法務部《刑法》的「阻卻違法」或是衛福部的《安寧條例》，都過於狹隘，適用範圍僅限於「末期病人」，而且「得拒絕」之範圍僅限於「CPR」或延長瀕死期的「維生醫療」，而非範圍較廣的「維持生命治療」，既不能保障病人的「生命品質與尊嚴」，也不能維護病人的「死亡品質與尊嚴」。

綜合上述，病人的「拒絕醫療權」受到現行法律過當的嚴格限制，必須特別立法才能保障病人的權利，以及免除醫師違法的顧慮。基於上述緣由，須透過五種做法，以確保或強化病人自主權：(1)確立病人「知情、選擇與決策」之自主權原則，(2)引進「預立醫療照顧計畫」（Advance Care Planning，ACP），(3)擴大「預立醫療指示」（Advance Directives，AD）之適用範圍與內容，(4)強化醫療委任代理人權責，(5)確立特定臨床條件下之「拒絕醫療權」。

本法之立法重點及與他法之關係

「本法」的立法重點如下：

(1)從以「醫療」為中心改為以「病人」為核心，強調病人的知情、選擇與決策權（第四條）。

(2)不同於「安寧緩和醫療」的概念，本法「緩和醫療」的範圍不再侷限於末期病人（第三條第一款）。

(3)不同於「維生醫療」，本法「維持生命治療」的範圍及於其他維持生命醫療照護措施及人工營養及流體餵養（第三條第三款）。

(4)ACP與AD的明文化（第八條、第九條）。

(5)明定醫療委任代理人的權責（第十條）。

(6)確保病人意識昏迷、無法清楚表達意願或處於緊急狀況時的醫療自主得以實現（第八條至第十條）。

(7)明定拒絕施行或撤除維持生命治療的臨床條件與程序（第十三條）。

(8)增訂醫院提供緩和醫療的義務（第十四條）。

「本法」與《安寧條例》可為互補，本法規範保障病人自主權，若病人未簽署本法之AD，亦無安寧之意願書時，就必須依靠《安寧條例》提供之最近親屬同意書，於被判定末期後，依同意書來撤除維生醫療。

至於本法草案未規定「緊急狀況的告知義務」，要如何處理？則回歸《醫療法》。如果本法草案通過後，《醫療法》相關條文應連動修正，例如：《醫療法》第六十三、六十四條的但書，可改成「但緊急情況者，不在此限。如病人依其他法律表達之拒絕醫療意願有效時，得不為之」。

有關本法草案之答客問

在本法草案推動立法之際，社會大眾難免會有一些疑慮或疑問，針對大家經常會問到的問題（Frequently Asked Questions，FAQ），楊玉欣立委與孫效智教授提供了相關的問答資料，分別條列提出解說與釐清如下。

問題一：

本法草案是否為「安樂死」立法？

回答：

不是！「本法」僅規定「病人在特定條件下之拒絕醫療權」，旨在避免遭受現代醫療無謂干預及折磨，聽任病人「自然死亡」，因此與「安樂死」乃是兩碼子事！「拒絕醫療」可展現為「不施行」、「終止」或「撤除」三種措施。前二者係明顯地「不為」，殆無疑義；至於「撤除」，表面上看來，雖有物理意義的「作為」，但其用意乃是「不為」進一步的無謂醫療，是故仍應被認定為「不作為」。無論如何，本法不能與「積極打一針縮短病人生命」的「安樂死」等量齊觀。根據美國醫學會所定義的安樂死：「為減輕病患無法忍受且無法治癒的病痛，而由他人為病患施以足以致命之藥劑」，係將上述三種拒絕醫療的行為均排除在外，是故「本法」與「安樂死」毫無關聯！

問題二：

本法草案是否強制醫師必須執行病人的預立醫療指示（AD）？

回答：

本法草案第十三條「授權」醫師在「符合臨床條件」的情況下，可以依照病人簽署預立醫療指示（Advance Directives，AD）的內容，不施行、終止或撤除維持生命治療。換言之，該規定是讓醫師「有權利」執行病人AD，並不是強制，也沒有罰則。重點在於：一者、讓病人有選擇的權利與機會，二者、也讓醫師有權利維護病人的尊嚴，而不致遭受不當的刑責。

問題三：

病人若有AD，醫師仍施行急救，是否有責任？

回答：

如前題所述，病人有AD，亦不表示醫師應遵行。本法草案第七條強調：符合第十三條規定時，醫師「可以」不急救，但「不是禁止」醫師急救。即使病人有AD，也不代表拒絕維持生命治療的要件已經符合。在很多情形下，例如臨時意外而緊急送醫院者，都不容易馬上符合第十三條之臨床條件，例如：「不可逆昏迷」與「持續植物人」都須經歷一段時間才能確診，因此，寧可醫師養成緊急情況急救的反射動作，也不希望醫師在緊急情況下蹉跎猶豫而錯過急救時機。但是若急救後經過確診，符合第十三條的臨床條件，屆時可以再依據病人的AD，予以撤除維持生命治療。

問題四：

本法草案強調病人的自主權是否會架空醫師的醫療專業？

回答：

本法草案第四條至第六條，病人的知情選擇與決定權是以醫師對於病情、醫療選項之「專業判斷」為前提，故無病人自主權凌駕醫師醫療專業之虞。草案第三條與第九條引入「預立醫療照顧計畫（Advance Care Planning, ACP）」，更是承認病人自主權的捍衛必須以「對醫療專業的尊重」為前提。因為病人的「預立醫療指示（Advance Directives, AD）」必須經過完整的諮商程序才有效。因此，兼顧病人權益與醫師專業的共融決策才能促進醫病關係的和諧與雙方的福祉。

問題五：

本法草案是否容易造成醫療糾紛？

回答：

正好相反，就是因為現行法律過度僵硬，才會讓欲幫助病人不受折磨的醫師被迫遊走在法律邊緣，才有醫療法律糾紛的風險。根據《醫療法》第六十條與《醫師法》第二十一條，硬性規定醫師有急救義務，情況緊急時醫師不得不救，否則會有違反刑法第二七五條「加工自殺罪」之虞；僅有符合《安寧緩和醫療條例》規定時，才可以依《刑法》第二十一條阻卻違法。本法草案提供醫院診所及醫師尊重病人AD時之法律保障，可以解除急救義務以及「阻卻違法」，反而能避免造成醫療法律糾紛。

問題六：

此為有關醫療委任代理人的問題，（一）若醫療委任代理人的順序高於配偶之前，或凌駕現有程序的家人，在實務操作上會引發家屬爭吵、製造家庭糾紛問題。（二）醫療委任代理人制度，執行上會有困難，家屬間意見不一致時，尤其是有繼承權的人跳出來反對時，醫師敢執行嗎？或是家屬認為不相干的第三人與家屬意見不一致時，執行面會產生嚴重問題，順位上是否可調整？

回答：

先說明（一），醫療委任代理人的順位規定（第六條第四項）已於修正動議中刪除，維持和現行醫療法相同的做法。（二）同上。事實上按照目前實務的做法，家屬間意見不一致時，醫療機構多半會尊重、觀望，可見這不是因為「本法」才會出現的問題。其實，家屬意見不一致往往肇因於無法清楚知悉病人本身的意願，所以才會出現家屬之間各說各話的情形；醫療委任代理人制度正可以真實呈現病人本身的意願，反而能減少家屬之間的紛爭。

期盼醫療界發揮觀世音菩薩尋聲救苦以及地藏王菩薩解倒懸的慈悲精神與願力

任何法案在推動之初，都必然會有正反方不同的意見，「本法」當然也不例外。我在本文的一開頭提到：在推動的過程中，遭到醫師公會全聯會理事長、秘書長及一些立委、學者等人的質疑及反對。後來孫效智教授跟我說，我這樣子寫，對蘇清全理事長不甚公平，他並非有意反對，而是身為醫師公會全聯會理事長，必須面對及兼顧各種醫師團體的正反面意見，很難一開始就表態支持或贊成與否。蔡明忠秘書長也說，蘇理事長雖然肯定本法案立意良善，但認為仍然存有繼續討論的空間，實在必須與各界再行溝通，尤其是「法律界的見解」更是動見觀瞻，不可不慎！這的確是持平之論，我不該遽下斷語，說他們有意反對本案，在此特別說明，以還蘇理事長和蔡秘書長一個公道。

孫教授說，後來各醫師團體也已逐漸釐清誤會，在論辯的過程中，感謝各方的正反意見，促使立法草案的內容也不斷修訂更新而越趨完備，他和楊玉欣立委仍然持續積極遊說各醫師團體，請他們不但不要阻擋，而要為全民謀福祉，將來法案若通過，也是醫界的功勞與全民之福。

當時在專欄系列文章進行的二個月過程中，我一直由衷地期盼，國內醫療界、法律界和立委們諸位大德能充分發揮「觀世音菩薩尋聲救苦」以及「地藏王菩薩解倒懸」的慈悲精神與願力，不但能維護全民身心健康的生命尊嚴與生活品質，也能照顧到大眾的死亡尊嚴與善終品質。

結語

為什麼我們需要《病人自主權利法》？因為在現行的法律制度下，當醫師面對危急狀況的時候，因為擔心挨告，即使明知對病人不利或病人不願意急救，還是會不顧一切搶救到底，能運用的醫療器材管線藥物全數上陣，病人幾乎沒有任何選擇的餘地。最後的下場是「病人不得善終、家屬眼睜睜看著病人遭受折磨、醫護人員愛莫能助、醫療資源錯置」的四輸結局。

這一部立法會帶給了我們什麼福祉？可以讓我們在心智健全的時候，透過完整的醫療諮詢程序，與家人、醫療單位充分討論溝通，事先簽署預立醫療指示，決定自己在特定醫療情境下，是否接受醫療、如何接受醫療，並且能選擇自己信賴的人擔任醫療委任代理人，以確保當自己意識不清時，醫療委任代理人仍能貫徹自己的意志，實現善終的願望。同時也讓醫師執行病人預立的醫療指示時，於法有據，可保護醫師免除模糊的法律風險。

說來也真巧，就在我寫完這一系列專欄文章之後的週六，也就是二〇一五年十二月十八日晚間，立法院終於三讀通過《病人自主權利法》，讓特定條件病人可預立醫療決定。衛生福利部表示，這是亞洲第一部《病人自主權利專法》，訂於新法公布三年後（二〇一九年）施行。基於對生命尊嚴的重視以及提升醫療照護品質，衛福部除了邀集醫界研議參考程序、凝聚共識外，也將推動相關試辦計畫，同時為加強醫護人員及民眾認知，將持續辦理醫護人員教育訓練，建立正確觀念，對於民眾廣為宣導，務必於二〇一九年本法上路時能順利穩當，獲得雙贏之醫療照護。

從佛教觀點談「器官移植」與「器官捐贈」

多年來我在世界各地演講「生死學」與「生命的永續經營」，經常會遇到聽眾提問有關「器官移植」與「器官捐贈」的疑惑與顧慮，覺得有必要寫一篇專文來幫大家解惑。這篇文章的內容，分成二大部分，第一部分是我在一九九七年接受中央大學哲學研究所應用倫理研究中心的訪談，有關「器官移植」的對話實錄，第二部分是我近年來對於「器官移植」與「器官捐贈」相關問題的思考與討論。

第一部分：有關「器官移植」的對話

回憶一九九七年四月，我從美國獲得博士學位回到臺灣還不滿一年，當時擔任佛光山叢林學院院長，同時也在南華管理學院（後來升格改制為南華大學）兼課。當時中央大學哲學研究所應用倫理研究中心所發行的《應用倫理學通訊》正在做「器官移植專題」，由吳秀瑾老師來佛光山找我採訪，希望我從佛教的觀點來談「器官移植」，當時同行的還有鈕則誠、尉遲淦二位老師，訪談的實錄由吳秀瑾老師整理，後來刊載於《應用倫理學通訊》第二期「器官移植專題」，而以〈從佛教觀點談器官移植——慧開法師訪問實錄〉為篇名。

如今回過頭來檢視二十多年前的發言，有些觀點還不夠精確、成熟、深入，但也有不少觀點至今仍具有參考價值，所以我還是將當時的訪談全文稍加訂正刊出，說理不夠清晰精確之處，會在第二部分補充申論。

訪談全文

吳秀瑾（以下簡稱吳）：很感謝法師在百忙之間，同意接受中央應用倫理研究室的訪問。今天就是想針對「器官移植」這個問題，想從佛教的觀點來看，佛教在理論上、實務上這兩個方面是怎樣來看待器官移植這樣的一種新的科學技術？先請法師就器官移植的「時間性」問題，也就是以「腦死亡」為死亡的定義以爭取進行器官移植的成功率，這樣的醫學認定「腦死亡」是否和佛教對死亡時的「臨終關懷」和對身體的處置有互相矛盾的地方？如有的話，那麼佛教可以從什麼樣的角度來重新詮釋其基本教義，來配合或因應現代醫學科技的需求？

慧開法師（以下不稱呼）：如果說器官移植和佛教有矛盾的地方，那是根據現行的、流行的說法，即是臨終及死後八小時內，要為亡者助念佛號。其實從佛教思想的演變來講的話，這個思想與做法是近代的，大概是在明、清之後才逐漸流行起來。明、清之前，佛教中並不強調這件事，這應該是淨土宗普遍流行之後才有的說法。這個問題本來是必須被檢討的。我們換個角度來看，死後八小時念佛號，應是psychological reaction（心理上的需求、反應），而不是把它當做logical definition（邏輯上的定義）。現在很多人已經是把它當做不可違背的、必然的現象。實際上不是如此。

吳：就是說，死後八小時內絕對不能移動、干擾屍體是淨土宗所強調的。

慧開：這是現在所流行的淨土宗的觀點，不能夠代表整個淨土宗的觀點。我個人的觀點是，從統計（一般、大概）來講，這些是在修持淨土上不是很有把握的人，也就是一般的人對淨土法門不是有很深的契入，這就需要助念的過程。對一般人來說，要放棄對身體的執著是很困難的。經典中有這樣的描述，當人要離開肉體的時後，好像是烏龜要剝它的殼一樣。這當然是心理的反應，對一般大多數人而言，這個時間可能需要八個小時。

吳：這個死後八小時之所以是關鍵，是不是牽涉到佛教「接引」的觀念？

慧開：這倒不是。不管有無佛來接引，一般人的意識在死亡後要離開身體是需要一個過程，它不可能一下子就離開。

吳：這樣聽起來，法師似乎還是要強調有一個關鍵時間，這個時間還是和醫學所定義的「腦死亡」——「有心跳的死亡」是互相衝突的？

慧開：如果講有衝突的話，那是現象上的衝突，而不是根本教義的衝突。從根本教義來講，在大乘佛教的境界中，比如說釋迦牟尼佛在他的過去世布施他的身體（例如：割肉餵鷹、捨身飼虎），都是在活的時候布施，而不是死後才布施的。他的頭、目、腦、髓、身體器官等等都是在活的時候布施，所以要布施就是要「活體布施」，否則就不要布施。這是佛陀的存在決定（existential decision），當他決定要布施時，就不在乎這些。如果他有顧慮的話，寧可不要布施，所以佛教的基本教義和器官移植並不衝突。

現在之所以強化了這樣的衝突是因為將重點放到錯誤的方向上：強調死亡的過程，而忽略了捐贈者本人的意念、意願（intention）。當然，如果捐贈者本人對生死有相當的把握，這個問題對他來講就不構成困擾，但是就一般人而言，很難做到這一點。一般人經歷死亡是需要一段時間的，如果他對死亡的過程不了解的話，會產生恐懼、痛苦、疑惑，那是很自然的。所以這也就是為什麼光講器官捐贈是不夠的，須了解死亡的過程，也就是我們須有對死亡認知的教育。

吳：器官捐贈或器官移植這樣的科學技術的背後是否涵藏了人類愈來愈排斥疾病與死亡？所以科學技術的發展也就是人類惡魔化（demonizing）「疾病」與「死亡」，和人類無法安然面對死亡的表露？所以科學技術的發展是人類從根本上排斥與不能接受死亡，同時意圖無限延長與延遲死亡的來臨。是不是請法師就佛教對生死的觀點來談醫學科技底層下對生命的執著，並就此一意義而言，佛教會正面鼓勵器官移植和其他醫學技術嗎？

慧開：就你剛剛所講的，我們可以先釐清因果次第的問題。不是因為科技進步而導致demonizing death，而是因為我們對死亡有很深的恐懼，是這股拒絕死亡的內在動力促使醫學進步。從社會演變觀點而言，這是很自然的，但是能否達到無限延長生命，大概是不可能的，因為人體還是有其客觀的極限。從佛教根本教義來講，人類要能根本地超越對死亡的恐懼，就得要了解「生、死」是相對的概念，須對整個生死的「時、空」觀念做一個轉變與轉化。因為我們把「時、空」侷限在某個範圍、領域（domain）內，這樣的話，死亡當然是很可怕的事。假使我們對時空的觀念改變了，譬如佛教講「三世」——「過去、現在、未來」，死亡就不再那麼可怕了。從佛教廣義的時空觀來說，其實人是沒有死亡的，死亡只是一個轉換的過程。我們一定是活在某一個「時、空」裡，如此而已，所以死亡只是從某一個「時、空」過渡到另一個「時、空」的轉換過程而已。從小乘佛法來講，把「生、死」絕對化了，所以要離開「生死」，以求「涅槃」。就大乘佛法來講，因為有「生死」才講「涅槃」，沒有「生死」就無須講「涅槃」了。所以在大乘佛法中，「解脫」與「輪迴」只存於一念之間，「生死」即是「涅槃」。

吳：所以，就大乘佛法而言，並沒有所謂「畏懼死亡」的存在焦慮？

慧開：對！但是這當中有境界上的層次差別：就凡夫來講，是「醉生夢死」，根本搞不清生死，隨波逐流。對小乘行者而言，生死是一個重擔、束縛，所以要解脫，要求「了生脫死」。可是離開了生死，就他個人來講是解脫，就眾生來講，生死還是一個存在現象。所以，他個人的解脫，對眾生來講其實並沒有什麼意義。就大乘菩薩道來講，生死是他的道場，也是他的一個媒介與平台，所以他必須「出生入死」，必須回到人間才能展現他的菩薩願力。所以離開了生死，菩薩道就失去了意義，所以，菩薩要回到生死的場域，生死對他來說是一種遊戲——而且能夠悠遊自在。

吳：如果說佛法的根本教義是不畏生死，那麼在這樣的前提下，佛教會積極的鼓吹器官捐贈和以正面贊成的態度來看待器官移植嗎？因為我們都知道器官移植除了成本高昂之外，移植後的生命品質不見得提高。

慧開：所謂佛法本身的看法，其實都是我們每一個人對佛法的不同interpretation（詮釋）。對於有些病人，比如說年紀不是很大，因為某個器官的衰敗而面臨死亡的威脅，在這樣的情況下，能夠進行器官移植，未嘗不是好事。他還不至於到了年老氣衰或整個身體不堪使用，而且他對社會還可以有一番貢獻，如果透過器官移植可以讓他繼續活下去，這樣的話器官移植是有其積極與正面的意義，不能夠與恐懼死亡擺在同一個層次來講。所以這樣做倒不見得是如我們前面談到的對死亡的恐懼，換另一種角度來講是對他的布施。我們可以借用現在環保的概念來說，就是Recycle（回收）——器官回收（Recycle）再利用。比如說，有年輕人因車禍等意外事故喪生，他的器官正好可以用，而別人也需要，那麼他的器官可以Recycle再利用。我認為這是可以推動的。

吳：法師用Recycle概念來推展器官捐贈的想法很生動，那麼實際上該怎麼去教育社會大眾使他們自願捐贈器官？尤其是在臺灣的社會中，往往發生即便是病人願意捐贈器官，但是家屬反對的情形。

慧開：以美國為例，他們在汽車駕照上，就會註明個人捐贈器官的意願。願意的話，在照片正下方會打出綠色的「organ donor」的字樣，如果個人無此意願，也就留白。我所認識的一些美國朋友，都願意捐贈器官。一般美國人沒有那種心理負擔，就是死後八小時不能動遺體。現在很多佛教徒，尤其是淨土宗，被灌輸了一定要八個小時，實際上不是的，真正念佛功力深厚的人沒有這個顧慮，馬上就走，根本無須經過八小時，但我們現在是被這個觀念給束縛住了。在密宗裡有顧慮到一般人在經歷死亡時的痛苦，所以密宗裡有一個法門就是「破瓦法」——意思是說能夠決定往生，無須八小時的過程，可以很快就走。在佛教中講，能「上品生」的人，生死是很自在的，他會告訴大家，真正的往生無須人家助念八小時。他往生的時候，身體的狀況還很好，精神也很好，就走了。對他來說根本沒有「死亡」這件事，這是真的「往生」。但是就一般人來講，往往是死拖活拉的，那就須有一段過度時間。

吳：要說在臺灣大多是受這八小時不能動的束縛，我倒覺得民間信仰中「入土為安」和「全屍」的觀念與其背後千年儒家「身體髮膚、受之父母」的傳統，才是器官捐贈的最大阻力。所以，要怎樣來教育眾人並超越傳統的束縛？

慧開：儒家是把「身體髮膚」和「生命」畫上等號，「身體髮膚」受之父母是沒錯的，這我承認，但是「生命」不是受之父母。所以禪宗祖師要問：「如何是父母未生你以前的本來面目？」這個「本來面目」（佛性），不是受之父母，父母只是一個媒介。所以，不要把肉體和生命畫上等號。肉體只是一個載具，有包容生命的意義和價值。

吳：換個角度來講，佛教對於「死亡品質」的看法是什麼？什麼樣的「死亡品質」可以成為追求幸福生命的完成，並成為器官捐贈的重要前提條件？

慧開：在《書經・洪範》篇中提到「五福臨門」，最後一福講「善終」，意思就是圓滿總結人生，生命的品質不能沒有死亡的品質。就中國傳統而言，也就是人生畫上一個完美的句點。從世俗而言，「善終」是不容易達到的。

但是就佛法而言，「善終」不是不能追求的，我們可以創造「善終」的因緣與條件。對一般儒家的人士來講，能夠走得很安心，無有恐怖，那麼對人生來講就是完美的。就佛教來說，實際上「死亡」和「出生」是息息相關，所以佛教並不是把「善終」看成是完美的「句點」，而是因為「生」與「死」是有直接的關聯，這一世「死亡」的quality會影響到「來生」的quality，所以「生」和「死」是延續的。

這也就是為什麼到近現代的淨土宗會強調命終後的八個小時，也是有它的理論根據，就是在這八小時中，幫他助念讓他心靈很安寧，他就會去比較好的地方。

但是這樣做法有一個缺點，就是他太仰賴外在的力量，沒有強調自身主觀的意志力。

所以，佛教的「死亡教育」也就是將「生」與「死」連在一起來看。假使每一個人在將要往生的時候，都有一個很高的往生目標和死亡品質，自然他的「來生」就是一個高品質的生命。所以，佛教的「死亡教育」也就是打開「生與死」的時空侷限，在「生死一如」（菩薩道）的概念中，也就是在生命的旅程中，不斷地上達，不斷修行到「圓滿菩提」的最高境界。

吳：接下來是一個到目前為止還算未有成功的先例，就是大腦之間的移植。雖然到目前為止的實驗是在動物（猴腦之間）的移植，僅存活了五小時，但是未來人腦之間進行移植也不是醫學技術上不可能的事。有關人腦之間的移植所可能產生的倫理困惑已經被熱烈的討論，因為腦是人體的神經中樞，決定了人的意識、記憶和思考等等功能，所以馬上面臨的困惑是：「誰是生命的主體問題」，即是「捐體」是「需體」的主體，還是「需體」仍然保有其主體性？請法師就佛法的立場來談談這個問題。

慧開：就佛法而言，並不會顧慮到人腦之間進行移植所可能衍生的主體性問題。因為，不管這之間進行什麼樣的轉換（移植），都只是現象而已。就佛法而言，有兩個層次，就佛的層次來看，人沒有「主體性」，大部分芸芸眾生是沒有什麼主體性的。另外的一個層次是禪宗所講的，「主體性」是修練、鍛鍊來的。

吳：我的理解似乎和法師所講的正相反，大部分芸芸眾生是有主體性的。

慧開：你所講的芸芸眾生是有主體性的，那是業力牽引的結果。

鈕則誠（以下簡稱鈕）：在哲學上的主體性是意向性（intentionality）的問題，也就是人在如何把握到自我同一性（self-identity）和自我認同的問題。這可做為人腦移植的一個大問題，就是如果人腦是所謂的主體的中樞，那麼在其他臟器都可以替換的情況下，只要中樞不變，那麼自我認同也就不變。這還可以進一步討論到人是怎樣來辨認一個人，是從臉型、指紋、外型等來辨認一個人？或是從腦髓來辨認？如果腦髓是精神主體的話，那麼把它取出來放在任何其他身體中，它都會是主體。

慧開：這樣的問題可以換個角度來理解。比如說「某甲」的腦壞了，從「某乙」處移植了腦，所以問題是：移植後了的「某甲」，是「甲」？還是「乙」？所以問題也可以是：要繼續維持「某甲」的生命？還是「某乙」的生命？

吳：我想根據法師上述的說法，可以進一步來釐清問題背後的兩個層次：一是社會層面的倫理問題，因為「某甲」和「某乙」都是社會的存有（social being），也都有各自的家庭背景；另一層面是生命主體的問題，這也就是要更根本的牽涉到決定「某甲」和「某乙」的自我認同和自我同一性的主體性思考。

慧開：社會層面的倫理問題是必然會存在的，但是就主體性這個層面而言，是不存在這樣的問題。就像筆記小說中講到的「借屍還魂」，「借屍還魂」的重點不在於所借的是對方的body，而是入住的consciousness（意識）。所以從「借屍還魂」事例中，物質身體的大腦並不是決定主體意識的關鍵。

所以如果說大腦就是主體意識的來源（決定性因素），也就不存在有「借屍還魂」的說法。

鈕：所以，另外的一個問題就是：意識是不是可以完全獨立於腦的作用之外。科學的理論是基於大腦是意識的決定性因素，這是唯物論的說法。但是觀念論則是認為身體是受制於意識的作用，包括大腦。

吳：我本人對這個問題是採取了所謂「Emergent Physicalism」（出現唯物論）的觀點：也就是物質條件（物理、化學作用）是意識的決定因素，但是意識層次的產生不能簡單的還原到物理、化學作用。也就是說，大腦是意識活動的形成條件，在這基礎上，發展出高度的心靈與意識活動。

慧開：就佛法而言，並不同意唯物論的說法，基本上還是以「心識是主，身體為輔」的看法，所以大腦也只是「工具」與「載體」而已。

吳：最後的一個問題是有關於「異種個體移植」的問題，剛剛所有討論都是同種個體移植。這樣的醫學技術所牽涉到的問題就是拿動物身上的臟器來移植到人類的身上，那麼就佛教的觀點而言，是否牽涉「殺生」的問題？

慧開：就我個人而言，是無法接受異種個體移植的。當然，這樣的醫學科技可能會是將來的趨勢。我之所以不贊成，是因為這樣做並沒有根本解決人生意義的問題。有一首流行歌曲〈瀟灑走一回〉，但是真正能夠「瀟灑走一回」的人是很少的！禪宗的一些大德確實走得非常瀟灑，例如煮雲老法師所寫的一本書《金山活佛》，他描寫到金山活佛走的時候是怎麼樣地瀟灑。那時金山活佛行腳到緬甸，圓寂時才六十歲，圓寂那天，因為緬甸氣候炎熱，就到井邊沖水，才舀起第三瓢水時，就走了。生死對他而言是一種表演藝術，生死對他來講真是一種遊戲。

為什麼大家面對死亡是那麼的恐懼，就因為對整個生命是那麼的執著！先不要說是「死別」，對大多數人而言，就連「生離」也都是一件極為痛苦的事情，到了「死別」時，更是表示要放下這一生中的一切，對一般人而言是極難捨棄的東西。然而對菩薩來講，這一切都沒什麼好罣礙的，我們本來就並不擁有任何東西，所以也談不上失去什麼。所以「十二因緣」當中講到「有」，這個「有」實際上貫穿了我們生命之流中所想擁有的一切，當然它背後的動力是「愛」。因為對「有」的執著，所以不斷在生命中輪轉。這個「有」字在英文中翻譯成「becoming」，我個人是覺得很有意思，也翻得真好。為什麼是「becoming」呢？就一個小孩子來講，他會說：「I want to become so and so in the future」，這顯示出眾生無時不刻都是活在「對未來的投射」當中，生命中的一股動力推著人往前走。

鈕：我做一個小結，今天訪問法師的目的是，因中央大學應用倫理學研究室的第二期期刊中專題為「器官移植」，那麼想從佛教的觀點來談「器官移植」。器官移植是當代的醫療倫理學的問題，是以前所沒有遇到過的問題。所以想從佛教的觀點來看它可以給我們什麼樣的啟發。這一路討論下來，我的一個新的領悟是，臨終八小時不能移動屍體是在明、清以後，淨土宗流行之後才發展出來的。對社會上多數佛教徒而言，會誤以為是佛教自古以來就是這樣來處理臨命終時的程序，法師今天的澄清是一個非常重要的步驟。

還有就是臺灣社會中普遍排斥捐贈器官，原因就如剛剛所討論的受儒家「身體髮膚、受之父母」的傳統束縛和信徒誤解了原始佛教的教義，所以今後在臺灣要推動「器官移植」運動的背後，有一個更重要的問題，就是要推動怎樣一個更適切的「生死觀」，也就是「死亡教育」。所以我們必須集思廣義來進行社會教育，把死亡和生命的關聯性更清楚的呈現出來。如果生死關聯性能夠清楚地呈現出來，讓社會大眾更容易體悟的話，那麼器官移植就不會再是個迫切的問題，人對器官移植的看法會建立在一個更高、更廣泛的問題釐清上。

以上是本文的第一部分，是二十多年前的訪談紀錄，如今再重新檢視，我的基本立場並沒有任何改變，不少觀點至今仍具有參考價值，只是有些說理部分還不夠精確、成熟與深入，有必要近一步闡明與釐清，所以展開第二部分的討論。

第二部分：有關「器官移植」與「器官捐贈」的討論

首先，第一個問題是所謂命終之後「八小時不得觸動遺體」的說法，這個「八小時」之所以成為問題，而且是非常嚴肅的問題，是因為它牽涉到有情生命個體壽盡命終捨報之後，意識離開肉體的時程。這當然又進一步密切嚴重影響到能否順利往生，乃至「器官移植」與「器官捐贈」的問題。因為如果命終之後意識至少要八小時才能離開肉體的話，那麼當然在這段時間內，絕對不得觸動干擾初終亡者的遺體，以免影響亡者順利往生，更不用說「器官移植」與「器官捐贈」了。

眾生命終捨報後，意識脫離肉體的時間久暫？

我一向主張，有情眾生的「生」與「死」是「生命」一體之兩面，要探討「生」與「死」的問題，不應該將二者割裂分開來談，而是要連結在一起來看。其實，不只是「死亡的歷程」有時間長短的問題，我們「出生的歷程」也是一樣，時間久暫因人而異。就像是我們問：孕婦臨盆，在分娩的過程中，胎兒需要多久時間可以離開母體？

根據醫療統計的答案是，第一胎平均為十三小時，第二胎以後則平均是八小時。一般來說，初產孕婦的寶寶通過媽媽的產道一般需要十二至十六個小時，而經產的媽媽只需要八至十二個小時。然而在現實生活中，也有很快、很順的案例，譬如孕婦還來不及送到醫院，嬰兒就已經在救護車或計程車上呱呱墜地了；還有更誇張的情況，孕婦在如廁的時候，胎兒就不小心自己滑出來了，根本等不到八小時，甚至於二、三個小時都不到。當然也有相反的例子，譬如遇到難產的情況，就不止八至十二小時了，可能拖到二十四小時或三十六小時以上。（當然以現代的醫療科技，可以剖腹生產，不會讓孕婦僵在那裡，而影響到胎兒的生命及母子的健康。）

同理，有關命終之後「八小時」不得觸動遺體的說法，其問題的核心關鍵就在於，有情個體命終捨報之後，他的意識需要多久時間才會離開肉體？其實，這也是一個「開放的問題」（open question），所以沒有標準答案。或者說，情況因人而異，可快可慢，有人很快，甚至於當下即可往生，可以說是瀟灑走一回；有人很慢，拖泥帶水，依依不捨，流連忘返。弘一大師提出了「八小時不得觸動遺體」的主張，西藏密宗甚至認為一個星期內都不得碰觸遺體。西方的宗教則另有不同的觀點與習俗做法，根據伊斯蘭教的傳統，亡者必須在二十四小時內安葬完畢，他們相信亡者很快就會上天堂（或下地獄）。

我認為以上的種種說法，都各有其道理或根據，但也都不是絕對的真理，而是「死亡」現象所呈現出的多樣性面貌，如果執取其中一種說法而認定為絕對真理，那就等於是「瞎子摸象」，以偏概全。

有關弘一大師所提「八小時」勿觸動遺體的主張，我曾經為文詳細說明討論，於此不再佔用篇幅解說，讀者可以參閱二篇文章：（一）〈佛教臨終助念之理論建構芻議——以《瑜伽師地論》為主之初探〉（收錄在《生死學研究》期刊第九期，南華大學生死學系，二〇〇九年一月，第八一－一二五頁）、（二）〈「往生」的現代理解與釋疑〉（收錄在《生命是一種連續函數》，香海文化，二〇一五年十月改版一刷，第二七九－三一七頁）。

《中庸》第二十章之六有云：「凡事豫則立，不豫則廢。」這個道理不只是運用在平日生活的立身處世之上，在面對「死亡」一事上也一樣有效。就是因為絕大多數人，沒有「接受死亡」的心理建設，平時也毫無「面對死亡」心理準備，一旦面臨死亡來敲門，就驚惶得不知所措，也不知究竟何去何從，死後意識的出路與去向，就成了一項天大的難題。坦白說，一般人如果沒有宗教信仰，臨終時又沒有宗教師的開導及家人親友的協助，就只能靠個人的福德因緣，隨業逐流了。

反之，如果我們針對「生死大事」有充分的認知與準備，平日就有「接受死亡」的心理建設，甚至還懷抱有「十方三世」的宇宙人生觀，同時又有「欣求往生」佛國淨土的深重願力與日常功課，當個人的世間因緣圓滿成熟時，能夠「所作皆辦」（也就是這一生該完成的任務都已完成了，該盡的責任也都已盡到了，無有遺憾怨懟），然後能夠「預知時至」（預先知道自己何時捨報，同時佛來接引），最後感應到阿彌陀佛、觀世音菩薩與諸聖眾前來接引。

根據《佛說觀無量壽佛經》所述，真正往生西方佛國淨土的時間，「譬如壯士，屈伸臂頃，即生西方極樂世界」，根本就無須八小時。真正充分做好往生的準備功課，而且最後如願如實往生佛國淨土的人，他的這一世與來生是「無縫接軌」的，所以上述的那些問題，對他而言是已經超越了而不存在的。

死亡是否會讓我們覺得很痛苦？

或問：「我們將來要死的時候，會不會很痛苦？」這個問題可以說是幾乎世間所有人——不論男女老少、貧富貴賤、窮通禍福——心中的深層憂慮與疑懼，對絕大多數人而言，不只是普通的擔心、害怕，甚至於是極度地恐懼。不過，我可以很肯定地跟大家說：我們將來死亡的時候，不一定會很痛苦，也可能很愉悅的，那要看個人的身心狀況而定。

舉一個二〇一六年三月三十一日的新聞報導為例，新光集團創辦人吳火獅的夫人，吳桂蘭女士於前一日（三月三十日）凌晨過世。據新光金控表示，老夫人在二〇一五年七月的時候，曾經因身體不適住進新光醫院療養，二〇一六年三月三十日凌晨在睡夢中安詳辭世，享壽九十七歲，這就是一樁沒有痛苦而自然死，亦即是善終的實例。

其實，從世界各大宗教的生死觀點來看，死亡的經驗本來就不是「一定很痛苦」，也可以是很愉悅的，情況因人而異，有極大的個別差異。基本上，如果是在老化之後，沒有遭受醫療干預而「自然死」的情況，亡者是不會有痛苦的感覺；如果是精進修持而「發願往生」的情況，往生者能夠正念現前，蒙佛接引，更不會有痛苦的感覺。

從另一方面來看，根據醫學的研究，人體在老化之後自然死亡的過程當中，會分泌一種稱為「腦內啡」（endorphin）的物質，亦稱「安多酚」或「腦內嗎啡」，是一種具有強力止痛作用的腦內物質，具有超越嗎啡五、六倍的止痛作用，可以說是我們體內自己分泌的嗎啡。它是由腦下垂體和丘腦下部所分泌的氨基化合物（肽），它能與嗎啡受體（Opioid receptor）結合，而產生跟嗎啡、鴉片劑一樣的止痛效果，以及欣快、愉悅的感覺，等同於天然的鎮定兼止痛劑，這是自然生命的奇妙機制。

多數人在死亡時會感到痛苦，是因為對肉體生命的錯誤執著而生起，而痛苦的程度則與個人執著的程度成正比，換言之，執著愈深，痛苦愈大；執著愈淺，痛苦愈小；沒有執著，就毫無痛苦。

痛苦主要可分為兩個層次：一是肉體上的痛苦，是因為末期絕症、病痛而產生，對現代人而言，最主要是因為「不接受自然死」，而不斷遭致醫療的嚴重干預；二是心理及精神上的痛苦，是因為不了解生命與死亡的實相，而產生恐懼、孤單、有被世界遺棄的感覺，最主要的是不知道自我的生命將何去何從。

其實，這兩種層次上的痛苦，都是可以預做準備而避免或化解的。如果一個人平日就有「坦然接受自然死」的心理建設，又能在自己老邁之時，有自在「迎接自然死來臨」的心理準備，還能有勇氣拒絕現代醫療的不當干預，就可以避免及化解第一層次肉體上的痛苦。如果還能進一步及早建立「十方三世」的宇宙人生觀與生死觀，又能對自己未來生命的目標與方向，有很清楚明確的規劃與準備功課，譬如發願往生佛國淨土、天國樂園，或是乘願再來娑婆世界行菩薩道，就可以超克第三層次心理及精神上的痛苦。

此外，我們在臨命終時的身心狀態，會決定我們死亡時的苦樂與否。《瑜伽師地論》云：「善心死時安樂而死，將欲終時無極苦受逼迫於身；惡心死時苦惱而死，將命終時極重苦逼迫於身。又善心死者見不亂色相；不善心死者，見亂色相。」由此可知，我們在臨終時的善、惡心念，決定了我們的「死亡品質」與「死亡的尊嚴」。

特別是，「善心死時安樂而死，將欲終時無極苦受逼迫於身」這一段的描述，還透露了一項重要的訊息，亦即死亡並非一定就是苦惱、恐怖的，也可以是很安樂、愉悅的經驗。這段經文可以釐清與化解一般人面對死亡的莫名恐懼與成見，近幾十年來，有許多關於瀕死經驗的記載與研究可以做為旁證。死亡經驗的安樂或苦惱，其關鍵在於有情個體臨終之際，其心念的善惡差別，所以我們必須用心地深入了解生死的玄機，才能從容無懼地面對及因應死亡的來臨。

有關「八小時勿動遺體」所衍生的問題

有關「命終之後八小時內，不得觸動亡者遺體」此一說法的主要出處，其實並非源自於佛教經論的記載，而是出自弘一大師於一九三二年應邀在廈門妙釋寺念佛會的演講開示，而後治定為〈人生之最後〉一文。

其實「命終之後八小時內，不得觸動亡者遺體」一說，會成為大眾所關切的問題，並不在於「助念」，而在於「器官移植」與「器官捐贈」。倘若只是為初終亡者「助念」以求往生，究竟要念佛多久？當然是時間愈長愈好，怎麼會是個問題呢？就是因為涉及「器官移植」與「器官捐贈」的實際執行，這才構成嚴重的問題。因為如果往生者要捐贈重大器官，就要在命終之際「立即」動手術摘取他的器官，如此一來是否會干擾或破壞他的往生正念？如果要等到「八小時之後」，再動手術摘取他的器官，那麼所有重大器官都早已缺氧壞死而不堪使用，如何能作捐贈之用？就是因為有這樣的矛盾及衝突，命終之後「能否」觸動搬移亡者遺體，才會成為嚴重的關鍵問題。

有關「八小時勿觸動遺體」的經典依據

有關八小時「勿觸動遺體」的主要理論根據與經典依據，則是《印光大師文鈔》中所引述阿耆達王的一段公案，而這個故事出自於《眾經撰雜譬喻》卷上，其全文如下：

昔有沙門行草間，有大蛇言：「和尚道人。」道人驚，左右視之。蛇言：「道人！莫恐莫怖，願為我說經，令我脫此罪身？」蛇言：「道人！聞有阿耆達王不？」答曰：「聞！」蛇言：「我是也！」道人言：「阿耆達王，立佛塔寺供養，功德巍巍，當生天上，何緣乃爾也？」蛇言：「我臨命終時，邊人持扇墮我面上，令我瞋恚，受是蛇身。」道人即為說經，一心樂聽，不食七日，命過生天。卻後數月，持花散佛，眾人怪之。在虛空曰：「我阿耆達王，蒙道人恩，聞法得生天上，今來奉花，報佛恩耳！」是以臨命之人，傍側侍衛者不可不護病者心也。

經文的大意是說，往昔有一位國王，名叫「阿耆達」，一生護持三寶，所以累積了很多的善業；但是在臨命終的時候，宮女侍者為他搧扇子，不小心失手，扇子掉到他的臉上，讓他起了瞋恨心，以此惡念因緣，氣絕命終後，就投生變成一條大蟒蛇，還好他知道向佛弟子比丘求救請法。比丘聽完大蛇的話之後，心生憐憫，立即為大蛇開示「苦集滅道、因緣果報、自性清淨」等種種妙理。大蛇一心樂聽，法喜無比，七天七夜不眠不食，過後命終便生天上，得到莊嚴自在的報身。天人為了感念佛法利生的恩澤，特地奉持香花來到佛所散花供佛。最後一句告誡之語是說，在臨命終者身旁照顧的人，不可不慎重維護病人的心理及心靈上的安適。

當然，隨侍在臨命終者身旁照顧的人，最重要的任務就是要維護病人的心理及心靈上的安適，不要讓他遭受到不必要及不當的干擾，以至於破壞他的往生正念。因此，很多人都以「阿耆達王臨終起瞋心墮蟒身」這一則公案，做為「八小時不得觸動遺體」的「權威理論根據」。原則上，我也同意，在病人命終之後（不限定八小時）不得「任意」觸動遺體，不過八小時內是否「絕對」不得觸動遺體？我認為這當中還有進一步討論及商榷的空間。

我認為，阿耆達王的公案，可以當做一個重點案例，然而是否能夠引申做為普遍的「通例」？這一點就很難說，因為不論是「生老病死」或「生離死別」的情境，芸芸眾生的心理及情緒反應，都有極大的個別差異，不能一概而論，也無統一的標準答案。阿耆達身為國王，原本就有其特殊的階級身分地位，因此瞋恨心的情緒反應，極有可能會比一般人來得快速、大幅及猛烈；至於平日修養就很好的人，遇到同樣的情況，即使感覺不舒服，也很有可能不會發火。

有關反對或排斥「器官移植」與「器官捐贈」的疑懼及其反思

在臺灣，有不少佛教徒對於「器官移植」與「器官捐贈」，懷有很深的疑懼及排斥，所持的主要理由就是前文所討論的「八小時勿觸動遺體」的主張，以及「阿耆達王在其臨終之際，因侍者觸動其遺體，心生瞋恚而墮入蟒蛇身」的公案。

回憶在一九九六年秋冬之際，我剛從美國獲得博士學位回到臺灣，「中華民國器官捐贈協會」魏崢理事長邀請我參與勸募器官的演講、座談及宣導活動。參加過幾場活動，經報刊報導之後，我接到早年臺大晨曦學社的一位學弟（本身是醫師）來信，強烈質疑及嚴重抗議我為器官捐贈協會站臺宣導。這位學弟的質疑及抗議，相當程度地反映了為數不少佛教徒的立場與態度。我不能說他們的疑懼與憂慮沒有道理，但那只是一種世俗諦的道理，或者說世俗諦道理的一個面向或角度，而不是勝義諦的真理，在這相互衝突的當中，還有相當大的反思與辯證空間。

就如我在本文第一部分的訪談中所提到的，許多佛教徒之所以強化了那樣的疑懼，就是因為執著於「八小時觸勿動遺體」的主張，而且無限上綱，過度強調肉體層面的死亡歷程，而完全忽略了捐贈者本人的意願與意念（will and intention）。如果捐贈者本人已經發願捐贈器官，就不在乎肉體層面的死亡歷程。

以釋迦牟尼佛為例，在他的過去世發願布施他的身體，例如：割肉餵鷹、捨身飼虎，都是在活的時候布施，而不是等到死了以後才布施的。這是佛陀的存在決定（existential decision），當他決定要布施時，就是義無反顧，如果還有顧慮的話，寧可不要布施。就大乘佛教的菩薩道精神而言，為了能夠利益其他眾生，布施者的心、肝、脾、肺、腎等身體器官，都必須是在鮮活的時候布施，所以要布施就是要「活體布施」，否則就不要布施。

有人問：是否只有佛教徒才會有這種疑懼？其他宗教的信徒是否也會有類似的憂慮呢？這是一個有趣的問題！的確，也有一些基督徒會擔心，如果他將自己的器官捐給了別人，等到將來要復活的時候，他身上少了那些器官，怎麼辦？基督宗教的回應是，這種顧慮是不必要的，因為復活是上帝的大能，能夠從無創造有。更何況人死了以後到復活之前，肉體早就腐爛歸於塵土了，而復活的身體為一種靈體，已經超越了人世間的肉體。

更有一些基督徒會害怕，如果他的器官捐贈出去了，移植到某人的身上，萬一那個人將來帶著他捐贈的器官去作惡犯罪，或者去拜其他的神明，怎麼辦？這一點也不必過慮，因為你的塵世生命已經結束了，某部分的器官捐給了另一個人，那就是他的責任了，無論行善或作惡，皆與你無關。

相較之下，上述那兩項基督徒的憂慮，都是死後的問題，與「器官移植」這件事並無直接關聯，而且基督徒沒有「八小時勿動遺體」的心理及精神負擔，對於「器官移植」與「器官捐贈」的反應，是相當正面而踴躍的。

至於其他國家的佛教徒，是否也會像臺灣的佛教徒一樣排斥「器官移植」？我曾經擔任過「社團法人臺灣安寧照顧協會」第八屆的理事（二〇〇九年七月－二〇一一年七月），記得有一次出席理監事會議，在餐敘的時候，遇到一位臺大醫院的技正（忘了他的姓名），他跟我提到他曾經出差到斯里蘭卡，他發現做為一個南傳佛教國家，當地人很樂意捐贈器官。

我知道臺灣眼角膜移植的眼角膜來源，大部分是來自斯里蘭卡，就好奇地問到：他們不是只捐眼角膜嗎？這位技正說，其實不然，那是臺灣人的錯誤印象，斯里蘭卡人什麼器官都願意捐贈，包括心臟、肝臟、脾臟、肺臟、腎臟等等，問題在於他們的醫療設備與技術無法配合，因此，就算想要捐也做不到，而捐眼角膜的醫療設備與技術層面要求不高，是他們可以做得到的。我聽了以後才恍然大悟，哦！原來如此！斯里蘭卡人也沒有「八小時勿觸動遺體」的心理及精神負擔，所以對於器官捐贈的反應，是非常正面與踴躍的。

「器官移植」的關鍵爭議點：死後的肉體是否有痛覺？

綜合前文所討論的，許多佛教徒之所以對「器官移植與器官捐贈」有疑懼，甚至於反對或排斥，其最為關鍵的爭議點在於：死後的肉體是否有痛覺？反對器官捐贈的主張是：死後八小時之內，亡者的意識還在，所以仍有知覺作用，如果妄動遺體，將會造成亡者的極大痛苦，進而令亡者因疼痛而產生瞋恨心，導致失去正念，構成往生佛國淨土的障礙；因此，初終八小時內不得觸動遺體。

上述的關鍵爭議點，從反對者的主張當中，還可再分析出兩層不同的意涵：一是人死後仍有意識；二是人死後身體仍有痛覺。

第一點根本就不是問題，人死後當然仍有意識，不過這裡所說的意識是（第八）阿賴耶識及（第七）末那識，而非（第六）意識。

根據世親菩薩所造的《唯識三十頌》，阿賴耶識乃是恆常相續轉變，有如瀑布暴流一般，直到證得阿羅漢的果位，才能轉識成智，而不再稱為阿賴耶識。末那識則是隨同阿賴耶識而到有情個體所受生之處，卻又被該處的煩惱所束縛，直到證得阿羅漢果位，進入滅盡定時，才能永斷，或者當無漏智出現時，末那識可以暫時斷除。

至於第二點「人死後身體仍有痛覺」，就有很大的討論空間。我們的「眼、耳、鼻、舌、身、意」等「六識」，是要依靠有生命的色身（肉體）——亦即「眼、耳、鼻、舌、身、意」等「六根」，與「色、聲、香、味、觸、法」等「六塵」或「六境」接觸並且相應，才能產生意識功能與知覺作用。

因此，就理上而言，意識是要靠活著的肉體才會感覺到疼痛，如果肉體已經死亡而沒有作用，意識就無法停留，也不會覺得疼痛。當然，就事上而言，即使肉體已經死亡，意識可能無法一下子就離開，而是需要一段時間，在這段時間內，遺體會不會有痛覺？而這段時間又會有多長？這就有極大的個別差異了，並無定論。

行文至此，我先引述一則發生於二〇一一年與「器官捐贈」相關的新聞，再回來做後續的討論。這是一個極佳的器官捐贈實例，可以幫助那些對於「死後八小時」有嚴重心理負擔與罣礙的人，化解他們對於「死後八小時不得觸動遺體」的無謂執著。

器官捐贈實例舉隅——器捐遺愛人間，愛子頭七託夢安母心

根據二〇一一年九月十八日的新聞報導，十九歲的大學生詹禮隆，在當年的三月份騎

機車時不幸被小貨車撞擊，送到臺安醫院急救，結果經判定為腦死，詹媽媽在悲傷之餘，決定捐出愛子的器官以救助他人的生命。詹媽媽說：因為兒子生前個性很強，有關他的任何事情都要先問過他的意見，但是就器官捐贈這件事，已經無法徵求他的同意，所以她在兒子往生之後，心中一直很罣礙兒子會不會不高興將他的器官捐出去救人這件事。沒想到在頭七當天，兒子竟然來託夢告訴詹媽媽：「很感謝爸媽您們幫我做了器官捐贈的決定。」

詹媽媽記得她還在夢中趕緊問兒子：「你現在好不好？有沒有什麼需要？我們可以燒給你。」結果兒子微笑地告訴她：「我在天堂什麼都有，您們放心！」這個回答讓詹媽媽終於放下心了。詹爸爸說：一開始他根本無法接受兒子的意外不幸，一直要醫師盡全力挽回兒子的生命。但是醫師明確地告訴他們，事實上已經不可能了。最後，他們同意捐出愛子的心臟、肝臟、腎臟及胰臟，一共救助了四位病患的生命，等於是幫助了四個家庭。

臺北榮總在九月十七日舉行「器官捐贈感恩會」，近百名捐贈者及受贈者家屬齊聚一堂。十九年前，詹禮隆和雙胞胎哥哥在北榮出生，詹禮隆因車禍被送到臺安醫院急救，經確定腦死決定要器捐後，北榮移植團隊將他接回北榮進行器官移植，詹媽媽說：「詹禮隆出生在北榮，走時也在北榮，似乎冥冥中自有安排。」

後來聽社工人員說，等待心臟的這位病人已經等了五年，移植手術之後第三天，就可以出院。受贈者的家屬透過社工對詹家表達由衷的感謝，想到兒子的心臟仍然在別人的身上跳動著，詹爸爸感覺到好像兒子還活著。

自古道：「救人一命，勝造七級浮屠。」詹爸爸和詹媽媽替車禍腦死的愛子詹禮隆捐出了心臟、肝臟、腎臟和胰臟等四個重要器官，救助了四位病患的生命，這比建造了四座七層佛塔的功德還大。所以詹小弟特地來託夢給詹媽媽，感謝爸媽將他的器官捐出救人，他現在到了天堂，一切安好，請媽媽放心。如果當初詹爸爸和詹媽媽吝惜愛子的身體器官，或者囿於「八小時不得觸動遺體」的說法，而不願將愛子的器官捐出，詹小弟就錯失了布施救人的善緣契機，也很可能上不了天堂。

談完了詹爸爸和詹媽媽替兒子詹禮隆捐贈器官救人的真實案例，我們再回到「人死後遺體會不會有痛覺」這個問題上面，身體有痛覺，表示肉體的觸覺以及大腦的意識功能仍然在運作，這就和我們對於死亡的認知有嚴重的衝突。且不說死亡之後，身體的觸覺與大腦的意識功能均已停擺，就算是活生生的人，當身體的某一部分因為血液不通，導致麻痺而沒有感覺，對痛覺的刺激，也會暫時停止反應。

所以我對「人死後遺體還會有痛覺」的說法，完全不能認同，退一步說，即使是有，絕非客觀的事實或道理，而是有情個體的「我執」在作祟。且不說死了以後，就是在生之時，道理也是一樣，好比，有些人散盡家財布施都毫無吝惜，連眉頭都不皺一下，而有些人請他拔一毫以利天下，就像是要他的命似的。

經過判定腦死後的器官捐贈者，是否有知覺？

至於經過判定腦死後的器官捐贈者，是否有知覺或痛覺？這是很多人都關心的問題，特別是想要做器官捐贈的佛教徒，一方面很想布施救人，另一方面又非常害怕會因為疼痛而失去正念，甚至起瞋恨心。

器官捐贈必須經過「腦死判定」，我不是醫師，有關腦死判定的相關問題，在此引述成大醫院張勝勛醫師的說法。腦死判定包括五個反射與一個自行呼吸測試，這五個反射測試中，有一項是痛覺反應，亦即對痛的刺激有無感覺，這個反射判定必須是要「沒有」，才能通過腦死判定。反射作用不是自主的，是對身體刺激的直接反應，會反射的意思是，我們無法用自己的意識或意志去控制，才叫做「反射」。痛覺測試是向全身整個痛覺神經分布的區域做刺激，如果有抽動一下，就無法通過腦死判定。因此，要通過「腦死判定」的話，基本上是根本沒有痛覺的。

此外，「瞳孔測試」則是用光線去刺激瞳孔，看有沒有反應，即使一個人被全身麻醉了，用光去照他的瞳孔時，如果腦幹還有功能的話，瞳孔對光的反射還是會存在。所以，基本上腦死判定是非常嚴謹的，因為這些反射都無法用意志去控制，也無法用藥物去控制，有就是有，沒有就是沒有。

這些「反射」都要經由實際操作具體確定，而且必須經過專門的測試人員做完測試之後，確定沒有任何「反射」反應，而且要連續做兩次，這兩次中間必須間隔四個小時。在這整個過程中，如果有一次腦死判定沒有通過，基本上就是沒有通過，醫師就不會做後續器官摘取移植的動作。

因此，「腦死判定」若是通過的話，醫學上就會判定這個人的生命是無法挽回的，就等於是提前宣布死亡，「腦死」即是「死亡」。在腦死判定還沒有在醫療上形成共識之前，我們是用近距離觀察，看有無呼吸，看心臟是否停止，所以一般死亡的判定，就是沒有呼吸了，心跳停止了，才判定這個人死亡了。目前腦死判定則是提早一點判定死亡，如果腦死判定通過之後，就表示這個人救不回來了。判定腦死之後，當下的心跳、血壓大都是用藥物在控制，但是也沒有辦法撐很久，因為藥物會愈用愈沒有效果，醫師只是提早判定。在醫學及法律上，腦死了就代表這個人已經死亡了。

總而言之，我認為不論是「死亡」或「腦死」，身體的觸覺與大腦的意識功能均已停止運作，基本上不應該有痛覺，如果有的話，那是有情個體的「我執」在作祟。如果擔心的話，可以用《金剛經》的「無我相、無人相、無眾生相、無壽者相」來對治。

對疼痛的感受與反應

再談一下眾生對疼痛的感受與反應，醫學上將肉體疼痛的程度分為十個等級，按照這樣的分法，那麼孕婦臨盆特別是初產婦的分娩，疼痛程度可達到八到九級，甚至有的產婦可達到十級疼痛。由此可知，孕婦分娩真的是「十分痛苦」的一件事，而且順產的情況會比剖腹產疼痛，因為胎兒要從產道裡出來。

根據一些孕婦生產的親身經驗，臨盆時陣痛密集的感受真有如落入地獄一般的痛苦，「痛不欲生」或許可以貼切形容當時的身心狀態。但是，「生完一聽見baby洪亮的嚎哭聲，所有疼痛都拋到九霄雲外了」，這也是絕大多數產婦在迎接新生命時的喜悅心聲。由此可知，極端的疼痛還是可以超越克服的，就像是孕婦意識到她所承受的疼痛，是迎接新生命的前奏，而在新生命降臨時，不但一切疼痛都化解了，而且充滿了歡喜。

同理，菩薩道的行者，為了能救人一命而捐贈器官，就不在乎是否會有痛覺，即使有也可以超越克服，當意識到受贈者的生命因他而得以延續，心中必定充滿喜悅。

異體器官移植

器官移植是目前治療器官功能末期衰竭的主要手段，然而遺體捐獻以及腦死病患的器官遠遠滿足不了眾多病患的需求。於是人們將目光投射到了「異種個體移植」和缺陷嬰兒身上。在中國大陸，已經開始將豬的角膜移植到人眼中，美國的著名女企業家Martine Rothblatt希望能從基因上改變豬的基因組，讓人體不會對豬的器官產生排異反應，以便可以無限量地為人類提供可移植器官。英國的醫師則瞄上有缺陷的嬰兒，英國媒體披露，為因應其國內器官捐獻來源不足的現狀，英國國民保健署（NHS：Natilnal Health Service）建議，在懷孕早期便檢查出胎兒有生理缺陷的孕婦，可以讓她們繼續妊娠，俟胎兒出生後，再將其器官用於移植。

這些訊息在讓人們驚歎科技發展的迅速之時，也會讓人心生種種憂慮：這些器官的確可以救人的生命，但是要付出何種人性的代價？這種醫學科技的發展是不是已經違背了生命的自然規律？甚至於扭曲了生命的人性價值？

我個人的立場是反對「異體器官移植」的做法，以豬體器官為例，人類並未徵詢、更未獲得豬隻的同意，就擅自摘取牠們的器官，形同恣意掠奪，是非常不人道的行徑。至於「讓懷有生理缺陷胎兒的孕婦繼續妊娠，等胎兒出生後，再將其器官用於移植」這樣的想法，更是匪夷所思，居然想利用無辜的孕婦與先天不幸有生理缺陷的胎兒，致使他們淪為提供移植器官的工具，以滿足其他人延續生命的需求，可說是非常不道德的。

結語

器官捐贈與移植所面臨最核心的課題與挑戰，其實不在於有意願捐贈者的本身，而是在於多數社會大眾的生死觀點，以及傳統觀念對於遺體處理的成見，特別是多數佛教徒對於「八小時勿觸動遺體」的誤解與執著。因此，最後還是要回歸到社會觀念的轉變，唯有透過生死教育的普及與深入，才能化解大眾對器官捐贈的疑懼。就器官捐贈者個人而言，捐贈的行為本身已經不只是「布施」與「行善」的抉擇，而是一種「生命永續」的「價值展現」與「意義實踐」。

就我所知，有不少醫護人員不願意簽署器官捐贈，是因為牽涉到器官摘取後的善後問題，例如曾有病患捐贈眼角膜時，醫師只顧摘取眼角膜，而沒有做任何善後的處理，當家屬看到親人遺體的眼眶是空空洞洞的，心裡的感受非常沮喪。善後如果做得妥當，會讓捐贈者的家屬感受到尊重和光榮。

我從二〇〇九年開始提倡「生命的永續經營」，也就是生命永續的規劃與實踐。佛教講「無相布施」，我們不只是在有生之年時可以做布施，即使一期生命到了謝幕之時，如果還有機緣，能將有用的器官布施出去救人一命，遺愛人間，何樂而不為？當然還希望醫療界要非常重視器官摘取之後，對於捐贈者遺體的善後處理，甚至於醫院裡的社工單位或相關部門，能關懷及協助捐贈者的後續往生追思儀式，一方面能彰顯捐贈者的生命意義，同時也能撫慰捐贈者家屬的哀傷情緒。

關於「器官捐贈」與「器官移植」的觀念釐清

我在全世界各地演講現代生死學與生死自在之道，不論是在臺灣、中國大陸，或者是在美國、亞洲、歐洲各國，經常有聽眾不約而同地問起有關「器官捐贈」與「器官移植」的問題。二〇一八年暑期七、八月間，首次到南美洲（智利、阿根廷、巴西、巴拉圭）巡迴演講也不例外，有當地的聽眾問起器官捐贈與移植的問題，顯示這是當代全球性的問題，普遍得到社會大眾的關注，但是也存在不少迷思與誤解，有必要加以解惑與釐清。

其實在此之前，從二〇一六年二月二十一日至五月八日，我曾經在《人間福報》「生死自在」專欄以〈從佛教觀點談「器官移植」與「器官捐贈」〉為題，發表了連續十二個週日的系列文章。內容分為二大部分，第一部分是一九九七年有關「器官移植」的訪談對話紀錄，第二部分是關於「器官移植」的相關討論，諸如：眾生命終捨報後，意識脫離肉體的時間久暫？死亡是否會讓我們覺得很痛苦？有關「八小時勿觸動遺體」的經典依據及其衍生的問題、宗教徒對於「器官移植」與「器官捐贈」的疑懼及其反思、「器官移植」的關鍵爭議點：死後的肉體是否有痛覺？經過判定腦死後的器官捐贈者是否有知覺？腦死者對於疼痛的感受與反應，以及異體器官移植的問題等等，全文有一萬七千餘字，已經收錄在本書當中。

從二〇一六到二〇一九這三年當中，除了器官捐贈與移植的問題外，還有不少人問到「捐贈大體」的相關問題。之前我已經在相關的文章裡討論過這些問題，原則上就不再重複，但是因為不斷有聽眾問起這一類的問題，所以我覺得有必要再做一些觀念上的釐清與補充說明。

如果想要捐贈器官，需要具備什麼樣的條件？

首先，我們須要了解器官捐贈的種類、方式、內容、項目有哪些？再來談要捐贈什麼器官？以及在什麼情況下捐贈？評估能不能捐贈？如何捐贈？

器官捐贈主要分為三大類：「活體捐贈」、「死體捐贈」與「腦死捐贈」。可以「活體捐贈」的情況是，成年人在不危害自身生命安全的原則下，出具本人及最近親屬兩人以上之書面同意，可以捐贈一枚腎臟及部分肝臟，移植予其五等親以內血親或配偶（與受贈者生有子女或結婚兩年以上者），因為腎臟有兩枚，所以捐贈一枚不會危及生命安全。

「死體捐贈」的情況是，器官捐贈者必須經其診治醫師判定死亡之後，才能進行器官或組織的摘除與移植。至於「腦死捐贈」的情況，器官捐贈者前必須經過相關專科醫師，依中央衛生主管機關規定之判定程序，確實判定為「腦死」者，才得以進行器官或組織的摘除與移植。

廣義的器官捐贈，包括活體器官、遺體器官以及組織捐贈。可以捐贈移植的器官或組織類目包括：心臟、肝臟、腎臟、肺臟、小腸、骨骼、骨髓、皮膚、眼角膜等等。當然要捐贈的器官或者人體組織是要功能良好，可以使用的，而且沒有感染嚴重的傳染病或愛滋病。

除了原發性腦腫瘤外，一般的癌症患者並不適合捐贈器官、骨骼和皮膚；另一方面，除了淋巴癌、血癌、骨髓癌與涉及眼睛惡性腫瘤外，一般的癌症患者，在死後是可以捐贈眼角膜以遺愛人間。心臟停頓的亡者，多數只可以捐贈組織，如眼角膜、皮膚及骨骼等；至於腦死者，由於其器官功能借助於呼吸機以及藥物得以暫時維持，因而可以同時捐贈器官及組織。

綜合以上所述，如果想要捐贈小腸、骨骼、皮膚、眼角膜等人體組織，可以在死後捐贈，限制相對比較少。如果想要捐贈肝臟、腎臟、骨髓等器官或組織，可以活體捐贈，雖然有相關的法律規定，以及相關的醫療測試，人體組織排斥反應等問題。如果想要捐贈心臟、肺臟、胰臟等重大器官，只有在一種情況下——也就是只有在「腦死」的情況下，才能夠捐贈，所以不是「想要捐」就「能夠捐」的。

想要捐贈重大器官，必須在「腦死」的情況下，才能夠進行

如果要捐贈心臟、肺臟、胰臟等重大器官，但是捐贈者的身體已經死亡，心臟停止跳動，血液不再循環流動，在這樣的情況下，臟器缺乏血氧供應，就會壞死而無法使用，當然也就失去了捐贈的意義。因此，必須要在捐贈者的心臟還在跳動、血液依然循環的情況下摘取器官，接著就進行器官移植，所以只有在捐贈者「腦死」而心肺功能還維持運作的情況下才能夠進行。

由此可知，重大的器官不是我們「想要捐」就「能夠捐」的，而是必須在特定的因緣條件下——也就是捐贈者必須處於「腦死」但心肺功能正常的情況，而且重大的器官是健康完好的，譬如捐贈者遭遇車禍，經醫師判定為腦死，但是心臟、肺臟、胰臟等重大器官

並未受到損傷，這就符合重大器官捐贈的條件。

如果要捐贈的是重大器官以外的，譬如小腸、骨骼、皮膚、眼角膜等人體組織，在心臟已經停止跳動，血液不再循環的情況下，仍然可以移植，甚至於還可以冷凍儲存、國際運輸，因此不必限定在腦死的情況，而可以在捐贈者捨報往生後摘除。

當然，意欲捐贈器官者，可以事先表達意願，以美國為例，在汽車駕照上，有一個欄位可以註明個人捐贈器官的意願。願意捐贈的話，在照片正下方的欄位會打出綠色的「organ donor」（器官捐贈者）的字樣，如果個人無此意願，該欄位就留白。我所認識的一些美國朋友，都願意捐贈器官，一般美國人沒有華人佛教徒的那種心理負擔，就是死後「八小時」不能動遺體的問題。【慧開按：有關「八小時」的問題，可以參閱我曾經發表的專欄文章或《生命是一種連續函數》一書】

植物人是不是腦死？可否捐贈器官？

首先要了解，「植物人」與「腦死」是兩種不同的身心狀況，「植物人狀態」不是「腦死」，而是腦部因為受傷、疾病或其他身體系統的疾病合併腦病變，導致大腦的功能喪失。這一類的病人雖然無法思考、記憶、認知、活動，或喪失語言能力，但是仍然會有臉部的表情動作，且腦幹功能正常，可以維持自發性呼吸、心跳，所以處於植物人狀態者不能捐贈器官。如果腦部情況產生變化，可能轉為腦死，但仍然須由專科醫師判定為腦死之後，才可以捐贈器官。

有關「八小時勿觸動遺體」的經典依據及其衍生問題的補充說明

在以臺灣和中國大陸為主的全球華人文化圈，大多數佛教徒對於「器官捐贈」與「器官移植」，一直懷有很深的疑懼及排斥，所持的主要理由就是當年弘一大師所提「八小時勿觸動遺體」的主張，以及「阿耆達王在其臨終之際，因侍者觸動其遺體，心生瞋恚而墮入蟒蛇身」的公案。我在上一篇文章和出版的書中，都已經有詳細的討論，不再做大篇幅的重述，於此僅做一些補充說明。

有關八小時「勿觸動遺體」的主要理論根據與經典依據，則是《印光大師文鈔》中所引述阿耆達王的一段公案，而這個故事出自於《眾經撰雜譬喻》卷上。經文裡述說的大意是，往昔有一位國王，名叫「阿耆達」，一生護持三寶，所以累積了很多的善業；但是在臨命終的時候，宮女侍者為他搧扇子，不小心失手，扇子掉到他的臉上，讓他起了瞋恨心，以此惡念因緣，氣絕命終後，就投生變成一條大蟒蛇。

還好他善根未泯，知道要去向佛弟子比丘求救請法，當比丘聽完大蛇的話之後，心生憐憫，立即為大蛇開示「苦集滅道、因緣果報、自性清淨」等種種妙理。大蛇一心聞法樂聽，歡喜無比，七天七夜不眠不食，過後命終，便生天上，得莊嚴自在的報身。由大蛇身轉生的天人為了感念佛法利生的恩澤，特地奉持香花來到佛所散花供佛。

經文的最後一句告誡之語是說，在臨命終者身旁照顧的人，不可不慎重地維護病人的心理及心靈上的安適。然而，我認為，阿耆達王的公案，僅僅是一個「特殊案例」，有其主觀的個人因素以及客觀的印度社會文化背景，沒有考慮到那些主客觀因素，就逕自將其引申做為普遍的「通例」，實在是「引喻失意」。

有關「阿耆達王」此公案的進一步分析

先就個人的主觀因素而言，阿耆達身為國王，原本就有其特殊的貴族身分與階級地位，因此，在身心遭到他人侵犯的時候，其瞋恨心的情緒反應，必然會比一般人來得快速、大幅及猛烈，這是很容易理解的。如果是一般人，遇到同樣的情況，即使心中不悅，其情緒反應也會有種種輕重不同的程度，不能一概而論；對於平日修養就很好的人，即使感覺不舒服，很有可能不會發火；至於在佛法上有修證的人，可能根本不會構成障礙，例如釋迦佛陀於過去世做忍辱仙人時，被歌利王節節肢解，亦不起瞋心。

總而言之，這不是一個「邏輯上」的問題，而是一個「心理和情緒反應上」的問題，如果只是邏輯上的問題，就有一個「統一」或者「放諸四海皆準」的標準答案；而心理和情緒反應上的問題，就會因為芸芸眾生的不同心性與個別差異，而有千差萬別的反應。

再就社會文化的客觀背景而言，古代印度社會的種姓制度，其階級森嚴的地步，遠遠超過我們能夠想像的程度；即使在現代的印度社會，階級之間不可碰觸的禁忌，仍舊是一道不可跨越的鴻溝與壁壘。

我曾聽永固法師轉述一個現代印度社會的真實案例，一位日本教授到印度講學及研究考察，有一次搭乘人力三輪車，由於氣候炎熱口渴，途經一間雜貨鋪，就停下來買飲料解渴。教授因為體恤車夫辛勞，也想順便買一瓶給他，沒想到店主一看教授是外國人，居然問道：是不是要買給車夫喝？如果是的話，他不能賣，因為車夫是個「不可碰觸」的「賤民」（an untouchable），會玷汙他的種姓身分。教授聽了以後非常訝異，就說不是要買給車夫，而是他自己在路上要喝的，店主聽了買賣才成交。教授上車之後，不方便馬上就將飲料遞給車夫，等走了一段距離，趁路旁沒有其他人，才叫車夫停下來，拿飲料給他解渴。沒想到車夫不敢接受，所持的理由居然一樣，只是角色立場對換，因為他自己是個

「不可碰觸」的「賤民」，如果接受的話，會玷汙教授的身分。

各位讀者，這個實際的案例讓我們難以想像，不可思議！這還是「現代」的印度社會，更何況是在阿耆達王的「古代」印度社會，宮女侍者冒犯了國王，碰觸了他的身體，即使是「不小心的意外」，也等於是「犯了天條」，也難怪阿耆達王會生起那麼大的瞋心，以至於氣絕命終後，投生惡道變成一條大蟒蛇。

然而，話說回來，我們並不是生活在印度的社會文化當中，也沒有種姓制度的階級桎梏與枷鎖，更不是阿耆達王，時空因緣條件完全不同，如何能夠相提並論？所以我說，以阿耆達王的這一個「特殊案例」，不分青紅皂白就引申做為普遍的「通例」，真的是「引喻失意」，誤導眾生。

經過判定腦死的器官捐贈者，是否仍有知覺？

經過專科醫師判定已經腦死的器官捐贈者，在摘除器官的時候，是否仍然有知覺或痛覺？對於基督徒、非宗教徒或者無神論者，似乎沒有這樣的問題，然而對於想要捐贈器官的佛教徒，這就變成了非常嚴重的問題和心理障礙，一方面很想布施救人，但是另一方面又非常害怕會因為疼痛而失去正念，甚至於生起瞋恨心而墮入惡道。

有關此一問題，我在《人間福報》「生死自在」專欄的系列文章〈從佛教觀點談「器官移植」與「器官捐贈」〉（二〇一六年二月二十一日至五月八日）已經有相當詳盡的討論，也收錄在本書第三章，於此不再重述，各位讀者可以自行參閱。

總而言之，我認為不論是「死亡」或者是「腦死」，身體的觸覺以及大腦的意識功能都已經停止運作，從理論及實務上來說，都不應該有痛覺。就算有所謂「痛覺」的話，我認為那不是真的「疼痛」，而是有情個體的「我執」在作祟，可以用《金剛經》的「無我相、無人相、無眾生相、無壽者相」來對治。如果是真心要捐器官，就無須恐懼，如果心中實在罣礙難解的話，就不要勉強自己捐器官！

我們再換個角度來看，「布施」——尤其是「器官布施」，是一種「發心」，身心的反應是一項「心理」的課題，而不是「邏輯」的命題。且不說在人往生以後，就是在生之時，道理也是一樣，比如有些人散盡家財布施都毫無吝惜，連眉頭都不皺一下，而有些人請他拔一毫以利天下，就好像是要他的命似的。

器官捐贈遺愛人間，愛子頭七託夢安母心——救人一命勝造七級浮屠

為了幫助各位讀者放下對於「死後八小時不得移動遺體」的無謂執著與心理負擔，我

再引述一則二〇一一年的新聞，這是一個極佳的器官捐贈實例，可以化解對於「腦死者捐贈器官」的罣礙與疑慮。【慧開按：我在二〇一六年的專欄文章中已經引述過這個真實案例，因為很重要，所以再擇要引述一次，並且做一些補充分析。】

根據二〇一一年九月十八日的新聞報導，十九歲的大學生詹禮隆，在當年三月份騎機車時不幸被小貨車嚴重撞擊，送到臺安醫院急救無效，結果經判定為腦死，但是內臟器官完好無傷，也正好有四位病人在等著器官移植，醫師就向詹家父母勸募，希望詹家願意捐出兒子的器官。

詹媽媽在悲傷之餘，為了救助他人的生命，還是決定捐出愛子的器官。詹媽媽說：因為兒子生前個性很強，有關他的任何事情都要先問過他的意見。但是就器官捐贈這件事，已經無法徵求他的同意，所以在她心中一直很罣礙兒子會不會不高興。沒想到在頭七當天，兒子竟然來託夢告訴詹媽媽：「很感謝爸媽幫我做了器官捐贈的決定。」

詹媽媽記得她還在夢中趕緊問兒子：「你現在好不好？有沒有什麼需要？我們可以燒給你。」結果兒子微笑地告訴她：「我在天堂什麼都有，您們放心！」這個回答讓詹媽媽終於放下心了。詹爸爸說：一開始他根本無法接受兒子的意外不幸，一直要醫師盡全力挽救兒子的生命。但是醫師明確地告訴他們，事實上已經不可能了。最後，他們同意捐出愛子的心臟、肝臟、腎臟及胰臟，一共救助了四位病患的生命，等於是幫助了四個家庭。

後來聽社工人員說，等待心臟的這位病人已經等了五年，移植手術後的第三天，病人就出院了。受贈者的家屬透過社工對詹家表達由衷的感謝，想到兒子的心臟仍然在別人的身上活生生地跳動著，詹爸爸感覺有如兒子還活著。

自古道：「救人一命，勝造七級浮屠。」詹家父母替車禍腦死的愛子捐出了心臟、肝臟、腎臟和胰臟等四個重要器官，救助了四位病患的生命，這比建造了四座七層佛塔的功德還大。所以詹同學特地來託夢給詹媽媽，感謝爸媽將他的器官捐出救人，他現在到了天堂，一切安好，請媽媽放心。如果當初詹家父母吝惜愛子的身體器官，或者囿於「八小時不得觸動遺體」的說法，或者罣礙「腦死者摘除器官仍有痛覺」，而不願將愛子的器官捐出，那麼詹同學就錯失了布施救人的善緣契機，也就錯失了上天堂的機緣。

對照詹禮隆捐贈器官救人的案例，如果前述的阿耆達王公案是個放諸四海皆準的通例，那麼詹禮隆必然會因為摘除器官而生起瞋恨心，以至於墮入惡道，就不可能升到天堂而托夢給母親感恩致謝，然而事實完全相反，可見阿耆達王的公案只是個絕無僅有的特例。

看了詹家父母為兒子詹禮隆捐贈器官救人的真實案例，各位讀者對於「人死後遺體是否有痛覺」以及「腦死者摘除器官是否仍有痛覺」這個問題，應該有更清楚的認知。如果遺體或腦死者仍有痛覺，就表示肉體的觸覺以及大腦的意識功能仍然在運作，這就完全違反我們對於「死亡」及「腦死」的認知。且不說「死亡」或「腦死」之後，身體的觸覺與大腦的意識功能均已完全停擺，就算是活生生的人，當身體的某一部分因為血液不通，導致麻痺而沒有感覺，對痛覺的刺激，也會暫時停止反應的。

因此，我認為「人死後遺體會有痛覺」或「腦死者摘除器官仍有痛覺」的說法，是全然的無稽之談。再者，即使是有，也絕非是客觀的事實或道理，而是主觀的執著——是極少數執著極深的有情個體之「我執」，陰魂不散在作祟。

多年來，我不斷在世界各地演講，提倡「生命的永續經營」——也就是「生命不死」與「生命永續」的思想建設及心裡建設，同時要及早規劃未來的生命方向，累積往生的資糧，做好往生的準備。佛教講「無相布施」，我們不只是在有生之年時可以行布施——財施、法施、無畏施，即使這一期生命到了即將落幕時，如果還有機緣，能將有用的器官布施出去救人一命，遺愛人間，何樂而不為？

「大體捐贈」與「器官捐贈」有何異同之處？

以上談完有關「器官捐贈」與「器官移植」的一些問題，接著我們來談「大體捐贈」的相關問題。基本上，「大體捐贈」與「器官捐贈」都是捐贈者以自己身體的全部或一部分器官做布施，這是兩者之間的相同點。不同之處有二：其一，在於其捐贈的目的，「器官捐贈」主要是為了提供給需要器官的病人，做「器官移植」以救人一命；而「大體捐贈」則是提供給醫院或醫學院，為了現代醫學的教學與研究之用，捐贈者在醫學院裡被尊稱為「大體老師」。

其二，在於其捐贈的時機，「器官移植」是為救人一命，所以器官的摘除與移植，必須在捐贈者被判定為「腦死」，但是心肺功能仍然正常運作之時；而「大體捐贈」就無此顧慮，是在捐贈者捨報往生之後為之，但是有兩種不同的處理情況：「防腐處理」與「急速冷凍處理」之不同，其內容會在下文中說明。總而言之，「器官捐贈」與「大體捐贈」兩者都是對社會有很大的貢獻。

在一九九四年以前，由於國人「保留全屍、入土為安」的傳統觀念影響，臺灣的醫學教學用遺體，幾乎都來自於被執行死刑者，或者來自於殯儀館中無人認領的無名屍。

一九九四年，慈濟醫學院成立後，也面臨缺乏大體做教學的問題。首任校長李明亮與花蓮地方法院及臺北市各醫學院分配遺體聯絡中心協商，希望能分配到無名屍體。

一九九五年二月三日，家居臺灣彰化縣的慈濟委員林蕙敏女士因乳癌末期，志願捐贈遺體給慈濟醫學院，成為慈濟大學第一位志願捐贈遺體者。事後證嚴法師宣揚林女士的理念，志願捐贈遺體的風氣才由此大開。慈濟基金會對於將自己遺體全身捐贈者敬稱為「無語良師」（silent mentor），此一用語已被各醫學院採用，也推廣到了馬來西亞。

大體捐贈須具備那些條件？

因為「大體捐贈」是為了做為醫學院的教學與研究之用，基於做為醫學教材之完整性、遺體處理技術的限制，以及考量學習者的健康等因素，各個醫學院通常不接受下列狀況的遺體之捐贈：

一、罹患重大法定傳染病者：根據衛生署疾病管制局之公告。曾做過大手術、重大器官移植，或重大重建手術者。有未癒合的大傷口或褥瘡者（可由醫學院協助判斷）。

二、溺斃者。

三、因疾病或藥物等因素引起之水腫者。

四、身高過高、過度肥胖或過度消瘦者（可由醫學院協助判斷）。

五、已經執行病理解剖或器官捐贈者。

六、自殺身亡者。

七、家屬有異議者。

八、欲捐贈者本人在國外。

九、未滿十六歲者。

捐贈者的大體有兩種處理情況：「防腐處理」與「急速冷凍處理」

這兩種處理情況之差異在於，「防腐處理」是做為「大體解剖學」的教學之用，而「急速冷凍處理」是做為「大體模擬手術」的教學之用。「大體解剖學」是醫學系三年級學生的一門課程，其目的在於了解人體的構造，大體必須在捐贈者往生（捨報）之後二十四小時內送到醫學院進行防腐處理，然後冷凍保存。防腐至少需要一年以上的時間，才可做教學解剖之用，大體從防腐措施到教學結束、火化、安奉骨灰通常需要二年以上時間。

「大體模擬手術教學」是另一門課程，其目的在於提供醫學系六年級學生以及醫師進行外科手術訓練，讓醫學生有機會於進到醫院實習前，進行第一次手術實況練習，以避免第一次就在病患身上練習。此種大體老師必須於往生（捨報）之後八小時內送到醫學院進行特殊的「急速冷凍處理」，如此在重新解凍後其大體組織不會被破壞，而有如活體一般，最適合手術實習之用。依捐贈順序，一般於捐贈後隔年啟用，模擬手術課程四天，第五天進行火化儀式。

大體捐贈的手續與流程

如果想要在往生後捐贈大體供醫學研究或教學之用，須完成一些法定的手續，捐贈者可至各大醫學中心簽署大體捐贈意願書。然而，除了捐贈者本人意願外，大體捐贈意願書還須「受任人」（家屬）簽署同意。擔任受任人的優先順序為⑴配偶、⑵子女、⑶父母、⑷兄弟姐妹等。如果捐贈者沒有家屬，在生前簽署了大體捐贈意願書後，還須到法院辦理公證，符合相關法規，以利日後往生之後，受贈單位能夠順利取得大體，協助處理身後事。

大體捐贈的流程為：（一）捐贈者往生後，由家屬通知受贈單位，由醫院或醫學院出面評估大體是否堪用。（二）由檢察官或醫師開具死亡證明書，並由家屬協助受贈單位取得大體。（三）受贈單位接回大體，進行後續遺體處理並妥善保存，然後等待進行醫學解剖研究。（四）大體完成解剖研究後，由家屬接回安葬，或由受贈單位妥善安葬。

此外，還有一種情況是，捐贈者在生前並未簽署捐贈大體的意願書，而是在往生後由家屬決定捐贈，其手續與流程為：（一）捐贈者往生後，家屬同意捐大體，由醫學中心等受贈單位評估大體是否堪用，並簽署同意書。（二）由檢察官或醫師開具死亡證明書，並由家屬協助受贈單位取得大體。（三）受贈單位接回大體，進行後續遺體處理並妥善保存，等待進行醫學解剖研究。（四）大體完成解剖研究後，由家屬接回安葬或由受贈單位妥善安葬。

大體捐贈的相關問題

除了以上所述的基本資訊之外，還有一些與大體捐贈的相關問題，各位讀者可能會有興趣知曉，以問答（Q&A）的方式整理敘述如下，供大家參考。

問題一：

欲做大體捐贈是否需要家屬的配合？

回答：

是的。捐贈者是否能夠如願捐贈大體，關鍵在於家屬是否願意配合，即使捐贈者生前已經簽署了大體捐贈意願書，在其往生之後，受贈單位仍須仰賴家屬通知，並且由家屬協助辦理死亡證明書、申請病歷等文件，倘若家屬未出面協助辦理，在法令的約束與限制下，受贈單位仍然無權取得大體。

問題二：

生前未簽署捐贈大體意願書者，往生後家屬可否將其大體捐出？

回答：

可以，家屬必須護送大體到受贈之醫學院並且簽署捐贈同意書。

問題三：

大體捐贈有什麼生理上或病理上的條件限制嗎？

回答：

有的。（一）曾經做過器官摘除或動過重大手術者，不適合捐贈大體。做過肺臟、腎臟、胃、膽囊、膽道、肝臟、脾臟、胰臟、子宮等器官切除，以及進行過腸胃道或造口手術、開心手術等，皆不適合捐贈大體。（二）自戕、溺斃及嚴重水腫、車禍、手術中往生、嚴重創傷、褥瘡、四肢變形或萎縮、癌症末期、腹水及冰存過久而致大體明顯破壞者，皆不適合捐贈大體。（三）必須是十六歲以上自然死亡或病故者，醫學單位不接受自殺結束生命者，因為不珍惜自己的人無法教導醫學生尊重生命。

問題四：

如果已經簽了器官捐贈意願書，可否再簽大體捐贈意願書？往生後應該先器官捐贈，還是大體捐贈？器官移植後，大體可否捐贈給醫學院學生做解剖教學？

回答：

捐贈者如果發生意外死亡，經醫學判定為腦死後，才可以做器官捐贈，而大體捐贈則是自然死亡或病故後才做捐贈，所以簽署兩項捐贈意願書是不衝突的。醫學單位可能會建議往生後的第一選擇是器官捐贈，因為可以立即救助病人的生命，但是重大器官摘除後的遺體無法再做為醫學教育的大體老師，因為重大器官移植後傷口無法癒合，不能做防腐處理，故不能再做解剖教學之用。但是如果只是捐贈眼角膜的遺體，仍然可做為大體老師。

問題五：

患有傳染病可以捐贈大體嗎？

回答：

罹患法定傳染病者，如愛滋病、肺結核鈣化等，不可以捐贈大體。

問題六：太胖或太瘦的人可以捐贈大體嗎？

回答：

超過或低於依身高計算的標準體重百分之五十者，皆不適合捐贈大體。標準體重的參考公式，男性：（身高減八十）乘零點七，女性：（身高減七十）乘零點六。

問題七：

遺體捐贈意願書之受任人一定須有配偶簽名嗎？遺體捐贈志願書之受任人可否為未成年子女？

回答：

遺體捐贈意願書之受任人不一定要配偶，但必須由親屬同意簽名（父母、夫妻、子女、或兄弟姐妹等），如無家屬者必須到法院辦理公證，以符合法規。受任人第一順位須成年，第二順位可填未成年子女。

問題八：

自己的身體不能自主嗎？是否親自簽名就可委任醫學院全權處理？

回答：

捐贈者往生後，仍然須仰賴家屬通知醫學院校，也須由家屬協助辦理死亡證明書、申請病歷摘要等文件。若家屬未出面協助辦理，即使捐贈者已經填妥「遺體志願捐贈同意書」，醫學院校等受贈單位在法令的約束下，還是無權取得遺體。無家屬者，受贈單位可依捐贈者往生前所辦妥的「法院公證書」，協助處理身後事。

問題九：

如果身體曾經動過手術，是否就無法捐贈大體？曾進行「化學治療」或者「放射性治療」的癌症患者，日後往生能否捐贈大體？

回答：

各醫學院校並不鼓勵民眾為了大體捐贈而放棄積極性的治療，身體雖然經歷過手術治療，只要傷口癒合完全，仍然可以捐贈大體。癌症病患進行化學治療療與放射性治療等等，是屬於常規治療，並不會妨礙日後的大體捐贈。

問題十：

如果是意外死亡，例如車禍、撞擊、爆炸、墜落等等，導致身體支離破碎，是否還能捐贈大體？

回答：

如果發生如車禍、爆炸等等意外重大事故，導致肢體破碎，無法用作大體老師，就不適合捐贈大體。但若身體表面的傷口很單純，肢體並未嚴重破壞，可以做為大體老師的話，仍然能夠捐贈大體，這種情況可以請醫學院校做專業判定。

問題十一：

如果是非疾病原因，也無意外事故而突然死亡，也無重大疾病就診紀錄，是否還能夠捐贈大體？

回答：

如果是非疾病原因，突然但非意外事故而猝死，生前沒有就醫紀錄，這是屬於可以捐贈的情況，但是醫院會抽取血液檢驗是否有法定傳染病，若無，仍然可以捐贈大體；但是基於尊重生命，各醫學院校不接受自殺者捐贈大體。

問題十二：

捐贈大體有沒有醫療及住院費用補助？

回答：

大體捐贈是一種布施，為無償及無條件之捐贈。

問題十三：

大體教學結束後火化及骨灰安奉，家屬須負擔多少費用？

回答：

大體教學結束後，大體老師的後事處理，家屬無須負擔任何費用，從派車接運遺體，到入殮、起靈、火化、骨灰安奉之費用，皆由各醫學院校負擔。這與器官捐贈有所不同，器官捐贈後遺體必須由家屬領回，後事皆由家屬自行處理。

問題十四：

大體老師於課程結束後，其遺體如何處理？各醫學院校處理遺體的過程為何？火化後骨灰如何處理？

回答：

（一）大體送達醫學院後，立即做防腐措施，並致送家屬感謝函。

（二）防腐至少需要一年以上的時間，大體才可做教學解剖之用，從防腐措施到教學結束、火化、安奉骨灰，需要二年以上時間。

（三）向學生簡介大體捐贈者生平事蹟，以喚起學生對大體老師之尊敬，培養視病如親之醫德。

（四）大體老師於解剖教學結束後，全身的器官都必須歸回原位，學生並利用手術縫針仔細縫合皮膚，保持身軀之完整，再用白布包裹全身，然後著裝穿衣，之後由師生及家屬進行入殮、起靈及火化儀式。

（五）大體教學啟用前及入殮，師生有追思儀式。

（六）大體捐贈者生前可於捐贈意願書上表達火化後骨灰之處理方式，若欲改變，僅由家屬轉達即可。

（七）大體火化後可選擇處理方式，例如：骨灰可晉塔安奉，或者花葬，或者樹葬，或者海葬（每年臺北市都會舉辦聯合海葬）。家屬若欲領回骨灰，可事先告知受贈醫學院校，但是在入殮及火化前不另行舉辦特殊儀式。

（八）各醫學院校每年清明節前均舉辦慰靈公祭並邀請家屬參加，但是公祭不採行任何宗教儀式。

問題十五：

如果捐者已經填寫完成遺體捐贈志願書，是否都可以順利完成捐贈程序？

回答：

即使已經填寫完成遺體捐贈志願書，還不一定能夠實際順利完成捐贈程序。遺體捐贈志願書只是表達填表人之捐贈意願，然而是否符合可以捐贈的條件，必須視受贈醫學院校依遺體儲存情況，以及捐贈者往生時身體情形做評估而判定。在一般情況下，各醫學院校會希望家屬於志願捐贈者住院病危階段即與他們聯繫，他們會聯絡安排相關人員前往評估是否適合捐贈，並告知及協助往生後之捐贈流程。倘若來不及於病危時與各醫學院校聯繫，也可在捐贈者往生時，儘速與他們聯繫。

問題十六：

如果有意捐贈大體，可與哪些單位聯繫？要如何聯繫？

回答：其實各個醫學院校以及醫學中心都有接受及處理遺體捐贈的單位，各位讀者可以上網查詢。在臺北有「北區七家醫學院遺體捐贈聯絡中心」，設置有統一的「遺體捐贈受理窗口」。這七家醫學院為：臺大、陽明、國防、臺北、長庚、輔仁、馬偕，他們的聯絡地址及電話，可以很容易上網查到。南部的成功大學醫學院、義守大學醫學院與高雄醫學大學也都有受理遺體捐贈的單位及網頁資訊。

辦理大體捐贈的一般流程

受理時間：星期一至星期五上午八點至下午五點。

（一）撥打各醫學院校或遺體捐贈聯絡中心電話，索取大體捐贈意願書，告知他們郵寄地址，各醫學院校或聯絡中心會郵寄捐贈說明書、捐贈自願書及附回郵信封給捐贈者。

（二）將表格填好，放入回郵信封直接寄回即可。

（三）各醫學院校或中心收到捐贈表格，審核↓建檔↓寄發大體捐贈卡。

往生前、往生後如何聯絡

捐贈者住院期間當家屬接獲病危通知時，或在家中彌留時，請家屬撥打電話聯絡遺體捐贈中心，或撥打受贈之醫學院校，告知捐贈者在哪家醫院中心或家中，受贈醫學院校會與住院醫師聯繫，評估捐贈者身體狀況是否適合捐贈。

如果經過評估，不適合捐贈大體者，病人往生後由家屬自行處理。如果經評估適合捐贈大體者，在死亡四十八小時內須完成防腐作業。家屬還須取得死亡證明書三份，再電話聯絡確認接運的時間及地點，等受贈單位安排車輛接運大體至受贈之醫學院校，家屬可隨車護送。如果往生時遇到夜間或例假日，無法及時取得死亡證明書正本時，大體務必先做冰存，以防腐壞。

如何取得死亡證明書

（一）如果在醫院往生，由醫院開立死亡證明書。

（二）如果出院後回到家中往生，在辦理出院手續時，務必向醫院申請乙種診斷書或病歷摘要，以做為往生後開立死亡證明書之參考。往生後可以聯絡轄區內的衛生所做行政相驗。

（三）如果是在家裡往生，請通知當地警察局做司法相驗，由檢察官開立地方法院檢察署屍體相驗證明書。

後記

近年來，願意捐贈大體的人有增加的趨勢，所以臺灣各大醫學院校都有足夠的大體庫存數。這應該是因為現代社會的各種醫療資訊普及，大眾的生死觀念也逐漸開放，願意做大體老師的人也愈來愈多，這對於醫學的研究與發展是一件好事。然而，在臺灣一談到「器官捐贈」，直到現在仍然是一個充滿爭議性的課題，特別是對那些執著於「八小時」

的佛教徒。

日本於二〇一〇年七月全面施行新修訂的《器官移植法》，在以前，除了要取得當事人的書面同意之外，還得經過家屬的認可，才能夠捐贈器官。新法修改後規定，雖然當事人的意願不明，但是如果家人同意的話，也可以捐贈器官。因此，包括未滿十五歲的兒童在內，也能夠將器官提供給他人。

不過，真正有意捐贈器官者，最好能夠及早表達捐贈的意願，因為萬一器捐者碰到腦死的情況，家屬就必須在當事人猶有心跳、體溫的狀態下做最後的告別。此時若明確知道當事人的意願，家屬也比較容易下決定。如何表達器官捐贈的意願？可以上網申請或簽署器官捐贈同意卡（Donor Card），也可以在駕照、保險證加註器官捐贈意願。

生死大事的抉擇課題：末期絕症要不要治療？

回憶在一九九〇年前後，我在美國費城天普大學攻讀博士學位，在費城當地及鄰近的紐澤西州Cheery Hill鎮，先後有幾位信眾，有的罹患癌症而且已臻末期，或是腦中風導致腦死，由於我的宗教師身分，他們的家人找到我，希望能以佛法引導他們面對生死大事。以此因緣，我開始在課餘時間從事癌末病人的靈性關懷，以及帶領信眾參與助念等實務工作。

一九九六年回到臺灣之後，我在南華大學生死學系任教迄今，也由於研究教學領域的關係，這二十多年來不斷地接觸到癌末病人及其家屬，應邀到醫院為他們做靈性照顧、臨終開示、往生助念等生死諮商與輔導。

二〇一四年，從十一月下旬至十二月中旬，我先後應邀到菲律賓馬尼拉光明大學所舉辦的「生命永續與末期疾病關懷」研討會、海峽兩岸共同舉辦的「北京國際佛事用品博覽會」，以及新加坡延慶寺舉辦的「臨終關懷與往生助念」專題講座，與大眾分享生命終極關懷的理論與實務。

在前後三個跨國的不同場次，居然都有聽眾不約而同地問道同樣的問題：「如果有親人罹患末期絕症，要不要治療？如果家中的長輩年事已高，當有緊急狀況發生時，送醫後要不要急救？」這些都是攸關生死大事的抉擇課題，也都是我們每一個人總有一天不得不面對的生命功課，所以有必要及早做好準備。

上述這兩個提問：「末期絕症治療與否」與「高齡長輩急救與否」，雖然性質相近，但其情境、處理方式與思惟角度，其實是有所不同，須分別討論，本文先討論前者。

當疾病已經到了無法治癒的地步時，對病人而言，死亡其實還不是最痛苦難過的事，「死不了」而苟延殘喘才是最可怕的處境。當死亡已經是不可避免之預警時，肉體上的病痛其實還不是最沉重的負擔；心理上的徬徨、精神上的焦慮、內心深處不知生命何去何從的迷惘，才是心靈上最為無助的恐懼。

往生之際的生命之旅，有如跨越時空的「星際之旅」，根本無須恐懼，但是必須及早做好準備。然而，絕大多數人終其一生，在這一方面都沒有足夠的認知與充分的準備，幾乎都有迷航的恐慌與危機，因此末期病人在此時最需要的，就是意念及心靈上的導航。其實病人家屬可以自行或延請宗教師，為末期病人在意念及心靈的層次上為他做親切的引導，鼓勵他發願往生，這是引導他脫離病體的桎梏、迎向未來生命的心靈導航。在此我不純談理論，而是舉出我為末期絕症病人所做靈性關懷與輔導的實際案例，供各位讀者參考。

案例一：聶師姐的最後生命抉擇

二〇〇七年五月中旬，佛光會林利國居士的同修聶師姐住進高雄榮總，診斷出肺癌末期，林居士心情十分焦慮，打電話問我，他們該如何面對如此嚴重的病情與攸關生死的醫療抉擇。六月二日我到醫院探望聶師姐，為她鼓勵打氣，同時提供我的看法及建議。

我告訴他們，有關疾病的變化情況與可行的治療方案，還是要就教於主治醫師的診斷與醫療專業意見。如果病況還在醫療可治癒或控制的範圍內，當然不應輕言放棄。然而，萬一疾病的進程已經確定遠遠超過目前醫療科技所能治癒或控制的極限，就不應，也無須再耗費精神和體力在無謂的治療上，而應該認真地思考如何有尊嚴而且能自主地，為這一生畫下完美的句點，達到善終與往生的目的。

我的論點其實非常簡單明瞭，因為現代西醫對於癌症病例、醫案紀錄與統計分析等文獻資料，十分詳盡精確，除非所罹患的疾病是找不到文獻記載的疑難雜症或罕見怪病，必須特別個案處理，不然的話，我們可以很清楚地查詢到某種疾病到了末期，病人經過諸如手術、化療、放療（俗稱電療）之後，其一年、五年乃至十年的存活率是多少。如果存活率夠高，當然不應輕言放棄，但是如果存活率趨近於零，那麼就要慎重考慮值不值得冒險。否則不但病治不好，連僅剩餘的一點精神與體力也都消耗殆盡，那就更加無力面對往生的功課了。

我再對聶師姐與林師兄進一步地解說，我們必須非常清楚地認知到，有情眾生的色身是物質的結構，有其相應的使用年限，再怎麼健壯也必然會老朽退化，更何況不幸遭逢惡疾絕症的摧殘折磨。萬一身臨其境地到了這一期生命的最後關卡而又藥石罔效，不得不面對死亡的威脅與挑戰時，我的主張是：往生是跨越死生關卡的星際之旅，需要有足夠的精神和體力做支撐與續航；因此，到了關鍵時刻千萬不要無謂地消耗自己的精神與體力在對抗病魔與死神上面，而是要保留足夠的精神與體力，一心一意全神貫注在佛號之上，做為往生佛國淨土之心性動能。

真正能夠往生佛國淨土的行者，絕對不是等到死了（斷氣）以後才去的，而是在活著的當下，拋卻這個臭皮囊，跟隨佛菩薩的接引——就此捨報往生去了——有如金蟬脫殼或蝴蝶破繭而出，這是名副其實的「往生」。是故在自身面臨此一最為關鍵的時刻，我極力主張一定要儘量保留最後而且足夠的精神和體力，集中心念專注在佛號上，以蛻化開展未來的生命。

聽了我的分析之後，他們再與主治醫師做進一步深入的諮詢與討論，最後決定不做任何後續的治療，並於六月四日轉往三峽金光明寺靜養，一心念佛，求生佛國淨土。

到了八月下旬，聶師姐的體力及身體的各項功能開始明顯退化，八月底回到佛光山住進萬壽園的安寧助念室，當時已無法進食。九月七日我回到佛光山參加一年一度的徒眾講習會，並對所有海內外回山的師兄弟報告南華大學的校務以及做招生宣導，下午到萬壽園的安寧助念室探望聶師姐。當時她已經八天都沒有進食，進入彌留狀態，林師兄一直陪伴在旁邊，也為她誦經，看著同修被病體所折磨與羈絆，心中十分不忍，卻又不知如何幫得上忙，讓她少受些痛苦，順利地捨報往生。

這樣的情境，顯示聶師姐的時辰應該快到了，但是欲求順利捨報往生還須臨門一腳。我就坐在她的床頭邊對著她說：「聶師姐！你的世緣已經圓滿，同修和令公子都在身邊，請不要罣礙，萬緣放下，一心念佛，求生淨土。」接著將心定和尚唱誦製作的念佛機打開，轉到「南無阿彌陀佛」六字洪名的調子，我跟著定和尚的念佛聲調，一邊觀想西方三聖的佛光加持，一邊清晰而有力地對著聶師姐念了整整四十分鐘的佛號。其實，我這樣做是一個示範；之後我請林師兄他們父子倆，按照我的方法輪流為聶師姐念佛，只要念佛即可，不必誦經，念的時候要全神貫注在佛號上，同時要觀想彌陀慈悲加持，一小時或二小時一輪，每一輪結束前迴向一次。如果山上的法師、居士前來探望，請他們不必說什麼話，加入念佛就好。

以我多年來助念的經驗，用這樣的方法為聶師姐念佛迴向，她不會拖延太久，最多一、二天之內就有消息，但是擔心林師兄會有焦慮感，所以沒有開口跟他說。隔天（九月八日）是週六，我回南華大學為剛入學的生死學研究所碩士班及碩士專班新生上課，中午下課時接聽到手機的留言說：聶師姐已經在當天上午十點安詳地捨報往生。

案例二：廖老先生的人生最後畢業考

二〇一四年四月三十日，接到臺北的廖芳玉師姐來電話，說她的父親現年（虛歲）七十六歲，經醫師診斷，已經是肺癌末期，而且病變部分就靠近心臟，如果要進行手術治療的話，風險太高，極有可能在手術台上不治身亡，預估僅剩三至六個月的壽命。

廖老先生原本身體十分硬朗，冬天寒流來都不用穿外套，但如今健康狀況一落千丈，讓他深感挫折，心情非常鬱卒。因為子女都要工作，無法就近照顧，就將廖老先生安置在臺北一家安養中心。

廖師姐本身是虔誠佛弟子，但是廖老先生對於正信佛教並無概念，只是跟一般大眾一樣，燒香拜拜而已。廖師姐勸老爸一心一意念佛求往生，但老人家因為沒有佛教信仰，無法相應。廖師姐心有餘而力不足，所以打電話求救，問我何時有空，可以上臺北對她父親開導一番。

我查了一下行事曆，剛好五月三日下午我要隨林聰明校長一起去教育部報告教學卓越計畫執行績效，報告結束後沒有其他的行程，可以和廖老先生見面一談。我希望先多了解一下老先生的身心狀況，以便在和他見面時，能順利切入主題，以下是廖師姐告訴我有關她父親的情況。

廖老先生一九三九年生，當時虛歲七十六，在二〇一三年身體檢查時，已經發現右肺中葉出現惡性腫瘤，縱膈膜及右鎖骨上窩有廣泛性轉移淋巴結，侵犯到氣管及頸部段的食道，頭臂靜脈有點栓塞。經醫師診斷，病變部分靠近心臟，位於心氣室和肺中間，形成十公分大的腫瘤，已經是肺癌末期。

醫師想說服家屬進行切片下藥治療，廖師姐問醫師是否可以開刀？醫師答覆無法開刀，因為如果進行手術的話，病人極有可能在手術台上就不治身亡。又問醫師最壞狀況如何？醫師的答覆是：十公分大的腫瘤破裂或心肌梗塞。和醫師談完話之後，廖師姐有所保留，並沒有完全據實告知老爸病情的嚴重性。

老人家並不想做切片治療，而且有預感一旦住院，就很可能出不了院了，老人家真的很聰慧。因此，師姐和弟弟有了共識，不要讓年邁的老爸遭受醫療的折磨及干預。他們也與父親達成共識，尋求中醫藥治療，以控制肺部症狀不再惡化。經中藥治療後，肺部情況頗有改善，每次到醫院回診追蹤，醫師看了X光片報告後，都大惑不解為何病況會進步，因為西醫認為沒有做切片根本無法下藥。他們姐弟深知肺部情況雖然有改善，但十公分大的腫瘤依然會與老爸共存，他們必須坦然面對生死。廖師姐就開導廖老爸勿對身體過度執著，此一肉身已經使用圓滿，這就是自然老化以及人生賞味期將盡的徵兆。

老先生一直以來都是獨居生活，平常當慈濟資源回收義工，即使生病了也從未缺席。老人家雖值肺癌末期，因為原本身體硬朗以及症狀控制得宜，從外觀看來一點都不像癌末病人，也沒有病態表情，生活如常。

二〇一四年四月十四日，老先生因為肺部積水，入住亞東醫院胸腔內科，抽了肺水，醫師又安排CT（電腦斷層掃描）及MRI（核磁共振攝影）檢查，根據檢查結果，預估僅剩三至六個月的壽命。廖師姐深知此時她必須據實告知老爸，但沒有透漏他僅剩幾個月的壽命，同時詢問他願不願意簽署「預立安寧緩和醫療暨維生醫療抉擇意願書」，老爸同意簽署。

雖然老先生外觀看起來較一般同齡老人健康，可是內在並非如此。廖師姐的雙親因彼此個性因素已經分居（但未離婚）近三十年，母親於二〇一二年十二月因原位乳癌而動過手術。四月十六日老先生出院，師姐和弟弟已有共識，不能再讓老爸獨居，但是因為他們都要工作，無法就近照顧，綜合以上因素，再加上安全考量，他們決定於四月二十一日將老爸安置在新北市板橋區春天安養中心，靠近母親及姐姐家附近，姐姐每天下班會去探視他，假日也會帶他回家以及到戶外走走。

四月二十三日，去亞東醫院回診結束後，在回停車場路上，有一位出家師父在托缽，經過時老先生回頭看了師父一眼，師姐問他想供養師父嗎？他點點頭，師姐拿了一百元給他，之後走向停車場時他又回頭看那位師父，師姐就問他：您是想用自己的錢供養嗎？他點點頭，就拿出自己的錢以恭敬心供養師父。從這件小事可以看出，廖老先生與佛有緣，也很有善根。

其實，早在二〇一四年三月之前，廖師姐就開始慢慢對老爸開導，要坦然面對老病才能生死自在，還要發願往生西方極樂世界，平時他們在閒聊之間，也會談到人生最後一程應該如何處理。雖然看起來老爸很坦然面對生死，但是廖師姐感受到他的信受度大約六、七成，仍然受限於親情的包袱，還差一點門檻必須越過，老人家跟師姐的朋友抱怨說：我女兒認為我的身體不行了。

廖師姐深知老爸正面臨著生命未來出路的瓶頸與關卡，因為他對於正信佛法所知有限，一時還無法相應，但同時也觀察到他的善根因緣已充分顯現，認為聞法的時機已經成熟，於是先透過南華大學圖書館長黃素霞師姑幫忙聯繫我的時間，再打電話希望我能當面為廖爸爸開示。

五月三日下午去教育部報告結束後，我依約和廖師姐、廖爸爸見面，廖師姐也約了姐姐、姐夫同來，一家人聚會，開誠布公地談論生死大事，比較容易形成共識，這一點相當難得。

才初次見面，我當然不宜開門見山地就馬上跟老先生講念佛求往生的道理，而是以一種閒話家常的寒暄方式開場，我先誇讚老先生好福氣，有個非常孝順貼心的女兒。接著用聊天的口吻詢問老先生平常看不看書？他說：會看書，偶爾也會讀一點經書。我說：那很好，可以讀讀我的專欄文章（請參閱《生命是一種連續涵數》一書，第二五〇—三一七頁，〈《佛說阿彌陀經》的現代解讀與釋疑〉一文）。接著問他對阿彌陀佛和極樂世界有沒有什麼了解？他很坦白說：了解很少，但是知道有阿彌陀佛、觀世音菩薩。再問他：相不相信生命有三世？也就是有前輩子、今生和來世。他說：相信。又問他：會不會怕死？他很爽快地說：不怕。我說：那就好辦了！

在互動的過程中，我發現老先生對自己的身體狀況以及病情相當了解，態度也很坦然，只是因為沒有特定而深入的宗教信仰，不知道人生到了此一地步，除了等死之外，到底還能夠做些什麼？既然老先生的人生態度頗為達觀開放，並非負面消沉，我覺得可以不用拐彎抹角地跟他談「生命永續」及「發願往生」的道理。

我告訴老先生，古早的人比較容易「好死」，現代的人大部分都死得很淒慘，因為古早的時候，雖然醫學比較不發達，但是也沒有急救措施，人老了該走就走了，不會遭受到痛苦的折磨。現代雖然醫學進步了、發達了，但是醫學的觀念仍然很保守，絕大多數醫師在認知上都不能接受「自然死」。

比如說，我老了、退化了、不行了，本來「自然」就是要死了，可是現代醫學和醫師不能接受「自然的死亡」這件事，一定要給我急救，要一直救到不能救為止。結果絕大多數現代人是怎麼死的？答案是「多重器官衰竭而死」！

我跟老先生說：從宗教（不只是佛教）的觀點來看，我們真正內在的靈性生命是不會死的！會死的只是肉體的生命，因為肉體的生命是物質的結構，必然有它的使用年限，就像我們開的汽車一樣，不管是Benz、BMW還是Porsche也好，就算是坦克車，也終究會耗損、老舊，如果一直開下去，總有一天要報廢。我問老先生：同不同意這個觀點？他很肯定地說：同意！

接著我說，從交通安全的觀點來看，我們總不能將一部老爺車一直耗損到開在高速公路上就掛了，是不是？老先生點頭同意。同樣的道理，從佛教觀點來看，我們不能夠拖到身體都壞掉了，器官都衰竭了才走，而是須保留精神和體力才能真正的善終。

佛教不講死亡，而是講「往生」，但是「真正的往生」需要有精神和體力，因為到時候阿彌陀佛、觀世音菩薩會用蓮花台來接引您，萬一拖到奄奄一息或者多重器官衰竭，精神和體力都消耗到完全沒有了，如何能夠上得了蓮花台？

所以趁著您現在還有精神和體力的時候，就要開始著手進行「往生」的各項準備，首先要向阿彌陀佛「報名」、「掛號」，也就是要先「發願」，要向阿彌陀佛告白表明，自己的世緣即將圓滿，已經放下世俗的牽掛，一心一意求生佛國淨土。

我跟老先生再一次強調，真正能夠往生，絕對不是等到死掉以後，而是在活著的當下，就感應到阿彌陀佛來接引您去了，所以您一定要好好保養精神和體力，在往生的時候才能「正念現前」，換句話說，往生的時候，要頭腦很清楚，才能夠與佛相應，感應道交。

老先生聽得很用心專注，但在這時候表達出心中的一個罣礙，就是擔心自己以前很少到寺廟拜拜，現在才要開始念佛，還來得及嗎？

了解了廖老爸心中的罣礙，為了破除他的心理障礙以及幫助他建立信心，我就對他說：「燒香拜拜」與「往生淨土」是兩碼子事，之前有沒有經常去廟裡「燒香拜拜」，其實並不重要，也不會影響到將來能不能去佛國淨土，往生的關鍵在於有沒有掌握淨土法門的三個要領——「信、願、行」。

第一個要領是「確立信心」，就是要確信有佛國淨土，而且要深信阿彌陀佛會來接引，這等於是確定了生命的未來方向，有了方向，知道自己將來要去什麼地方，就不會迷失，也不會焦慮，更不會恐慌。

第二個要領是「深心發願」，也就是一心一意地「嚮往」西方極樂世界，不過，光只是心中嚮往還不夠，而是要進一步向阿彌陀佛發願，懇請阿彌陀佛來接引，借用現代的概念來說，就是要向阿彌陀佛「報名、掛號或預約」。道理很簡單，就像是要出國留學，當然要先提出申請啊！要去阿彌陀佛極樂淨土的申請手續很簡單，就是在佛堂裡面對佛像「深心發願、誠心告白」，就能和阿彌陀佛相應，感應道交，一心一意祈求阿彌陀佛在自己臨命終時，能前來接引。

第三個要領就是要「依教奉行」，一心念佛，廣結善緣，而且每天要虔誠持誦《阿彌陀經》和阿彌陀佛聖號，在誦經、念佛的時候，要觀想西方三聖慈悲放光加持。然後將自己這一生的所有善行功德，統統迴向到西方極樂世界，及早做好「如願往生」的準備，祈求可以「預知時至」，到時候阿彌陀佛前來接引。

除了以上所講的這三個要領之外，在往生前最最重要的關鍵，就是要避免現代醫療的不當干預，千萬不要CPR、氣切、插管等等，連鼻胃管也不要插，用點滴和營養輸液就可以了。廖師姐告訴我，已經為老人家簽署了「預立安寧緩和醫療暨維生醫療抉擇意願書」。

為了加強廖老爸的信念，我說要包一個「三千萬」的大紅包送給他，如願往生的秘訣就在其中。第一個千萬：千萬不要拖過生命的「賞味期」（或「保質期」），不只是我們到便利商店買的食物、飲料、用品等等有「賞味期，我們的肉體生命也有相應的「賞味期」。第二個千萬：千萬不要變成生命的「延畢生」，天下沒有不散場的筵席，沒有不落幕的舞台，也沒有不畢業的學程，該畢業了就要風光地畢業，如果一直拖著不畢業，那是很痛苦的事情。第三個千萬：千萬要保留精神與體力，做為善終與往生之用。

廖老爸聽了之後，覺得很有道理，但是因為對佛教的認識很有限，對於發願往生佛國淨土的道理也才第一次聽我解說，還不是很了解，就問了一句話：請問師父！到阿彌陀佛那裡，要做什麼？我說：要去進修的啊！就像是出國留學深造一樣，去向阿彌陀佛、觀世音菩薩學習佛法，以及和十方來的諸上善人做同學，共同進修。將來學成之後，再乘願回到這個娑婆世界，普度眾生啊！

老先生聽了非常歡喜，在談話結束之前，我為他簡單地授三皈依，教他如何持誦《阿彌陀經》、稱念佛號、懺悔、迴向、發願。廖師姐問老爸：到時候阿彌陀佛來接引的時候，您願意跟祂去嗎？廖老爸點頭說：願意！我從旁鼓勵他說：要乾脆喔！說去就去！要「阿莎力（臺語）」！

我問廖師姐：家中兄弟姊妹有多少人，師姐說：除了她自己外，有姐姐、姐夫，弟弟，人口簡單。我說：那很好辦，家人一定要有共識，師姐說家人早已形成共識。在當天的談話以及交流過程中，我發現廖師姐和姐姐、姐夫都口徑一致，一再鼓勵廖老爸，萬緣放下，一心念佛，這是非常難得的。談話結束後，他們就將老先生送回安養中心。

三天之後，廖師姐來電話說，廖老爸和我談過話後，不但非常歡喜，而且完全信受奉行，回到安養中心後非常精進，每天都到中心裡的佛堂報到，面對著佛、菩薩聖像，誦經、念佛、禮拜、迴向。安養中心的護理人員看了都深感不可思議，就跟廖師姐說：你老爸每天都去佛堂跟觀世音菩薩發願。安養中心每天早上都有放音樂，廖老爸希望中心改播放佛號，可是一般安養中心的老人會忌諱聽到佛號，廖師姐跟他說只要您自己身體力行，其他的老人就會受到感化。

五月七日，廖師姐的叔叔、姑姑和大伯也從加拿大回到臺灣探視廖老先生，雖然廖老爸是肺癌末期的病人，但是心境絲毫都沒有受到病魔的摧折，生活與正常人無異，而且每天精進念佛，他們都深感欣慰。

五月二十三日，廖老爸選擇不再進服中藥，即使中藥可以控制好他的肺部不發炎、不積水，廖師姐深知這時老爸已經做好面對生死大事的準備了。

五月三十一日，廖老爸已預知時至，他向師姐的一位張姓朋友說，他的肉身已經壞了，該去換一個「新房子」再來。當日下午師姐問他：去彌陀淨土要做什麼？他說：要再去進修，將來能夠普度眾生，師姐讚歎他發好大的願。

六月二日，師姐全家人（包括大姐一家和弟弟）都到安養中心陪廖老爸過端午節，當天廖老爸因為血氧濃度不足，呼吸有點困難，必須用輔助器材供應氧氣，以調節呼吸的順暢，他們全家人陪伴在廖老爸左右，一同誦經念佛。

廖大姐問老爸：未來去西方極樂世界時，要穿什麼衣服和鞋子？廖老爸很自在愉悅地回答：要穿那件咖啡色西裝，你們要記得我平常是不打領帶的，鞋子只要不跌倒就可以了。師姐說她當下可以感受到老爸那種坦然面對生死的自在，大姐很疑惑地問師姐：老爸有咖啡色的西裝嗎？師姐說有，因為廖老爸的東西都是她整理的。

當天下午，安養中心有佛教團體來帶領念佛、布教，廖老爸堅持要去參加念佛，經過護理人員評估說OK，廖老爸就滿懷歡喜地戴著呼吸器去參加念佛。

六月三日凌晨，師姐接到大姐的電話通知，廖老爸因為肺部積水，開始發燒，先送亞東醫院。前幾天他們已有共識，為顧及大姐和弟弟的心境，廖老爸如果後續有狀況，就先送醫院做症狀控制，但不做任何侵入性的治療。在救護車上，廖老爸顯得有點不安，姐夫提醒他要念佛，老先生心境平穩。

送到醫院後，醫師說要做一些治療時，廖老爸有所抗拒，姐夫靈機一動，就跟他說：芳玉到了！其實那時師姐尚未抵達，因廖老爸知師姐一定會堅持捍衛他的尊嚴，拒絕氣切、插管、心肺復甦術（CPR）等醫療不當干預，以免破壞往生佛國淨土的機緣。

六月四日，他們全家人陪伴在廖老爸左右誦經念佛，一一向老爸話別，廖老爸的弟弟、妹妹等親人也陸續來到醫院。廖老爸雖然戴著氧氣罩，但是一心不亂、正念念佛，所有的醫護人員都讚歎稱奇不已，連其他科都來觀瞻，幾乎整層樓的護理站都知道廖老爸在臨終時是不做急救的。

下午五點三十六分，廖老爸意識清楚，在佛號聲中，很安詳地呼吸了最後一口氣，蒙阿彌陀佛接引，捨報往生，享壽七十五歲。在往生前三天，廖老爸就不再進食，而且大量地排泄與出汗，將體內的穢物全部清除排出，這就是我所說的「臨終脫水現象」，有助於順利往生。

廖老爸這一生很瀟灑，待人非常客氣，也從來不麻煩家人，對於自己的後事也是「所作皆辦」，只差回故鄉雲林挑選塔位這件事。廖老爸生前與師姐的一位張姓友人很有緣，在老先生往生後的第二晚，在那位張師姐的夢中出現了廖老爸指著一個塔位的畫面，起先張師姐不以為意，隔日午休時，又夢到同樣的景象，才打電話告知廖師姐此事。師姐聽了之後，就對朋友說：我明白了！老爸要你幫忙他處理塔位的事，因為所有的後事都辦妥了，只差這件事；他老人家很慈悲，深感二個女兒壓力太大了，所以才麻煩你來圓滿此事。

回顧廖老先生最後那一個月的生命歷程，五月三日我對他的開示，就好像是針對老先生的「人生畢業考」所做的「考前重點輔導」，而他最後那段時間的精進念佛、發願、迴向，就有如「考前衝刺」，圓滿安詳地告別人生，順利地畢業，稀有難得。

最後我提醒廖師姐再為廖老爸做得度因緣，幫助他蓮品增上，請師姐每天用功為老爸誦經、念佛、發願、迴向，協助他更上一層樓。在屆滿「百日」的前四天，張姓友人打電話給師姐，告知夢到廖老爸身體健康，心情愉悅地來告別，最後出現一道金黃色的佛光，阿彌陀佛以蓮花接走了廖老爸。

以廖老爸生前的病況而言，如果換做是其他人，絕大多數的子女和親人一定會求醫救治，想盡辦法延續殘存的生命，最後的結局就是送進加護病房急救，插管、氣切等等全套上陣，一直到耗盡所有的精神體力，多重器官衰竭而亡。而廖老爸卻是罕見地能夠免於醫療的干預、折磨，而且是在精神與體力都還很好的情況下，在家人的隨侍陪伴下，沐浴在佛號聲中，意識清楚地如願地捨報往生，這當中有幾項關鍵因素，在此為大家做個分析。

首先，家人一定要有共識，如果家人都有共同的宗教信仰最好，比較容易形成共識。萬一沒有相同的宗教信仰，就朝向多數人比較能夠接受的方向，討論出一個共識。

第二、共識的內容需要聚焦：一者、要能夠接受親人的病情，以及認清生命已經進入末期，當務之急，是要幫助親人準備最後的人生畢業考，而不是妄想無謂地延長病體的殘餘生命。二者、要鼓勵親人放下世俗的牽絆與罣礙，積極面對生命的最後功課，集中念力，一心一意求生佛國淨土（或天國樂園）。

第三、病人本身要能放下俗緣，又有求往生的強烈意願，才能夠專注一心，精進念佛（或者其所信仰的宗教聖名），終能感應道交。

第四、末期與臨終時的「親情陪伴」是最後的關鍵，然而此時此刻的親情陪伴絕對不能落入「牽腸掛肚、兒女情長」的世俗「生離死別」模式，而必須是一種「邁向未來」的「生命導航」模式。運用這種「前瞻式」的靈性「終極關懷」，不但可以如實地幫助末期與臨終親人經驗他生命中最後與最重要的心靈成長，而且可以引導、旁助他安詳地善終與如願往生。

回顧五月三日，在和廖老爸第一次見面談話時，我就能感覺出廖師姐家人對於老人家的身心狀況，已經有了高度的共識感，知道醫療救治及干預是不可行的，但是卻不知道下一步該怎麼做最好，也不知道如何跟老先生溝通觀念。在我和廖老爸對話的過程中，家人也不斷地從旁幫忙解說，鼓勵他積極發願，求生佛國淨土。經過我的輔導之後，廖爸老不但心開意解，而且歡喜信受、依教奉行，家人也都很清楚自己接下來應該扮演的角色。

廖老先生最後能夠圓滿地通過人生的畢業考，其實不是我的功勞，而是他自己發願求往生，而且精進念佛、迴向，再加上親人的護持與陪伴，終於能夠順利地如願捨報往生。

案例三：九十八歲老奶奶的生命圓滿謝幕

二〇一四年十一月十三日上午，我到臺北開會，在會議即將結束前，看到普門寺住持永嚴法師傳來的簡訊說，「洪建全教育文化基金會」董事長簡靜惠老師的婆婆，高齡九十八歲，正住在和信醫院治癌中心，簡老師很希望我能去為老奶奶做臨終開示，不知時間上是否允許？我回訊說，我正在臺北開會，會議結束後可以過去探望老菩薩，請她告知交通資訊。因為和信醫院治癌中心位於北投、關渡一帶，距離會議場所的車程有點遠，永嚴法師說要請人開車來會場接我去醫院以節省時間。

說來也真巧，原本十三日當天我並沒有上臺北的行程，前一天才接到林聰明校長的指示，要我代表學校到臺北參加一場座談會，所以才有機緣去為老奶奶做臨終開示。

永嚴法師告訴我，簡老師知道我可以過去醫院，就通知了家人也一起到醫院會合，我心想簡老師和他們家人既然這麼有心，我應該要帶一些與臨終關懷相關的資料跟他們結緣。那時開爸爸（我的父親）往生未滿百日，在中和的舊家還供奉著開爸爸的蓮位，同時我還留了一些我的新書和口袋書、迴向文、追思會特刊等。在徵得永嚴法師的同意之後，我們就先繞道過去拿書和資料。到達醫院時，覺培法師和妙寧法師已經在病房探望老菩薩了。

老奶奶雖然躺在病床上，還插著鼻胃管，但是呼吸強勁有力，意識清楚，只是不能言語回應。我先讚歎老奶奶年享高壽，很有福報，兒子、女兒、媳婦、女婿都很有成就，又都很孝順，老奶奶可以說是功德圓滿了，應該心滿意足，不要有罣礙。接著鼓勵她要準備人生的畢業考和升學考了，老奶奶的福報大，一定可以順利地畢業升學，所以要發願祈求阿彌陀佛來接引。

我在老奶奶耳朵旁邊提醒與強調，開導她要一心念佛，不要害怕，而且一定要保留精神和體力與阿彌陀佛、觀世音菩薩連線相應，如果看到阿彌陀佛、觀世音菩薩拿著蓮花台來接您，千萬不要遲疑或猶豫，要一鼓作氣登上蓮花台，跟著佛、菩薩前往佛國淨土。

我覺得只跟老奶奶本人開導及鼓勵還不夠，如果家人沒有心理準備，還未達成共識，親情的牽絆還沒有放下，老奶奶就會心有罣礙，對於順利往生會形成干擾與阻力。所以我就跟簡靜惠老師提議說，既然家人都來到了醫院，我最好能夠跟全家人講一講最後陪伴的重點與關鍵事項，簡老師欣然同意，就請所有家人到病房一旁圍坐。

家屬到齊坐定後，我先跟家屬說明開爸爸在三個月前安詳往生，所以家屬們現在的心情我是感同身受；接著介紹我為開爸爸寫的追思文〈開爸爸的人生最後一哩路〉以及二本口袋書，詳細內容請他們帶回去慢慢閱讀。

我特別跟家屬強調，家人一定要先有共識，先放下對老奶奶肉體生命的執著與罣礙，然後從旁鼓勵老奶奶放下萬緣，一心一意發願求生佛國淨土，而且要提醒她務必保留精神和體力與佛相應，這是最為關鍵的功課。

接著跟家屬分享我們兄弟最後陪伴開媽媽、開爸爸的親身經驗和一些關鍵的具體實務，開媽媽、開爸爸在往生前都是預知時至，所以在最後那段時間，我們兄弟輪流排班，全程陪伴，引用一句簡靜惠老師在佛光山全民閱讀主題論壇上講的重要概念，這是一種家人分工合作的「Team Work」。

我們兄弟陪伴開媽媽、開爸爸的要領是，如果他們累了，就讓他們休息不打擾，如果他們醒來有精神，就先跟他們話家常，一方面讓他們開心，一方面讓他們放心，然後幫他們誦經、念佛、迴向。他們最後走的時候，都是在意識清醒的情況下，呼吸了最後一口氣走的。因此我一再強調，親人能夠真正善終與順利往生，不是在昏迷的情況下，更不是插了管最後衰竭而死，最後一定要有精神和體力與佛、菩薩相應，所以最後這段時間的「親情陪伴」與「正念引導」至為重要。

我認為老奶奶很有福氣，雖然有插鼻胃管，但是沒有做氣切或插氣管，精神和體力看起來都很不錯，這是能夠善終與順利往生的必備條件，一定要好好把握這個時機，千萬不要誤判情況而錯過時機。

我運用電腦關機的道理做比喻，讓家屬了解，為什麼善終與順利往生需要精神和體力。肉體生命的自然結束，就像是電腦作業系統關機一樣，會先從一些小程式及附屬程式開始逐一關閉，最後才關閉主程式。同理，理想的善終——自然死亡，會先從身體的一些生理系統開始逐一關閉，最先是消化系統、泌尿系統等等，然後是神經系統，最後是大腦關閉。如此在不遭受任何醫療措施的不當干預及干擾的情況下，將養分與精力集中保留到大腦，臨終者才有機會保持意識清楚，而且「正念現前」，輕鬆愉快地「往生」。

此外，電腦要能夠正常順利地關機，必須要有足夠的電力（power）支援才行，萬一關機程式還沒跑完就沒電了，會發生什麼情況？當機！同樣的道理，任何人要想善終，甚至於更進一步要如願往生，沒有精神和體力做為動能（power）是絕對不行的！

萬一遭受醫療的不當干預，一直消耗到「多重器官衰竭」而死，那就好像是電腦的關機程式還沒跑完就沒電了，結果造成生命當機！往生無望，只好六道輪迴了！所以千萬不能讓這種不幸的狀況發生在老奶奶身上！

我再跟簡老師的家人強調，全家人能否形成共識非常重要！家人一定先放下親情的牽絆，祈求佛、菩薩前來接引，而且要明白地跟老奶奶說，鼓勵開導她放下世俗的種種牽掛，一心祈求佛來接引，未來我們一定會在佛國淨土相會，這樣老人家才會放心地走，而不致拖延。

談到「家人的心理準備」是否完成，對於「臨終親人能否順利往生」的影響，我就以我們兄弟最後陪伴及照顧開爸爸為例，在二〇一四年七月二十七日，我們全家人都到耕莘醫院（永和分院）病房為開爸爸誦經、念佛，其實，當時開爸爸已經有將要往生的跡象了，但是我們兄弟在心理上還沒有完全準備好，還捨不得讓爸爸走。到了晚上，二弟開憲留在醫院陪伴，為開爸爸誦《金剛經》，念到一半，開爸爸居然對開憲說：「不要念了，先回家去找衣服和褲子，舊的也沒關係。」他雖然沒有明說，但是很明顯地，他已經預知時至而且準備好了，二弟才警覺到，爸爸往生的時間已經接近了，我們不能因為親情的羈絆而讓爸爸錯失如願往生的契機，當二弟將這件事告知其他兄弟後，我們才有足夠的心理準備及共識。

我就將我們兄弟最後陪伴、照顧開媽媽和開爸爸的親身經驗及心歷路程，很具體地講出來與老奶奶的家人分享，希望他們也能夠做足心理準備及形成共識，千萬不要做出錯誤的判斷和決定，老奶奶才能夠真正地善終與如願往生。

談到鼻胃管的部分，我建議將老奶奶的鼻胃管撤除，這樣她的身心才不會有負擔，才能輕鬆自在地往生。洪家的二哥也覺得給老人家插鼻胃管不妥，雖然心中有疑慮，但因為沒有這方面足夠的資訊，也不知該如何處理比較好。經過我的提議和解說之後，讓他們家人放下了心中的疑慮與不安，決定要將老奶奶的鼻胃管撤除。

那時，我發現在病房裡播放佛號的念佛機，旋律節拍比較緩慢，當做音樂欣賞無妨，但是要做為往生助念之用的話，感覺上太弱了，不夠有力量。我一再強調「往生」是一種行動（action），是必須要有足夠的動能（power）來支持的，我認為心定和尚錄製的念佛機中的六字佛號「南無阿彌陀佛」，旋律節拍不疾不徐，而且鏗鏘有力，非常powerful，極有助於臨終與往生者正念現前，開媽媽和開爸爸往生前後，我都是運用心定和尚的念佛機。所以我提議要採用心定和尚念佛機播放給老奶奶聽，永嚴法師就趕緊聯絡普門寺請人送一台過來醫院。

另外，我建議從現在開始就要為老奶奶誦經、念佛、迴向，但是永嚴法師告訴我，他原本也想這麼做，但是有個顧慮，因為一般大眾及多數病人家屬會忌諱聽到誦經、念佛的聲音，尤其是在醫院病房，一聽到誦經、念佛的聲音，就以為有病人「掛了」、「走了」，心中會不由自主地產生一種負面而不祥的感覺。

唉！這真是天大的誤解，往生助念不能從親人捨報（停止呼吸）之後才開始，而是在捨報之前的關鍵時刻就要開始了，因為臨終者在捨報之前，就必須開始儲備積聚往生的「動能」，而家人隨侍在側，為其誦經、念佛、迴向，正是幫助臨終親人積聚「往生的心靈動能」，就像火箭要準備「啟航升空」之前，就要先行暖機，這樣才有足夠的動能。如果等到親人捨報之後才開始誦經、念佛、迴向，好像引擎熄火了再啟動，實在講，已經錯過了最佳時機。

我和老奶奶的家人整整談了將近二個小時的話，因為還要趕去香海文化簽書，就在下午三點半離開醫院。之後家屬就商請醫護人員將老奶奶的鼻胃管撤除，永嚴法師則帶領家屬為老人家誦經、念佛、迴向，心定和尚念佛機也從普門寺送到了醫院，播放給老奶奶聽。

當天晚上回到南華大學後，收到永嚴法師的簡訊，老奶奶在晚上九點二十五分安詳捨報，蒙佛接引。隔天傍晚，收到老奶奶家人的簡訊：「今天入殮圓滿，慈顏安詳，最後好似嘴角一抹臨別前滿意的微笑，似有好夢！謝謝開師父！」

老奶奶沒有拖到器官衰竭，而能夠在體力精神還很好的時候，就能夠順利安詳捨報往生，真的是一大福報，不過這並不是我的功勞，我只不過是個助緣而已，而是老奶奶全體家人的共識與誠心誦經、念佛的感應，促成她老人家自在地往生。

案例四：八十八歲虔誠念佛老阿嬤的安寧往生

二〇〇九年七月七日，曾斐卿學長的母親往生，享壽八十八歲，學長希望我能在他母親的告別奠禮法會上擔任主法和尚，為老太太誦經、祈福、開示。斐卿學長曾經擔任臺大晨曦學社社長，對學社的發展有很大的貢獻。此外，當年我會放棄赴印度留學的機會，而決定到星雲大師創辦的普門中學任教，就是因為斐卿學長受大師所託為普中物色數學老師的一通電話邀請，可以說學長和我有很深厚的因緣，所以為曾老太太的告別奠禮法會主法，我當然義不容辭。

告別奠禮法會訂於七月十九日上午在臺北普門寺舉行，前一晚我先到普門寺掛單，學長的家就在附近，他得知我到了普門寺，就過來和我見面，一方面敘舊，一方面也談一談他母親往生前後的情況。

在此兩個多月前，曾老太太因為身體虛弱不適，到臺大醫院看診，經抽血、驗血後發現血紅素太低，醫師說必須要住院觀察，然後又經過X光以及照大腸鏡等等的檢驗，最後診斷出得了大腸癌，而且已經到了末期。由於老太太年事已高，所以家人決定不做進一步的治療，但是因為癌症導致腸道阻塞排便不順，就做了個腸道撐開的手術以方便排泄，之後就出院回家安養。

老太太雖然已經發病了，但是外表看起來，不但不像是癌末的病人，就連一般病人的模樣也一點都不像，學長說：最後布置在告別奠禮靈堂上的遺照，就是在最後這段居家期間，由印傭幫她拍照的。

到了六月下旬，老太太又因為身體不舒服，再度住進臺大醫院，經醫師檢查診斷，得知感染了肺炎，還有肺部積水的問題。因為老太太上了年紀，身體又虛弱，家人不希望她在這時候還遭受治療的折磨，本來想就乾脆接回家去，但是醫師認為萬一又有什麼變化而須緊急處理，住院比較妥當，家屬就選擇住進安寧病房，用意就是不要再做任何積極治療了。

非常難得的是，那時候老太太已經有了心理準備，安然無懼地面對往生的功課，一直到往生前，老人家的精神都很好，意識也很清楚。同樣難得的是，全家人也都有了心理準備和共識，決定不讓老太太遭受任何無效醫療的折磨，所以老人家很幸運地身上沒有插上任何管子，最後能夠不受干擾地安詳捨報往生。

談到老太太的往事，斐卿學長說：母親曾經在臺大醫院動過三次髖關節手術，她都不會喊痛。第一次手術前，陳引舟上師親自到病房為她加持，隔天手術後韓毅雄醫師巡房，問她痛不痛，母親說不痛，而別床的病號每個人都痛得要命。韓醫師看到母親手持念珠，就說：哦！原來您拿念珠，所以就不痛了。也由此可見老太太虔誠念佛的深厚功力！

普門寺的法師也跟我說，曾家的老阿嬤是普門寺全勤的模範信徒，凡是普門寺的法會幾乎沒有缺席過，即使後來因為髖關節退化，動過三次手術，一直到最後發病住院前，她都還坐著輪椅參加法會，精進的程度，令人感動，心定和尚也讚歎不已！

斐卿學長回憶起母親的病況時說道，在剛得知診斷出癌症末期的時候，心中一度相當懊惱與感慨，為什麼沒有早一點發現？為什麼拖到末期了才知道？

我就跟學長說：哎呀！這就是令堂的大福報啊！你應該要感謝佛菩薩的加持啊！如果早一點發現那就慘了！假設她在癌症第二期的時候就發現了，那麼你說，到底是要治療？還是不要治療？

不治療，你們家人能夠安心過活嗎？不可能！治療，那就不只是她老人家，也是你們全家人夢魘的開始，首先是手術，接著就是一連串的化療、放療等等，且不說老人家的身體是否能承受得了這些現代醫療的折騰，真正的問題是她的人生最後歲月，就被這些無情的現代醫療過程給牢牢地綁住了，除了經年累月不時進進出出醫院之外，哪裡都不能去了！不但無法和大眾一起去佛光山各道場旅遊參訪，就連來普門寺參加法會，都是一種遙不可及的奢望。

非常奇特與幸運地，就是因為老阿嬤身心上都沒有任何癌症病痛的徵兆，所以也就沒有早一點發現，而是到了最末期時才知道，一方面讓老人家能夠「心無罣礙、無有恐怖」地安享晚年，另一方面也讓家人沒有任何心理上的負擔，這真的是老太太虔誠念佛的感應，與佛菩薩的慈悲加持。

後來雖然因為身體不適送醫檢查，最後確定是大腸癌末期，老人家也沒有遭受到太大的身心折磨，既沒有久病纏身，也沒有醫療干預，相當安適地度過了二個多月，最後在兒孫的陪伴下安然捨報往生，這可是天大的福報啊！斐卿學長說臺大醫院的醫師也是這麼認為，現在又聽了我的分析解說之後，他就更加釋懷了。

千金難買早知道

俗話說：「千金難買早知道，萬金難買後悔藥。」在開爸爸住院往生前，我們兄弟輪流照顧他的那段期間，小弟開定的一位同事得知我們沒有讓開爸爸遭受插管等任何侵入性治療，就很感慨地說，他的父親因為肺衰竭，送醫治療，醫師說要插鼻胃管、打抗生素等等，就全部都照做。因為事涉勞保與健保給付的規定，病房的進住與用藥僅限兩個星期，在不得已的情況下，為了插管及用藥打針，就輾轉遊走各大醫院進進出出，前後拖了一年多。後來，他父親因為心臟衰竭，送醫急救打強心針，老爸的身心不堪負荷，痛苦地哀求不要再這樣折磨他，這才停止醫療，但是體力精神都已經耗盡，最後，非常痛苦地過世，全家人都後悔得要命。他對小弟說：「如果早知道是這樣的結局，打死我也不會讓我老爸插管。」這就是現代社會絕大多數人，在面對自己親人的生命末期與臨終階段的判斷與抉擇困境。

各位讀者！「生死大事」絕對是可以「預做準備」的，我在本文特別舉出以上這四個實際的案例，藉以具體地說明「末期絕症是否要治療到底」的問題，就是為了幫助各位讀者能夠「早知道」，而不至於在親人的生命末期及臨終階段，做出讓自己和家人會後悔一輩子的錯誤決定。

接著針對另外一個相關的課題——「高齡的親人或長輩一旦發生緊急狀況，是否要送醫急救？」為了讓讀者具體了解這個問題，在此也舉一個實例來說明。

案例五：七十五歲老先生的急救無效與拔管難題

回憶在二〇〇四年前後，當時我擔任南華大學生死學系所主任兼人文學院院長，同時也是大林慈濟醫院倫理委員會的院外委員。有一天一大清早還不到七點鐘，突然接到大林慈濟醫院聯絡人打來的一通緊急電話，邀請我即刻趕過去醫院開會，有一個涉及醫療倫理及法律的案件要討論。

到了醫院後，一邊用早餐、一邊開會，是由院長親自主持，除了醫院相關科室主管外，還有一位院外的法律顧問。

案由是一位七十五歲的老先生，因為緊急狀況送到慈濟醫院急救後，該做的、能做的急救措施全都做了，結果老先生一直昏迷不醒，看樣子回生的希望渺茫，最後家屬決定不讓老先生繼續受苦，請求醫院拔管，讓病人解脫痛苦。

當時安寧緩和醫療條例雖然經過第一次修定【慧開按：於二〇〇二年第一次修法】，但是有關拔管（「撤除心肺復甦術」）的部分，並未有明確規定，因此對於家屬提出拔管的要求，院方表示有法律責任上的困難，而家屬又非常堅持，雙方僵持不下，於是院方決定召開「醫療倫理委員會」來討論此事。

在會議中，我們了解了案由的來龍去脈，原來這位老先生在三年前就已經發生過一次緊急狀況了，當時家屬立即送醫急救，老先生也如家屬所願被醫師救回來了。

當時，還在醫院療養的那幾天，有一晚，老先生的一個兒子到醫院陪伴照顧，老先生就跟這個兒子說，這一次雖然一條老命是救回來了，但是他覺得自己的體力與精神都已經到了身體所能負荷的極限了，萬一下一次他再一口氣不來，就讓他順其自然，安心地走，「千萬不要」送醫急救！

唉！很遺憾的，這個兒子當時並沒有將他老爸的「肺腑心聲」聽進去，我的判斷是，他不願面對生死大事，所以沒有聽懂這是他老爸坦然面對肉體生命極限，有感而發的最後「生命告白」；或許他很慶幸老爸救回來了，看樣子身體情況還滿好的，認為現代醫學那麼進步發達，就算再有什麼狀況，也沒有什麼好擔心的。更要命的是，他居然沒有把這件事情放在心上，也沒有轉告給家中任何其他人知道。另外，也很不幸的事，老人家自己也沒有再跟其他的子女提到，他希望未來有狀況時「千萬不要再送醫急救」！所以，家中沒有其他人知道他最後的憂慮及願望。

時光荏苒，一轉眼三年過去了，老人家又發生了緊急狀況，也很不巧，他當初有交代「千萬不要再送醫急救」的那個兒子不在身邊，家人就趕緊將他送到大林慈濟醫院急救，很不幸的，這一次的結果不如預期，所有的急救措施都做了，老人家卻一直昏迷不醒。

三年前老人家就曾經千交代、萬交代不要再送醫急救的那個兒子，後來聞訊才趕到醫院，一看到老爸被急救、氣切、插管卻仍然昏迷不醒的情況，頓時後悔莫及，捶胸頓足地自責，為什麼當時就沒有聽懂老爸的交代，為什麼沒有告訴其他的兄弟姐妹，害得老爸落得這樣痛苦的情境。

後來家人和醫師研商，清楚得知病人甦醒康復的機會非常渺茫，可以預見的結局，就是拖到「多重器官衰竭而死」，於是家屬就召開家庭會議，大家都非常後悔沒有尊重老爸的心願，這一次送醫急救已經錯誤在先，不能再讓他拖到器官衰竭而死，最後形成共識，決議請求醫院拔管，讓老人家好走。

遺憾的是，當時的「安寧緩和醫療條例」雖然經過第一次修法，但是尚未准許拔管【慧開按：於二〇一三年的第三次修法，才准許拔管】，因此，雖然全體家屬都同意要求醫院拔管，但是院方仍然認為於法無據，不願冒險承擔法律風險，而家屬又非常堅持，不要再讓病人繼續承受醫療的折磨，雙方僵持不下，所以才會有這個會議的召開。

我們從早晨七點鐘不到，一直開會到九點多，反覆地從醫療、法律、宗教等等不同的觀點及角度，討論各種可能性，最後的結論是：院方決定不能在醫院裡拔管，因為他們負擔不起法律責任，如果家屬堅持一定要拔管，只有一個辦法，就是辦理出院，將病人接回家去，在自己家中拔管，醫院可以派遣醫護人員從旁照料協助。

結語

絕大多數的現代人，往往都不是死於「惡疾或絕症本身」，而是因為老邁虛弱，身體各部分的功能衰退，免疫力及抵抗力下降，而導致感染或併發症，最後再加上現代醫療科技的過度干預，終於「導致多重器官衰竭」而死，有如駱駝被「最後一根麥稈」（the last straw）壓垮。其實，這種不幸的結局是完全可以預做準備而避免的。

綜觀本文中所敘述的五個案例，說明了一個非常重要的事實，就是末期與臨終病人，絕對不是非得拖到所有器官完全衰竭之後才走，而是在這之前就能夠瀟灑而安詳地捨報往生。然而，要能夠有這樣圓滿結局的前提，就是病人與家屬對於「生命的永續」與「未來的生命」有信念、有規劃、有準備，同時願意接受親人肉體生命自然落幕的現實。而且全家人必須能夠及早形成共識，一方面不讓臨終的親人遭受現代醫療的不當干預及無情折磨，另一方面要開導鼓勵親人發願往生佛國淨土，同時要能虔誠地為親人誦經、念佛、迴向，儲備與累積往生的心性能量，而能在親人器官衰竭之前，就促成往生的機緣成熟，感應到佛菩薩前來接引，讓親人順利安詳地捨報往生。

最後，我還要再強調一次，善終與往生是亟需足夠的精神與體力的，如果已經面臨肉體生命的極限，就等於是面臨一期生命的畢業考，這時候千萬不能浪費剩餘的精神與體力在無謂的治療或急救上，而是要集中火力，一心正念，讓往生的契機及時現前，瀟灑地前往佛國淨土，歡喜地開展未來的生命。

第四章

生死的議題

從生死關懷觀點對死刑存廢問題的反思

前言

二〇一四年七月二十二日臺灣各大報均刊載，五月二十一日臺北捷運（以下簡稱「北捷」）殺人案，新北市地檢署於七月二十一日將兇嫌鄭捷依四個殺人罪、二十個殺人未遂罪提起公訴。檢方依據臺大醫院所做的精神鑑定，認定鄭捷犯案時，並沒有心神喪失或精神耗弱的問題，但有反社會、自戀的人格特質，犯行符合「大規模殺人」定義，手段兇殘，毫無人性，向法院具體求處死刑。

鄭捷無端地在大眾運輸工具上隨機恣意殺人，而且手法兇殘，引發大眾的集體恐慌。起訴書中指出，北捷慘案除了成為倖存者的夢魘，也讓民眾在搭乘大眾運輸工具時，不敢輕鬆地閱讀或小睡，人際關係更形疏離。除此之外，鄭捷的暴行甚至引發了仿效之舉，根據刑事局統計，從五月鄭捷犯案迄至七月，才不過二個月，全臺灣模仿鄭捷言論在網路刊登恐嚇殺人的訊息，或者仿效帶刀械進入大眾運輸系統的案件共有四十一案四十四人，其中送請地檢署偵辦的共有三十九件四十二人。

近年來，只要有死刑的判例，就會引起主張廢除死刑人士的強烈抗議以及死刑存廢議題的爭論。然而這一次鄭捷案帶給大眾集體的恐懼陰影與負面的不良影響，可說是極端地嚴重；因此，在對鄭捷求處死刑的新聞發布之後，輿論的反應幾乎是「人人皆曰可殺」，媒體上幾乎看不到廢死人士的反對聲音。只有《蘋果日報》引述廢死聯盟執行長林欣怡說：「檢方確有壓力，加上到處都有處死鄭捷的聲音，具體干涉審判，外界應給法官多一些公平審判的空間。」法務部發言人陳明堂則說：「希望法院從嚴、從速追訴。」

林欣怡的這段話十分偏頗，而且已經預設立場，我不得不提出一些平衡的觀點及意見。客觀而言，鄭捷案震驚了整個臺灣，普羅大眾不可能無動於衷，也不可能保持沉默，認為應該處以死刑也是大多數人的心聲，怎能說是「具體干涉審判」呢？如果按照林欣怡的這個邏輯，以往廢死聯盟每次都大聲疾呼地公開反對，不也是在「具體干涉審判」嗎？

再者，林欣怡說「檢方確有壓力，加上到處都有處死鄭捷的聲音」，這是非常奇怪而偏頗的思惟邏輯，這等於是說檢方已經是處在「輿論的壓力下」審判，如果鄭捷被判死刑，那一定是檢方基於「輿論的壓力」而做出的判決。接著又說「外界應給法官多一些公平審判的空間」，似乎是說外界已經沒有給法官「公平審判的空間」，如果判了死刑，就是不公平的審判。

我認為這是非常不當的觀點與言論，不但無視於受害者家屬無法彌補的喪親失落與心理創傷，而且抹煞了大多數的民意心聲，還自以為是地逕自給社會大眾、檢方及法官都扣上「輿論壓力具體干涉審判」的帽子。檢方與法官處理刑事案件，本來就是根據法律明文所載，而不是基於民意，反而是林欣怡已經主觀地限制了檢方「可以依法求處死刑」，以及法官「可以依法判處死刑」的空間。

本文其實並不是要談鄭捷案的審判，而是以此案做為一個切入點，嘗試從生死關懷的觀點與立場，對臺灣「死刑存廢」的問題，提出一些反思與對話，當然一時無法對問題的解決，提出立即有效的方案，但是希望能透過對於相關問題的理解與釐清，而有助於正反兩面對立意見的溝通與消解。

死刑存廢問題的回顧

有關死刑的存廢以及定讞死囚的處置問題，在臺灣早已成為一個極其敏感的話題。回顧《時報周刊》（Vol.1674）的報導，二〇一〇年三月八日適逢檢察總長被提名人黃世銘到立法院接受審議，在答覆立法委員質詢有關「死刑存廢」的問題時，黃世銘在審查會上表示，他支持廢除死刑，但是對於已經定讞的四十四名死囚，基於依法行政及尊重法院的原則，他認為應該「依法執行」。

結果在審查會議結束後，各家媒體就一直追問當時在任的法務部長王清峰，她的廢死理念雖然與黃世銘一致，但是有關定讞死囚是否依法執行死刑，二人意見明顯不同調。為了確認王清峰部長的廢死理念與執行態度，《時報周刊》找了王部長再做確認，最後的結論是：「在王部長任期內，絕對不會簽下任何一張死刑令。」但是王清峰擔心會帶給馬政府及其本人的困擾，所以要求媒體不要就直接這樣報導。

第二天（三月九日）晚上，王清峰傳了一篇一千八百字的文章〈理性與寬容——暫緩執行死刑〉給《時報周刊》，詳細說明她的理念，並且希望可以全文照登。但是由於篇幅稍長，《時報周刊》希望刪節，而王部長不同意，因為她想讓外界全盤了解其廢死理念，所以最後決定要貼在法務部的官網上，同時以簡訊通知各報刊的司法記者，不料卻引爆一場死刑存廢議論的戰火。

第三天（三月十日），《聯合報》頭版大幅報導「王清峰明確主張應暫停執行死刑」、「即使丟掉官位也不在乎」，電子媒體也競相報導，事態演變一發不可收拾。除了〈理性與寬容〉這篇文章外，王清峰還公開發表反對死刑的言論，諸如：「與其殺死一個受刑人，難道不能給他一個在獄中補償、贖罪的機會？……我願替代死刑犯被執行。」當天王清峰接受採訪時，更激動地連「我豈能雙手沾滿鮮血」、「甘願為死刑犯下地獄」這些語帶情緒的話都說出口。臺灣各家電視、報刊、雜誌等媒體無不競相報導，引起社會的軒然大波，各界的反對與支持的聲浪不斷。

被害人家屬包括陸晉德、何海新等人接二連三跳出來抗議，白冰冰更是以「強勢被害人」的姿態公開以「選票制裁、五都選舉國民黨不用選了」為訴求，呼籲社會大眾對馬政府施加壓力。在民意沸騰，質疑及反對王部長聲浪的衝擊下，迫使府院不得不出面滅火，最後導致王清峰請辭走人。

根據《聯合報》於三月十日晚間所進行的民調顯示，支持廢除死刑的民眾僅有一成二，另外不到一成的民眾贊成暫緩執行死刑，反對廢除死刑的民眾則有七成四，而且有四成二的民眾認為王清峰應該為廢除死刑言論下臺負責。三月十一日晚間，王清峰即因廢除死刑之爭議，向行政院院長吳敦義請辭獲准。

到了四月二十八日，法務部長曾勇夫批准了張俊宏、戴晨耀、柯世銘、張文蔚等四名死刑犯的死刑執行令，並於四月三十日執行槍決，這是臺灣自二〇〇六年以來首度執行死刑。歐盟與國際特赦組織隨後對此表達了強烈譴責，而行政院院長吳敦義對於這些譴責則以「依法行政」加以回應。截至二〇一〇年五月，已經累計有四十名經法院判處死刑定讞而仍未執行的個案。

歐盟與國際特赦組織的「強烈譴責」，我認為是對臺灣內政的「具體干涉」（套用林欣怡的話語），吳敦義院長以「依法行政」回應，我認為很得體。王清峰的廢除死刑理念，站在其個人立場無可厚非，但是以她當時身為政務官的角色與職責而言，在法律尚未明文修訂且政策尚未實質改變時，就應該要「依法行政」，才能對全民負責。

死刑是否應該廢除？誰能決定死刑存廢？誰來決定死刑存廢？

根據《史記・高祖本紀》記載：公元前二〇六年，秦朝末年農民起義反抗暴政，漢高祖劉邦進入秦都咸陽後，廢除了暴秦的苛法嚴刑，只保留了「殺人者死、傷人及盜抵罪」三條，史稱「約法三章」。由此可見，死刑不但是世界上最古老的刑罰之一，也是社會大眾能夠普遍接受的刑罰之一。

時至今日，死刑是否應該廢除？當然可以重新思考與討論。至於「誰能決定」死刑的存廢？又「由誰來判斷」是否應該廢除死刑？如果是的話，何時廢除？其實這些問題攸關乎全民的利益與福祉，於情於理都不是任何人能單獨決定的，當然也不是法務部長一個人就能夠片面決定的。

反過來說，這也不是白冰冰等受害人家屬可以決定的，甚至於也不是根據各種民調所顯示的支持與反對的比例數字所能決定的。同樣的道理，當然也不是臺灣廢除死刑推動聯盟所能決定的。

現代民主社會的法律基礎，亦即現代法律之所以合理存在的大前提，就是將審理判決「罪與罰」的權力，不但從「行政官僚體系」的權限中移出，也從「個別受害者」乃至「全民」的手中移除，而交付給「受過專業訓練」的法官，依據「合法制定的法律條文」，以儘量符合「正義原則」的「公正程序」來審理與判決。

就理上而論，現代社會立法的基礎，法官量刑的判斷標準，已經不再是基於「以牙還牙、以眼還眼」式的報復性原則，而是必須考慮到法律的公平正義與整體社會效應，包括其執行的可行性，以及可能帶來的副作用或者可能產生的後遺症等等。至於司法人員，則是要負責維護法律在實際執行層面的「內在一致性」，尤其是在衡量「罪」與「罰」之間「合理的比例原則」。這些法理上的考量，都可能會與受害者及受害者家屬的立場大相逕庭，甚至於南轅北轍。

就事上而言，從「立法」與「司法」的專業角度來考量，當然不可能與社會大眾的多數民意完全一致。如果是由被害者或被害者的家屬來決定罪犯的刑罰，那麼絕對會與法官的判處有極大的差異。因為他們是受害者，心中難免會有憤怒、怨恨，甚至想報復的情緒反應，他們絕大多數都會覺得法官判得太輕，都希望能夠對罪犯加之以更嚴厲的懲罰，因此，針對殺人犯的刑罰與判處，絕大多數受害者的家屬都會堅決反對廢除死刑。

此外，殺人犯的兇殘罪行及其刑罰的審理與判決，本來就是社會新聞的焦點，有極高度的媒體曝光率，必然會帶給社會強大的衝擊，同時也會讓多數民眾對新聞報導的內容有直接強烈的情緒反應。

至於媒體對於死刑存廢的「民調」做法，幾乎都只是單純簡化地透過電話或者在街頭巷尾，隨機抽樣地直接以「是非題」的方式，詢問一般民眾的意見，受訪者也只能快速、直覺、粗淺地表達對死刑存廢的贊成與否，在這當中，根本就沒有任何讓人能夠仔細思考其來龍去脈，與因果連結的時空條件。更嚴重的是，這當中根本也沒有機會讓人能夠將死刑存廢的利弊得失，放在廣大的社會及文化脈絡中去仔細權衡，卻製造出許多似是而非的民調數據，權威式地凸顯所謂的「主流民意」，其實是非常廉價、薄弱的。

無論是在法律體系之中，或者是在社會整體運作的機制上，死刑存廢與司法運作的議題，都不可能脫離社會的脈絡而獨立存在。再者，死刑不僅僅只是法律懲罰項目中的最後手段，更牽涉到整個社會對於「人、人性、人權」乃至「生命核心價值」的基本認知與意識形態。因此，有關大眾對於死刑存廢議題的認知、感覺和意見，假設我們是嚴謹地立基於整個社會機制以及文化的脈絡下來討論，或者只是抽離脈絡而且隨機個別地詢問路人甲或路人乙，在這二種情況下所得到的回應或答案，絕對是天差地別的。

就實而論，有關死刑存廢的種種問題，根本就不可能有簡明現成的答案。媒體所慣用的電話或街頭民調方式，在取樣及統計的技術層面上，無論其信效度如何精準，其問答的內容與方式根本就觸及不到那些與殺人犯、受害人、受害人家屬，以及死刑相關的「人性善惡、法理人情、社會脈絡」等複雜且深刻的問題，如此輕率膚淺的媒體民調與民意，又有什麼實質意義？

因此，我們如何能夠安心地接受或信服這種「民意」，甚至於還用來做為決定要不要廢除死刑的重要參考依據？用這樣的「民意」來處理法律課題，尤其是關係到全民福祉的重大法律課題，可說是極其危險又荒謬的事情。

是故，死刑存廢的問題，不應該是由媒體民調支持率的高低，或是由受害者及受害者家屬來做決定，也不應該是由法務部長，或是由廢死聯盟來做決定。最後還是要由大有為政府的主政者與其團隊認真地面對，透過法律專業的研討，及社會上正反意見的對話交流，以期能找出讓絕大多數國民心安的最大公約數。

贊成及反對廢除死刑的理由

我在南華大學生死學系所，多年來透過課堂上的教學互動，以生死關懷的觀點及立場與學生們（包括大學部、碩士班及碩士專班）討論死刑存廢的議題，由於生死學系所的學生（除了極少數幾位碩士生在大學時主修法律）多半皆非法律專業背景，所以討論的內容相當程度可以反映一般社會大眾的意見。

以下根據課堂教學討論內容，整理出贊成及反對廢除死刑的各種理由，同時也包括折衷及其他意見，在此暫時不評論其內容的對錯。

一、贊成廢除死刑的理由

（一）天賦人權，生命有其神聖性，任何人都無權剝奪他人生命。

（二）天有好生之德，人性本善，應透過教育以感化死刑犯，以期受刑人能洗面革心、重新做人。

（三）以殺止殺，無法杜絕犯罪現象。

（四）廢除死刑，是社會文明的象徵與進步的指標。

（五）從司法制度考量，判決是否具備公平與公正性不無疑慮，因此往往有誤判死刑的情況發生。

（六）人權團體的觀點，從以往的實例證明，因為警察迫於時間壓力而為求迅速破案，未查明真相事理而抓錯犯人，很多死刑犯都是被冤枉的。

（七）同樣身為人，為什麼有人可以剝奪別人的生命與人權呢？

（八）從社會溫暖的觀點，在死牢中有許多的神職人員，花了很多時間去關心受刑人，幫助受刑人改善其不良行為，透過宗教信仰的力量，使犯人發生內在的改變。原來是凶神惡煞的黑社會老大開始會幫同牢房的友人，經由學習改過向善。往往當執行死刑之時，受刑人和以前的他已經不一樣了，為什麼要將一個改過向善的人處死，而不給他機會呢？

二、反對廢除死刑的理由

（一）傳統社會的價值觀認為殺人者應該償命。

（二）死刑的存在為了維護社會的正義與秩序。

（三）據統計，殺人犯若未判死刑，回到社會上再犯的機率很高。

（四）「生死關懷」的意涵是不但關懷「生」，同時也要關懷「死」，死刑的存在能讓「生者安心，死者安靈」。從媒體的報導，我們可以看到遇害人親屬的控訴，在在顯示出「生者不安心」，所以遇害人也應該是處於一種「死者不安靈」的狀態。姑不論如果廢除死刑，殺人兇手回到社會後，是否會再加害其他人，其原本的犯行就已經造成社會不安與恐慌。以生死關懷的立場來看，一件凶殺案造成生者（包括被害者家屬、社會大眾）極度的不安。即使兇手只是一時衝動，卻造成社會極大震盪、恐懼與惶惶不安，整個社會為了凶手個人一時的衝動，要付出極大的社會成本。如果兇手是預謀殺人或蓄意殺人，顯然心中已經沒有人道精神與人權思想，這樣的死刑犯如何能獲得社會大眾的憐憫與原諒？

（五）臺灣的法律是屬大陸法系，法官的養成教育過程中，有一個重要的觀念就是「欲求其生而不可得者」，也就是說，法官連一項讓兇手活下來的理由都找不到時才會判決死刑。

（六）就生死關懷的角度而言，兇手之所以會犯下不可饒恕的重罪而被判處死刑，若非惡性重大，罪無可逭，便是刑責極重，雖顯悔意也無彌補空間。

（七）從正面的觀點探討死刑存在的理由，應該是以剝奪罪犯生命（活著的權利）以彰公義，以儆效尤。凡夫皆貪生怕死，不管犯案原因是為財、為色或名利薰心，因此賠上自身的性命都是無比巨大代價。

（八）從負面的人權來說，殺人償命是給予受害人及其家屬公道，法律是人倫道德最低標準，人是生活在社會的動物，所以給予公道，還給社會正義也是應該的。

（九）關於這個議題，應該從兩個角度來談，一是司法的公正性，一是人權。先就司法的公正性而言，司法本身是為維護社會的基本正義，維護人民生命、財產的安全及人身的自由。當人民的生命、財產及人身自由受到侵犯時，司法是人民心中唯一能依靠的支柱，也是伸張正義的唯一途徑。

（十）法律是人民應遵守的最低道德標準。既然一般人對道德標準的認知都比法律所訂的還要高，那麼違反法律、作奸犯科的人，其道德標準絕對不及格。

（十一）臺灣的司法體系是三審才能定讞，也就是說，到了三審還會被判處死刑的殺人犯，實在是因為法官已找不到法律中可以原諒他的條文。以現今司法環境而論，可說是罪大惡極、人神共憤的殺人犯，才有可能被判處死刑。

（十二）從法律制度與社會期待的人倫道德來看，「殺人償命，欠債還錢」是再平常不過的事情。一個原本幸福美滿的家庭，因為一個殺人犯的罪行，破壞殆盡而哀傷不已，如同陷入人間地獄，這種傷痛是一般人極難承受的。

（十三）就人權的立場而言，法律明定人民有其基本的自由，也有免於恐懼的自由。但是以現今所謂的人權，似乎只考慮到犯罪者的人權。而媒體也一窩蜂地偏向傾斜，使得真正善良的一般民眾，因社會風氣的變壞，而失去了「免於恐懼」的自由。對於那些嚴重違反社會風紀與倫理道德的殺人犯，實在不宜輕言廢除死刑。

三、折衷的意見

（一）我們應關心受害者的家屬，他們對這個社會或世界的觀感，會不會因為廢除死刑而造成心理上的扭曲，而一再將仇恨與不平的記憶不斷地複製下去？同時我們也應關心加害人（兇手）的心理狀態，以及其家屬如何面對社會大眾的譴責與內心的煎熬。這是在討論贊成或反對死刑之外，整個社會都應負起的責任。

（二）死刑應該有條件的存在，而有條件是說應該謹慎應用，非不得已的情況下儘量不用。為什麼？從正面人權觀點，人會犯錯常受到環境的影響，而走上錯誤的道路，例如黑道家族、中下貧苦家庭、複雜的家庭環境等。但不要忘記人都有決定自己行為的能力，所以要付一半以上的責任。人也有改過向善的能力，應該給予機會。

（三）死刑應該有條件的存在，為「給人機會改過」與「維護社會正義」做折衷的機制標準。雖然給人機會，但也要為犯錯負責。而最重要的部分是生死關懷，對於受害者家屬應該給予輔導，畢竟冤冤相報何時了，這不是正確面對的態度。對於死刑犯應該給予教導，給予新的人生觀，就算最後終得面對死刑，也要正面樂觀，讓剩餘的人生過得有意義，畢竟人有態度上的自由。

（四）從生死關懷的立場來談，雖然「以殺止殺」不是絕對正確，但是在社會秩序的維護的宏觀角度，如果用重典能使社會由暴戾而祥和，以生死輪迴來重建安詳的社會，應是可行之道。

（五）從行為主義的立場來說，人是環境的產物；從意義治療學的立場來看，人不管是在怎樣的困難下還是有意志上的自由，從各種治療理論與心理學觀點都可以同時支持這兩點，亦即是「人受環境的影響」同時也「擁有自我決定權」，這是對人會犯罪的看法。

四、其他意見

（一）（法務部長）王清峰的言論似乎有怠忽其職責身分之失，例如她說：「我絕不殺人！」即使對法律外行，依常理而言，依法執行死刑不能等同於殺人，不少三審定讞的死刑犯希望儘速被處決的現象，即可窺見一斑。

（二）不管從什麼角度切入，臨終懺悔及悔悟才是死刑犯的解脫進路，這是實存主體所該面對的。生命的價值絕非生命長度的表現，人的悲憫應是建立在對的事情上，而對於已伏法的死刑犯我們應以他們顯示出「懷惡」為戒，祝福他們進入到未知的生命時，能有改過向善的改變，生命的流轉不應執著在軀體消滅，而應在人生意義的追尋與體驗中超脫。

（三）無論其犯罪原因是居心叵測或一時衝動，皆肇因於不了解自他生命的可貴，對生命意義全無概念亦不曾探究，才會造成無法挽回的遺憾與傷痛。且不論其被判決的刑責是槍決或終身監禁，這些罪犯在認知上都亟待被教育及導正。能讓罪犯徹底醒悟、認錯、悔悟的法教，才真正有利於社會公義與道德良知的再彰顯。

五、受害者家屬的心聲：

回顧這些年來，在死刑存廢的爭論過程中，有個非常奇怪的現象，就是主張廢死人士與廢死聯盟的聲音特別大，他們儼然成了正義的化身與死刑犯人權的代言人，反而受害者家屬變成最為弱勢及最被忽視的一群，受害者所遭受到的恐懼、痛苦、凌辱及冤屈，幾乎無人關心與聞問，可能大家認為反正受害者都已經死了，往者已矣，死者的人權問題已不復存在，所以也就關心、聞問不到了。

另一方面，受害者家屬的痛苦心聲幾乎都被淹沒了，也幾乎沒有人挺身而出為他們代言。這是現代臺灣社會裡極為不公平的現象，因此，特別在這裡以白冰冰為例，轉述受害者家屬微弱而無奈的心聲，提供各位讀者從另一個角度來省思。

（一）「你可以贊成廢除死刑，那是你的理念，為什麼我的就不是理念？為什麼我的就是仇恨？王清峰可以贊成廢除死刑，那是她的理念；不贊成廢除死刑的，難道就不是理念嗎？為什麼就被界定成『仇恨』呢？」

（二）「在傾斜的司法天秤上，正義對弱勢的被害人家屬而言，是很難伸張的。」

（三）在法庭上，由謝長廷領軍的律師團言詞犀利，坐在旁聽席上的白冰冰覺得自己像是大海中的「吻仔魚」，看到好多鯊魚張著大口在旁邊游來游去，她想講什麼都被法官制止。涉案的被告一個接著一個被放出去，白冰冰不禁要問：「被害人的公道究竟在哪裡？」

（四）廢除死刑的主張認為：人不能剝奪別人的生命權；但是，這些被判死刑的人，卻是用最惡毒恐怖的兇殘手段，剝奪了善良人民的生命，廢死人士的道理究竟何在？

（五）死刑真的不能嚇阻犯罪嗎？白冰冰舉安全帽與酒駕的例子，強調寬鬆的法律讓惡人有機會，嚴格的法律才能保障好人。

死刑存廢問題的複雜性與兩難

我在上一節文中羅列出有關死刑存廢問題的各種正、反、折衷與其他意見，以及受害者家屬的心聲，並非要從其中找尋答案（也不可能從中找到答案），而是為了顯示問題的複雜程度與兩難困境。

死刑的判決乃至死刑的存廢，不純然只是個「法理上」或「法條上」的問題，還有更深一層的面向，就是涉及「人性善惡」的正反面思辨問題，這是人類社會千古以來的難題。有關人性善惡的思辨，其實已經遠遠超越法律的層面，而進入哲學與倫理學的範疇，千古以來都沒有圓滿的解答與定論。

假設有一個被拘禁多年的死囚，在獄中深切痛悔自己所犯下的罪行，為了懺悔贖罪而認真勞動，這是他過去絕對不願做，也做不到的事，到了終於要行刑的時候，其實他已經轉化成了一個真誠悔過、行為良好的人，至少是個相當「正常」的人。這時候我們是否還要處死這樣一個改過遷善的人？還是，因為他之前罪大惡極，所以後來的悔過與轉化行為於事無補，我們的社會只看到，也只認定他所犯過的罪行？

然而另一方面，假設如果真的廢除了死刑，一個原本十惡不赦的殺人犯，或是製造、走私毒品的毒梟，因為在獄中的「表現」良好而獲得了假釋的機會，出獄重返社會，結果他卻是有如猛虎歸山，不斷地一再犯案，造成社會極大的恐慌，他值得我們付出如此慘痛的社會代價嗎？

這種兩難的情境，不僅僅是當代社會裡在法律層面上的難題，而是千古以來在人性善惡層次上的困局，究其根源，是在於眾生內在的無明與外在的造業，而且同樣或類似問題會層出不窮。

在整個社會的大環境以及大眾的道德水準與公民素養還沒有長足進步之前，任何人想要以改變法律或政策的方式來解決這個問題，而又沒有其他相應的配套措施，這種想法的本身就是一種無明及妄想。

不管我們執著於哪個單一面向的立場與觀點，都會落入「瞎子摸象」的偏執情境，所以必須做整體全面向的省思，然後跳脫出任何單一面向的框架，嘗試尋求另一種可能化解盲點、偏執與對立的新思惟。

大乘佛教的生命觀點與生死關懷

大乘佛教對有情生命的根本見解是「流轉緣起」與「還滅緣起」的二重生死觀。就義理上而論，這是有情生命的實相，換言之，有情個體的內在主體性生命——假名曰「佛性」，並非（也無須）被所謂的造物主所創造，此即「不生」之義。同時眾生的「佛性」，也無法被任何力量所摧毀滅除，此即「不滅」之義。用淺白的方式講，會死的只是物質結構的肉體，而不是靈性層次的心識生命，換言之，靈性的生命是絕對不會斷滅的。就事相上而言，就是因為有情的內在生命是「不生不滅」的，因此對每一位有情個體而言，死亡不是終結，而是在無盡的生命之流中，所經歷到的「分段生死」之轉換過程。所謂「分段生死」，就是「生了又死，死了又生」，在無盡的生命之流中，有著一段接續一段的生死歷程。

從生死輪迴的現象觀點而言，一切有情生命的流轉，乃是分段生死交替循環，無始無終，是故生命的「斷滅」（亦即絕對意義的死亡）不能成立；反之，「死有」（亦即相對意義的死亡）則成為分段生死的轉捩點。換言之，「死亡」只是一切眾生的無限生命，在跨越生死之際，所經歷的一種時空轉換狀態，從當世的角度觀之，是一期生命的終結，從來世的角度觀之，則是過渡到下一期生命的開始。

從大乘佛教的生命二重觀綜合而論，生命之實相是無始無終、無窮無盡的。然而，芸芸眾生由於無明煩惱而流轉世間所感應的色身是會耗損破壞的，肉體的生命是物質的結構，必有其相應的使用年限，但是吾人內在靈性的生命則是不會斷滅，也不曾消亡的，生命之輪，永不止息。（以上簡要地敘述大乘佛教的生命觀點，讀者若想要進一步了解，可以參閱《生命是一種連續函數》一書，在書中有比較詳盡的探討。）

基於上述大乘佛教的生命觀點，我們再回到現實社會人生層面來談大乘佛教的生死關懷。雖然芸芸眾生的死亡情境千差萬別，譬如：夭死、老死、病死、餓死、自殺死、戰死、驚嚇死、災難死、意外死、伏法死、謀殺死或殺害死、凶死、冤死等等，但是可以歸類為「自然死」與「非自然死」二大類。在此我們不討論別的，就聚焦於死刑問題的起點行為——「謀殺」或「殺害」而致人於死。【慧開按：謀殺有特定對象，如尋仇、謀財、情殺等等；殺害則無特定對象，如美國的校園槍擊，鄭捷在臺北捷運車上殺人，是隨機濫殺。】

從世俗的觀點來看，被害人不幸遇害喪生，當然要緝拿兇手，依法審判定罪，刑事有牢獄或死刑，民事有賠償，最後交付執行結案。但是，對於被害人及其家屬，除了協助料理後事，勸請遺族節哀順變，似乎沒有什麼可以做的事了。倒是兇手或死刑犯的「人權」，成了廢死人士與社會新聞關注的焦點。

我常講「人生的方程式」或者說「生命的連續函數」，總結有十六個字：「生老病死、生離死別、悲歡離合、恩怨情仇」。兇手、被害人及被害人家屬之間的「恩怨情仇」，絕對不會因為「被害人死了」就這麼輕易地沒有了、了結了，而是有如白居易在其〈長恨歌〉中所云：「天長地久有時盡，此恨綿綿無絕期。」受害者所遭遇到的慘死、凶死、冤死等等，必然會在其本身及家屬心中形成一股累世不散的怨氣，絕對不會就此「一死了之」，而是大家必須努力去化解。

世俗所謂的「殺人償命」，其實並不足以化解被害人的怨氣，兇手還須做更進一步的「生命功課」。如果兇手能夠真心誠意地懺悔，並且願意「以死謝罪」，恩怨才可能了結。換言之，殺人兇手不要將「死刑」當做是「法律的懲罰」，而是將死刑看做是「贖罪的生命功課」，坦然面對，這段恩怨才可能化解。

被害人的冤屈如果沒有得到應有的關懷與化解，必然會一直延續下去，即使跨越時空也不會消散。遺憾的是，在現實世界中，被害人的怨氣卻幾乎得不到應有的關懷，更談不上化解。

被害人怨氣的持續累積與化解之道——《慈悲三昧水懺》的生命啟示

為了要讓各位讀者進一步了解，被害人的冤屈與怨氣，不會因為已經死亡了就平白地消散，而是會一直延續到未來，而且極難化解。在此特別引述《慈悲三昧水懺》的緣起做為實例。根據《慈悲三昧水懺》的序文所述，有一段從漢朝景帝年間一直延續到唐朝懿宗年間（歷時整整一千年），一樁跨越歷史時空而難以化解的恩怨，最後因為聖僧的慈悲調解與當事人的懺悔，怨氣才得以徹底化解。

這段累世恩怨的顯現，是由於唐朝的悟達國師在膝蓋上長了一個「人面瘡」，群醫束手無策，後來遇到迦諾迦尊者教他以「三昧水」洗滌人面瘡，才得以化解累世的冤業，之後悟達國師以此公案撰述《慈悲三昧水懺》而流傳至今。

在唐懿宗的時候，有一位知玄法師，在他年輕還未被封為國師的時候，曾在京城長安參學，邂逅一位奇異的僧人，一同掛單在某寺裡。那位僧人得了一種「迦摩羅疾」的惡疾怪病，大家都很害怕，不敢接近與照應，只有住在他隔壁的知玄，很關心他的病苦，不時地照應他，連一點討厭躲避的表情都沒有。

不久，那位僧人的病好了，要繼續行腳，在臨別的時候，為了感激知玄的德風道義，就對他說：「以後你如果有難臨身，可以到西蜀彭州九隴山來找我，山上有兩棵大松樹相連的地方，就是我住處的標誌。」說完便離去了。

後來知玄駐錫安國寺，因為道德昭著，唐懿宗親臨法席，對他十分崇敬，冊封他為「悟達國師」，還賞賜了沉香製的寶座。悟達國師坐上寶座之後，卻生起一念志得意滿的傲慢心，就在這個當下，膝蓋上突然長出一個「人面瘡」來，就如同人面一樣，具備眉、目、口、齒，用飲食餵他，也能像人一樣開口吃東西。悟達國師痛苦難忍，遍請各地的名醫，但是都拱手搖頭，表示無法醫治。

國師突然想起，過去在京城某寺同住的那位病僧在臨別時所說的話，於是便前往西蜀彭州九隴山去尋找。到了山上天色已晚，茫然四顧時，忽然在雲霧間看見了兩棵並立的松樹，就如當初所約定的，再往前走一看，是一座金碧輝煌的殿堂，那位僧人就站在門口迎接，兩人相見甚歡，並邀請國師留宿一晚。國師便把所患的怪病以及所受的痛苦告訴他，僧人便婉言安慰，告訴國師不要擔心，山巖下有清泉，明天一早用泉水清洗即可痊癒。

次日清晨，僧人就交代一位童子引領國師到山巖下清泉的所在，國師剛要捧水清洗人面瘡的時候，人面瘡竟然大聲呼喊：「且慢，還不可以洗！您知識廣博，見解深遠，通達古今，但不知是否曾讀過《西漢書》裡有關袁盎與晁錯的記載呢？」國師回答說：「曾經讀過。」人面瘡接著說：「既然讀過，您不會不知道袁盎殺晁錯的事情吧？往昔的袁盎就是您，而晁錯就是我，當年晁錯被腰斬於東市時，是多麼大的冤屈啊！因此我累世都在尋求報仇的機會，可是您十世以來都是高僧，持戒嚴謹，冥冥中有戒神在旁守護，讓我找不到機會報復，而如今您受到皇帝過度的恩寵，動了一念名利心，無形中德行出現虧損，因為這個緣故，我才能乘機入侵來報仇。現在承蒙聖僧迦諾迦尊者出面調解，以三昧法水洗滌化解，讓我得以解脫累世的怨氣，從今以後就不再與您為難作對了。」

國師聽了人面瘡講述這番前因後果、報應昭然的緣由，驚駭得魂不附體，連忙手掬泉水，清洗瘡腫，頓時痛徹骨髓而昏厥，甦醒時，人面瘡已經消失不見了。

從這個切身的因果教訓，悟達國師深深體會到，累世之冤業，必須深痛懺悔，因而撰述這一部懺法，並取「三昧水可洗除冤業」之義，題名為《慈悲三昧水懺法》，早晚禮誦，之後廣傳天下，一直盛行至今。

從《慈悲三昧水懺》序文中所述的那一段漢景帝年間，袁盎與晁錯之間的冤屈公案，一直到唐懿宗年間悟達國師與人面瘡之間的糾結，我們赫然發現前後歷時居然有一千年之久，如果沒有遇到聖僧迦諾迦尊者出面調解以慈悲三昧水化解冤業，他們之間的恩怨不知道還會繼續延續到何時？這也就說明了《慈悲三昧水懺》流傳於世也已經超過一千一百餘年了，為什麼至今仍然盛行不衰。

我們由此得到的深刻啟示是，生命不但是永續的，而且其間的好好壞壞、恩恩怨怨也會延續下去，因此被害人的無奈、冤屈乃至憤恨，絕對不會因為他的形體已經死亡而消逝，而是「天長地久有時盡，此恨綿綿無絕期」。是故，雖然被害人的形體生命已經結束，但是他在受害而死亡時所承受的痛苦、無奈、冤屈和怨恨是絕對不會平白消逝的，而且亟需被關懷與照顧，這也就是為什麼佛教會關注於為生者與亡者消災、禮懺與超薦，道教也會關注於為有形及無形的眾生解煞、解冤與釋結。

廢死人士只關注於凶手和死刑犯的所謂「人權」，卻完全無視於他們在犯案時的兇殘與泯滅人性，更無視於被害人及其家屬的痛苦、無奈、冤屈和怨恨，可以說是對生命與人權的一種偏執與無明，甚至於是一種不自覺卻非常傲慢的偏執與無明。

聯盟執行長林欣怡說：「……你就是知道執行死刑之後，就完全沒有辦法回復了。前一天晚上大家還在想可以做些什麼事情的人，到了第二天，變成完全沒有辦法為他（死刑犯）做任何事情……什麼都來不及了。」這段話充分表明了她面對生命的偏執與盲點。

我要鄭重地對林欣怡說：生命是永續的，恩怨也是永續的，這是「覺」與「不覺」的問題，根本就不存在「什麼都來不及」的問題，怎麼會變成「完全沒有辦法為他做任何事情」呢？我們可以開導死刑犯，好漢做事好漢當，以虔誠懺悔的心面對被害人及其家屬，以贖罪的態度坦然面對死刑，這樣才能化解恩怨，否則來生後會有期，沒完沒了啊！

有關死刑的迷思

執行死刑是否等於殺生？

我們的身體必須維持在健康的狀態，生命才能開展；而身體要能抵抗外來細菌及病毒的入侵，要能防止自體細胞的病變，就必須要有健全的免疫系統。同樣的道理，我們的社會必須維持在安和樂利的狀態，文明才能發展，而一個國家要能抵禦外來的侵略，就必須要有健全的國防系統，一個社會要能防止內部的動亂，保障人民生命、財產的安全與人身的自由，以及免於恐懼，就必須要有健全的治安系統。法律與刑罰的整體配套系統，就好比一個社會的免疫系統。

當人體非常健康的時候，免疫系統似乎沒有作為，可是當病毒入侵或細胞病變時，免疫系統就開始發揮功能。同理，當一個社會都沒有人作奸犯科時，治安、法律及刑罰系統似乎沒有作用，可是當社會中有殺、盜、淫、妄等邪惡的事件發生時，治安、法律及刑罰系統就必須發揮功能。

或問執行死刑是否等於殺生？死刑，做為刑罰之一的措施，其實是社會治安免疫系統「機制」的一環，而且是很重要的一環，因而死刑的執行，也是社會整體治安免疫系統「運作」之一環。死刑犯伏法是基於司法系統運作的正義程序，而不應看做是法警殺了死刑犯，因為法警只是奉令為國家（或是司法體系）執行公務，他本身並無殺人的動機，所以執行死刑「不等於」殺生。

此外，如前文所論，根據大乘佛教「不生不滅」與「緣起緣滅」的生命觀，死亡只是有情的無盡生命所經歷的一種時空轉換狀態。因此，死刑的執行並未（也不可能）造成死刑犯靈性生命的絕對斷滅，只是結束了他這一世色身（形體）的生命，同時也結束了他繼續傷害他人的機會。如果他真心地懺悔自己所犯下的罪行與過愆，他未來的生命仍然有向上開展的機緣。

死刑無法嚇阻犯罪？

根據二〇一四年五月二十三日《中國時報》報導：廢死聯盟認為犯罪人應該為自己的

行為負起責任，但關於死刑，社會應該有更理性的思考，日前那次北捷殺人事件再次證明死刑無法嚇阻犯罪，如果媒體對於鄭捷的殺人為求死之報導屬實，則死刑存在反而是刺激此事件發生的因素之一。

上述廢死聯盟的說法，自相矛盾，似是而非，完全是混淆視聽。廢死聯盟認為「犯罪人應該為自己的行為負起責任」，這根本就是一句「完全不負責任」的空話，請問廢死聯盟：殺人犯究竟應該「如何」為自己的行為負起責任？他究竟應該如何面對遭受他殘殺的被害人？他又應該如何面對心理嚴重創傷的被害人家屬？

如果死刑真的廢除了，針對被害人所承受的身心痛苦與冤屈，殺人犯幾乎可以完全不負任何責任，即使被判處無期徒刑也幾乎都有假釋的機會，而且還要全民納稅人供養他在獄中的生活起居。

我在前文中已經表達，死刑犯應該「好漢做事好漢當」，以虔誠懺悔的心，面對被害人及其家屬，以贖罪的態度坦然面對死刑，這樣才能化解恩怨，這才是真正地為自己的錯誤行為負起責任。

廢死聯盟認為「關於死刑，社會應該有更理性的思考，這次北捷殺人事件再次證明死刑無法嚇阻犯罪」，言下之意，主張死刑就是不夠理性的思考，廢死才是更理性的思考，這已經是一種預設立場的偏執。

至於「死刑無法嚇阻犯罪」，根本就是一種錯誤的認知與命題，廢死聯盟先預設了一個錯誤的命題——「死刑可以嚇阻犯罪」，再以此命題做為批判和攻擊的目標，從而主張「死刑無法嚇阻犯罪」，以鋪陳廢死的歪曲理據及詭辯論述。

從佛法的觀點來看，「殺、盜、淫、妄」是由於眾生內心的無明而產生對他人的錯誤侵犯行為，本來就不可能透過外在刑罰的嚇阻而禁絕，而是必須經由內在的自省、自覺而轉化、戒除。

對於殺心已起的殺人罪犯，死刑本來就很難有嚇阻的作用，我們可以從心理學的角度來理解，如果賞罰要產生重大的鼓勵或嚇阻效果，就必須要「及時」，這對於死刑來說是絕對不可能做到的，因為從「殺人的犯行」到「死刑的判決定讞」乃至最後執行，從頭到尾曠日廢時，早就已經超過了而且失卻了嚇阻的心理時效。

因此我認為，廢死聯盟先假立一個錯誤的命題——「死刑可以嚇阻犯罪」以混淆視聽，然後再倡言「死刑無法嚇阻犯罪」來誤導大眾，既然「死刑無法嚇阻犯罪」，那麼死刑就沒有存在的意義了，所以死刑應該廢除。

如果這個邏輯推論可成立，那真的是人類社會災難的降臨，因為不是只有「死刑」無法嚇阻犯罪，嚴格地說，世間「一切的刑罰」都無法完全嚇阻犯罪，那麼是否要將所有的刑罰統統廢除？大家一定會說：當然不行！就如我在前文中所說，法律與刑罰的整體配套系統，就好比一個社會的免疫系統，如果免疫系統嚴重缺失或被破壞，社會就崩盤了。

那麼死刑的目的與意義究竟何在？我個人認為主要有兩點，其一、為了維護社會正義，讓殺人犯伏法——「以死謝罪」，還給被害人及其家屬一個公道，以期能撫平苦主的冤屈與怨恨。其二，從社會治安的角度而言，為了社會大眾能免於遭受傷害的恐懼，不得已而設置一個「停損點」，讓殺人犯無法再繼續危害他人。

至於廢死聯盟認為「如果媒體對於鄭捷的殺人為求死之報導屬實，則死刑存在反而是刺激此事件發生的因素之一」，這是十足地強詞奪理、顛倒是非。好了，我們姑且按照廢死聯盟的詭辯邏輯來推論——就是：「如果死刑不存在，鄭捷就不會殺人了！」各位讀者！您相信真的會是這樣子嗎？我的良知實在無法苟同。根據鄭捷的自白，他老早就有殺人的強烈動機，很明顯地，他的人格以及思惟已經嚴重扭曲，我敢斷言不管死刑存不存在，鄭捷遲早都會殺人，他只是拿死刑做為藉口罷了！

若死刑存在，必會枉殺無辜？

根據《中國時報》報導，廢死聯盟除了聲言「北捷事件再次證明死刑無法嚇阻犯罪」之外，還說「若死刑存在，必會枉殺無辜」。有關「死刑無法嚇阻犯罪？」的迷思，上文中已經討論過了，現在針對「若死刑存在，必會枉殺無辜？」的迷思與詭辯，做一些應有的駁斥與辯正。

在古時封建朝代或是早年威權時期，當有重大命案發生時，萬一找不到真兇，有時在破案的壓力下，為了給社會大眾一個交代，可能會找個倒楣的替罪羔羊，施以嚴刑屈打成招，然後宣告破案，以便交差了事，平息民怨。在過去沒有民主監督機制的威權社會環境下，難免會有錯殺或枉殺無辜的事例，這一點我並不否認，而且要引以為戒。

然而，在現今的臺灣社會，民意空前高漲，社會大眾都睜眼注視，加上媒體輿論共同監督，廢死聯盟居然公開妄言「若死刑存在，必會枉殺無辜」，這不僅是「危言聳聽」，而且是「無限上綱、因噎廢食」，我個人實在無法苟同。

如果這個「若死刑存在，必會枉殺無辜」的邏輯推論可以成立的話，那將會天下大亂。因為以此類推，大家也可說：還不只是「死刑」而已，只要是「刑法」，就一定會有法官誤判；此外，在醫療體系內，必定有庸醫殺人；在教育體系內，必定有教師誤人子弟；在婚姻關係中，必定有配偶施行家暴；在家庭制度內，必定有父母虐待子女，或是子女虐待父母，那麼是不是要將所有的法律、醫療、教育、婚姻、家庭等等，統統都廢除，大家一起回到原始時代？

俗話說得好：「橋歸橋，路歸路。」奉勸廢死聯盟不要隨隨便便就把「死刑」和「枉殺無辜」畫上等號，混為一談，誤導社會大眾。我們應該要弄清楚，會不會發生「枉殺無辜」的情況？這是「警、檢、調」等人員「調查、蒐證、起訴」有沒有偏頗和疏漏？以及法官有沒有充分了解案情，根據客觀證據，依據相關法條，正確而合理「審判」的問題，而不是「死刑」本身的問題。所以警、檢、調人員和法官的養成教育及專業素質非常重要，且司法體系的相關監督機制也很重要，須整體配套，將「誤判」及「枉殺無辜」的可能性徹底排除，真正做到「勿枉勿縱」。

臺灣的司法體系是必須經過三審才能定讞，以現今的司法環境與社會氛圍而論，要被判決死刑，可以說是非常困難，只有罪大惡極、人神共憤的殺人犯，才會被判處死刑，被冤枉誤判的情況，幾乎是不可能的。

死刑一旦廢除以後，相關的配套措施便自然會冒出來，而且必然水到渠成？

在張娟芬所著的《殺戮的艱難》一書中，作者引述廢死聯盟副召集人吳志光的觀點與主張，他說：「死刑一旦廢除以後，相關的配套措施便自然會冒出來。有死刑坐鎮的時候，刑事政策往往懶懶、因循，沒有與時俱進；等到死刑沒有了，國家就會被逼著全面檢討刑度、假釋、獄政管理等相關問題。世界各國廢除死刑的經驗都是如此，為了安撫大眾對死刑的依賴心理，配套措施必然水到渠成。」

上面這一段主張廢死的說法，乍讀之下，感覺有如天方夜譚，仔細再讀，就不只是驚訝了，而且還深感不安，怎麼可能「死刑一旦廢除以後，相關的配套措施便自然會冒出來」？而且還「必然水到渠成」？這簡直是比「天方夜譚」還要「天方夜譚」的天真想法。「徒善不足以為政，徒法不足以自行」，古有明訓，各位讀者！您會相信如此幼稚、草率而且不負責任的觀點嗎？

任何一項重大立法的過程，都是非常嚴肅的課題與錯綜複雜的社會工程，絕對不可能會「自然冒出來」相關的配套措施，而且臺灣立法院的政治生態並不十分健康，議事的水準與效率也令民眾不甚滿意，我絕對不相信，如果死刑在臺灣被廢除之後，會如吳志光所說的，「相關的配套措施便自然會冒出來」，而且還「水到渠成」，這不是癡人說夢，就是信口開河，而且極度不負責任。

廢除死刑，才能彰顯人權保障？

二〇一二年十二月初，犯下臺南湯姆熊割喉殺童案的曾文欽對警方嗆聲說「現在臺灣殺一、兩個人，也不會判死刑」，引起社會各界撻伐。當時，法務部透露，因為國際人權學者隔（二〇一三）年二月要來臺灣審查人權報告，是故在此之前可能都不會執行死刑。但是因為殺童案割喉魔的荒謬言論，造成高達八成的反對廢死民調，逼得高層為了平息民怨，火速簽署歲末槍決令，隨即在十二月二十一日晚間，執行槍決曾思儒、洪明聰、陳金火、廣德強、黃賢正和戴德穎等六名死囚，但是割喉殺童的曾文欽因尚未經過三審判刑，所以不在這六人之列。

此椿歲末槍決死囚一事，引起國際關切，國際特赦組織於二十二日強調，死刑不能當做犯罪防治的工具；還進一步表示，臺灣政府透過民眾的支持，合理化剝奪他人生命的「死刑」，如此的行為很可惡。歐盟更是在二十二日凌晨迅速發布官方說詞，對臺灣槍斃死囚表達強烈遺憾。

各位讀者！您會不會覺得非常奇怪，歐盟為什麼對臺灣的死刑那麼關心、那麼在意？他們真的是在關心臺灣死刑犯的人權嗎？不然，這背後其實有另外一層涉及國際政治經濟的背景因素，歐盟真正關心與在意的對象是許多不民主的國家，尤其是那些位於歐洲鄰近與周邊的專制國家，因為他們任意拘捕、殺害會危及其政權的政治犯、良心犯與異議人士，造成這些國家內部社會與經濟的動盪，也使得歐盟各國每年在付出大筆援助發展資金之餘，卻仍得應付不斷湧入的難民或者非法移民，所以歐盟就呼籲及要求他們廢除死刑。

至於歐盟一視同仁地向外推動廢死政策，其實並非出於利他主義，而是為了保護其公民不會在其他國家被判處及執行死刑，故而推動其所認定的「普世價值」，要求全世界所有國家都能廢除死刑，同時也譴責那些保有及執行死刑的國家。

然而，臺灣自解嚴及開放黨禁、報禁之後，早就沒有政治犯、良心犯與異議人士的問題了，歐盟並未特別對中國大陸大小聲，卻喜歡拿臺灣執行死刑大作文章，以表現他們對人權的主張與堅持，其實是很明顯的大小眼。問題是當今在臺灣被判死刑的，根本就沒有政治犯、良心犯與異議人士，而都是那些泯滅人性的兇殘殺人犯，我根本就不認為這當中有司法侵犯人權的問題，倒是殺人犯嚴重侵犯且剝奪了善良百姓的人權與生命權。

我在前文中已強烈聲明，在死刑存廢的爭議當中，真正最為弱勢的是被害人與被害人家屬，反倒是殺人犯、辯護律師、廢死聯盟成為最強勢的一方。

果然，割喉殺童的曾文欽一、二審都被輕判無期徒刑「免死」，引發了嚴重的民怨。中華民國兒童權益促進協會理事長王薇君，不滿兒童被虐殺案屢遭司法輕判，於二〇一四年十月十一日上午冒雨率眾前往司法院抗議。

王薇君說，那一段時間司法對方小弟遭割喉案、輔大孤女命案均做出輕判，兒權會只是協助被害人家屬請求公正判決，卻被廢死人權團體惡意汙衊說成是「報復」，廢死及司改團體只顧維護殺人犯的權益，卻沒有幫被害人家屬說過話，「自以為是的正義，其實不是正義」。她還說，被害人及其家屬在長期訴訟的過程中，遭受言詞及精神上的凌虐，不但被迫接受司法不公不義的結果，還被廢死、人權及司改團體「酸」成是要錢；家屬出庭也遭殺人犯怒瞪、辱罵甚至於恐嚇，有時法官、律師還會在態度及言詞上兇家屬，讓被害人家屬情何以堪？我們不禁要問：無辜善良百姓的人權究竟何在？

我在前文已經反駁「死刑無法嚇阻犯罪」的詭辯，攤開「二〇一〇年各國故意殺人案犯罪率」的數據，大家可以清楚得看到，歐盟主要國家的殺人犯罪率，絕大多數都高於臺灣；每十萬人當中，臺灣發生零點七六件，而英國發生一點一六件、芬蘭二點五件、瑞典三點五一件、德國零點八五件，義大利零點八九件，丹麥零點八八件，只有瑞士的零點六八件和挪威的零點五九件比臺灣低。這讓「死刑無法嚇阻犯罪」的論點，明顯站不住腳。

歐盟不檢討自己國內殺人案的犯罪率，反而來干預臺灣的內政，其實是非常「傲慢」的。

因為佛教主張不殺生，所以反對死刑？

「不殺生」是佛教「五戒（殺生、偷盜、邪淫、妄語、飲酒）」之首，佛教主張不殺生，這是無庸置疑的，至於佛教是否反對死刑，則是另外一個不同層面的問題。

佛教認為一切有情眾生（包括人類以外的動物）皆有佛性，《華嚴經》云：「心、佛及眾生，是三無差別」，所以主張不殺生，大乘佛教還進一步主張「不應食眾生肉」，這是出於將所有眾生視為一體的宗教信念與慈悲胸懷。

然而，依大乘佛教菩薩戒律，若有惡人殘殺無助眾生，菩薩行者出於慈悲心，殺此惡人，以救助眾生，那是遵行菩薩誓願，不算犯戒。如果菩薩行者可以阻止暴行而救度眾生，卻無所作為，任憑惡人繼續殘害無辜眾生，反而是嚴重違背菩薩誓願，等同犯戒。

至於「死刑」是否應當，則不是個人戒律的問題，而是國家的法律與社會的治安機制，從佛教的觀點來看，這是世間法，也是因緣所生，它會隨著國家社會的興衰治亂，而可能有不同程度的減輕或加重。就我對佛法的理解，並不存在「贊成」或「反對」的問題，而是尊重各個國家社會的主客觀需求。

根據二〇一四年十月八日的聯合新聞網，法務部長羅瑩雪於當日上午在立院接受媒體採訪，談到最近犯下方小弟割喉案的曾文欽二審仍未被判死刑；她說，割喉案目前才進行到二審，要尊重法院的判決。她接著談到捷運連續殺人案的鄭捷，指鄭捷自願被判死刑，但如果事後法院真的判他死刑，是否又會被外界指責，是被鄭捷牽著鼻子走。

對於人權團體以《兩公約》為由，替曾文欽辯護免死，羅瑩雪表示，人權團體的訴求「並非沒有道理」，也讓法務部很為難。說到對於死刑的看法，羅瑩雪表示，「政務官不能有個人的看法」，不過，對於（她自已身為）一個佛教徒來說，長遠還是希望未來能廢除死刑。

看了上述的報導，我深深覺得法務部長羅瑩雪不只是發言不當，而且沒有做好應做的功課，才會有「被牽著鼻子走」的感覺。其不當之處，至少有下列幾點：

其一、無論誰來擔任法務部長，都應該有足夠的法學專業素養，他應該關心的是法官判刑是否根據證據、依據法條、查明犯案動機、量刑是否符合或有違比列原則等等，而不是擔心被外界指責，自我陷入「父子騎驢」的窘境。

其二、「對於人權團體以《兩公約》為由，替曾文欽辯護免死，羅瑩雪表示，人權團體的訴求並非沒有道理，也讓法務部很為難。」其實，人權團體的訴求「還真的是沒有道理」，而又「強詞奪理」，很遺憾的，法務部長沒有做足功課，所以才會覺得很為難。《聯合報》二〇一四年十月十二日的「民意論壇（A14版）」上，有臺中市張升星法官的投書，標題為「催促廢死列車不該找司法」，內容明白指陳廢死論者以《兩公約》做為廢死的法律依據之誤謬，讀者可自行上網搜尋該文，在此不詳述。對於廢死論者「挾洋自重」，「偷梁換柱」地曲解法律，誤導大眾，我個人深感不齒。

其三、「羅瑩雪表示，政務官不能有個人的看法，不過，對於一個佛教徒來說，長遠還是希望未來能廢除死刑……」。此言差矣！這分明是一邊閃躲、又一邊討好的推託責任之詞，而且前言後語自相矛盾；前面才說「政務官不能有個人的看法」，接著就以「佛教徒」的身分「希望未來能廢除死刑」。

身為政務官，對於審理中的個別案件，當然不宜也不應表達其個人的看法。然而，政務官不是「橡皮圖章」，對於所職司的公共政策，不能完全都沒有看法；政務官基於關注與謀求全民福祉的職責，不但應該要有「負責任的看法」，而且還應該要有據理的論述，挺身「為政策辯護」，不然總統任命這樣的政務官做什麼？

羅部長放棄了身為政務官應有的職責與擔當，沒有站在全民福祉的立場維護現行的司法政策，又沒有絲毫關心被害人家屬的痛苦與冤屈，反而藉著佛教徒的身分討好廢死團體，我要以資深佛教徒的身分，嚴重抗議羅瑩雪部長這種推託責任、言詞閃爍、誤導大眾的公開言論。

死刑的真正教育意義與社會價值

我在前文中已經提及，歐盟強調人權及主張廢死的真正對象，主要是在歐盟周遭那些殘殺政治犯、良心犯及異議分子的專制不民主國家，但那些國家根本就不理不睬也不甩，歐盟卻束手無策。為了彰顯其「一視同仁」的普世價值，歐盟就「柿子挑軟的吃」，專拿臺灣的死刑大作文章，其心態可議，是很不道德的。

臺灣早已是自由民主的國家，早就沒有政治犯、良心犯及異議分子的問題了，我要大聲地說：臺灣的死刑是「治安」問題！根本就不是「人權」問題！

臺灣的人權團體、廢死人士說「死刑必然會造成冤獄」，可說是嚴重地混淆視聽，模糊問題的焦點。是否會抓錯人、判錯刑而造成冤獄，不是死刑存廢的「立法」問題，而是調查、審判的「司法」品質問題，這個問題攸關全民福祉，必須追根究柢，確實做到勿枉勿縱，而不該因噎廢食，想透過「立法」手段將死刑廢除，而掩蓋了「司法」的品質問題。

再從另外一個角度來看，廢除了死刑，縱容了罪證確鑿的冷血殺人犯，棄善良無辜又無助的被害人，及其家屬於無盡的悲傷痛苦而不顧，難道就不是另一種更大的「冤獄」嗎？

十八世紀的法國政論女傑羅蘭夫人（Madame Roland）有一句名言：「自由，自由，天下古今幾多之罪惡，假汝之名以行！」如今我們也可以說：「人權，人權，幾多之罪惡，假汝之名以行！」為了具體說明我的觀點——「臺灣的死刑是治安問題，而不是人權問題」，同時凸顯死刑的真正「教育意義」與「社會價值」，我要引述一個發生在日本的真實案例，請各位讀者一同省思。

十八歲冷血殺人少年犯——日本的真實案例

這是日本第一個剛滿十八歲而被判死刑的案例，一九九九年四月十四日，日本山口縣光市發生一樁殘忍的命案。當晚七點左右，二十三歲的本村洋先生下班返家，發現大門沒鎖，進門之後，四處不見妻子本村彌生和十一個月大的女兒夕夏的蹤影。家中一片凌亂，不安的本村四處找尋妻女的蹤跡，最後在收納棉被的櫃子裡面，發現妻子半裸而且已經僵硬的屍體。本村立即報警，警察抵達後，在收納櫃最上層發現用塑膠袋包著才十一個月大的小妹妹夕夏的屍體。

四月十八日警方逮捕了少年犯福田孝行，一個月前才剛滿十八歲，根據犯人的供述，四月十四日當天下午兩點左右，他喬裝成檢查排水管的工人，按門鈴順利進入被害人家中，目的只有一個——就是強姦被害人。少年犯將本村彌生壓在身體下面，遭到被害人激烈反抗，就動手掐死被害人，彌生窒息死後，福田用事先準備好的膠帶將被害人雙手綑綁，並在口鼻處也黏上膠帶（預防被害人甦醒），然後對亡者進行屍姦。雖然殺人犯當時還未滿二十歲，可是案情重大，過於殘忍，山口縣少年法庭決議將全案移交山口地檢署審理。第一次開庭審議時，本村捧著妻女的遺照出庭，卻被法官阻止，法官的考量是被害者的遺照會影響殺人犯的心理及情緒。

開庭時，犯人福田穿著拖鞋進入法庭，辯護律師推推他的手示意，福田這才對著被害人家屬的方向鞠躬，說了一句：「真是對不起，我做了無法寬恕的事。」這句「對不起」，成為之後法官認定犯人「已經有悔改意思」的參考。

果然，翌（二〇〇〇）年一審的判決是「無期徒刑」，與臺灣的情況類似，日本並沒有真正的無期徒刑，尤其是當時的少年犯有著少年法保護，頂多關個七、八年（表現良好的話）就可以出獄。當時被告的辯護律師，在法官做了無期徒刑的判決時，竟然對著旁聽席的被害人家屬，比了一個「勝利」的V型手勢，各位讀者！對此您會做何感想？

本村洋在判決之後召開記者會說：「我對司法很絕望！原來司法保護的是加害人的權益，司法重視的是加害人的人權。被害者的人權在哪裡？被害人家屬的權益在哪裡？如果司法的判決就是這樣，那不如現在就把犯人放出來好了，我會親手殺了他！」

負責本案的檢察官吉田先生極度不滿一審的判決結果而忿忿不平，記者會結束之後，吉田檢察官以憤怒顫抖的聲音對著本村說：「我自己也有個年幼的女兒，實在無法想像有人可以狠心到將一個還不會走路，卻拚命爬向母親身旁的嬰兒，抓起來就往地面重擊，然後殘忍地殺害。如果司法對這樣的人都無法做出應有的嚴重懲戒，那還要司法做什麼？我絕對不認同這樣的判決！一旦你屈服了這樣的判決，就會讓這個案子成為往後法官判案的基準，我絕不容許！就算是我的上司持反對意見，我也要上訴到底。就算失敗一百次，我也要提第一百零一次。本村桑！讓我們一起來為推動司法改革而奮戰吧！」

聽了吉田檢察官這番話，本村的腦海裡第一次浮現出「使命」兩個字，為了不讓妻女的生命就這樣子白白地犧牲，他決定今後要承擔起糾正司法誤謬的使命。

之後本村應邀飛往東京，參加日本朝日電臺的熱門新聞節目「ニュースステーション（News Station）」的現場播出。他決定透過電視傳播媒體，讓社會大眾更加了解無辜被

害者家屬的心境，以及他們在司法體系及案件審理過程中所遭受到的不平等待遇。在節目上他冷靜客觀地對著日本全國觀眾訴說：「在現今的刑事訴訟法中，關於被害者家屬的權利部分，什麼都沒有，不但沒有『權利』這兩個字，就連被害者家屬可以做什麼也都完全沒有提及。現行的體制只保障被告犯人的權利，而完全將被害者及其家屬的權利屏除在外。所以，連我帶妻女的遺照出庭，也被阻止。」

本村的訴求，很快就獲得了正面的回應，當時的內閣總理大臣（首相）小渕惠三（小淵惠三），在回答記者的提問時說：「法律對於無辜被害者的救濟與保障很顯然是不夠的，身為政治家的我們，對於本村桑的處境與訴求不容忽視！」

在回應之後十一天，小渕總理因為腦梗塞緊急送醫，不幸於五月十四日逝世。不過在他去世前兩天，「犯罪被害者保護法」、「改正刑事訴訟法」、「改正檢察審查會法」等三個法案已經在日本國會全數通過。本來只能在旁聽席上旁聽的被害人及其家屬，以後可以在法庭上陳述自己的意見，像本村一樣的被害人家屬的聲音，開始受到正視，日本在這方面的反省與修正明顯比臺灣進步。

吉田檢察官不服一審無期徒刑的審判，決定上訴到廣島高等裁判所（高等法院）。二〇〇二年三月十四日，廣島高等裁判所將吉田檢察官對被告求處極刑的控訴駁回，理由是：「犯人當時才剛滿十八歲又一個月，思想尚未成熟，顧及被告未來還有無限的可能性。對於將來，不能論定犯人完全沒有更生的機率，所以駁回檢方死刑的控訴，維持無期徒刑的判決。」二審雖然又被法院駁回，可是吉田檢察官還是不屈不撓，決定繼續上訴到最高裁判所（最高法院）。

吉田檢察官得知被告在獄中曾經寄出幾封信件給外面的友人，於是挨家挨戶的查訪，終於探訪到信件的收件人（被告友人），並且得到收件人的同意，取得被告親筆書寫的信件。對於自己犯下的強姦殺人罪，福田在信上是這麼寫的：「不過就是一隻公狗走在路上，碰巧遇到一隻可愛的母狗，公狗自然而然地就騎了上去……這樣也有罪嗎？」可以說是一點悔意都沒有。

被告因為有法律的保障，政府有義務為他安排辯護律師，費用則是由國家支付，但很特別的是，福田的辯護律師並非由政府安排，而是有民間的律師團體自願出任。本案上訴到最高法院時，被告的辯護律師由原先自願擔任的兩人，暴增到了二十一人，規模之大，堪稱「世紀辯護律師團」。

這些辯護團律師成員們，正是所謂的「人權擁護者」，以「廢除死刑」為最大的使命與任務。演變至此，原本只是一場單純的凶殺案審理，卻被這群主張廢死的人權派律師們當成是「作秀的舞台」，開始他們一幕幕卑劣可恥的表演活動。

在第一、二審時，被告福田對於犯案的經過以及對被害人的暴行與殺機，完全沒有否認，也沒有抗辯，可是到了最高法院開庭審理時，福田的辯護律師從原先的兩人暴增為二十一人的辯護律師團之後，突然「全盤翻供」，否定之前的所有供述。

各位讀者！以下要讓大家見識一下日本那些所謂「人權律師」極力為被告福田脫罪的辯護言詞，其荒謬無恥的程度，已經無法用任何語言文字來形容了。辯護團的主任律師——安田好弘指出，在與被告晤談時，被告陳述當時他對被害人本村彌生以及本村夕夏並無殺害之意，之所以沒有在一、二審的時候提出，是因為被告當時的供詞並沒有被採納。

世紀辯護團提出以下的主張：「被告福田的母親是自殺身亡，被告因為渴望母愛，希望被母親擁抱的欲望過於強烈，才會在見到被害人時，情不自禁的抱緊被害人，最後造成被害人死亡的遺憾。被告並非是因為強姦的目的而侵入民宅，而是想要尋求失去的母愛。」

至於被害人死後還被福田屍姦的行為，世紀辯護團的律師如此辯解：「因為被告福田認為，只要將精子送入被害人的體內，被害人就會起死回生。所以死後對遺體的性行為並非汙辱遺體，而是一種起死回生的儀式。至於用繩索勒斃夕夏小妹妹，也不是心存殺意。而是因為夕夏妹妹一直哭泣，福田被告想讓夕夏妹妹停止哭泣，所以在她的脖子上綁上蝴蝶結而已。」

世紀辯護團律師的結論是：「被告並非故意強姦殺人，而只是傷害致死。檢方因為想讓被告被判處死刑，所以把被告塑造成十惡不赦的形象。」

這些話像是正常人講出來的嗎？各位讀者，您會相信這種完全違背常理、顛倒是非、泯滅人性、卑劣無恥的連篇鬼話嗎？任何正常人就算是說夢話，都不至於如此荒謬離譜、匪夷所思。我實在不敢相信，日本的這群「主張廢死」的「人權派律師們」，居然想得出這種喪盡天良的詭辯之詞。我由衷地祈禱像日本那種假「人權」之名的無恥詭辯律師不會出現在我們臺灣！

所幸，檢方提供了福田寄給友人的親筆信件做為證據，一、二審法官認為「被告未來仍然有無限的可能性」以及「被告已經有悔改之意」的說詞，與福田給友人信件的內容，兩相對照之下，無疑是對之前判決的一大諷刺。

二〇〇八年四月二十二日，法官全盤否定被告一方的辯護主張，宣判福田因惡行重大殘忍，應處以死刑。此時距離命案發生前後已經過了九年的歲月，死刑宣判後的記者會上，本村洋並沒有任何「勝利」的喜悅。

二〇〇二年的二審做了無期徒刑的判決時，本村曾經這樣說過：「死刑的意義在於，讓一個犯了殺人罪的犯人，能誠實地面對自己所犯下的錯誤，打從心底反省自己的罪行，決心將自己剩餘的人生用來贖罪，並對社會做出有意義的奉獻。讓一個本來十惡不赦的壞蛋，最後可能會脫胎換骨變成真誠努力的善人；然而，國家社會卻要奪去這位已經重生的『善人』的性命，很殘忍、很冷酷，是不是？是的！無情的奪取他人寶貴的生命，的確是很殘忍的一件事。相對地，這個時候犯人才會真切地體會到，被自己殘忍殺害的人，他們的生命也是同樣的無價。死刑存在的意義不是報復手段，而是讓犯人可以誠實面對自己所犯罪行的方式。」苦主本村的這段心聲感言，和我的主張——殺人犯必須真誠懺悔「以死謝罪」，不謀而合。

本村在最後判決的六年前所提出的主張，竟然在福田身上應驗了。一、二審判處無期徒刑時，福田很篤定地認為，大概關個七、八年之後，就可以假釋出獄。他在寫給友人的信件當中，充滿了侮辱被害人及其家屬的言論，其中還有藐視司法的言詞。他寫著：「這個世界終究是由惡人獲勝的！……七、八年之後，等我出獄時，你們要舉辦盛大的Party歡迎我啊！」

我們完全沒有辦法感受到犯人有絲毫的悔意，可是在三審法官做了死刑的判決之後，福田終於意識到自己所犯下罪行的嚴重性，開始寫信給受害者遺族表達自己的懺悔。很遺憾的是，不少殺人犯只有在自己的生命受到威脅時，才會深切地了解到自他生命的尊嚴與意義。

對照上述日本十八歲少年犯福田強姦殺人的案例，再回頭看看臺灣近年來的幾個案例，我們可以清楚地看到，刑法懲罰不只是維護社會正義，也是「社會教化機制」的重要一環，廢死團體一味地主張廢除死刑，不分是非黑白地維護所謂殺人兇手的「人權」，已經出現了非常嚴重的後果：一、殺人犯有恃無恐，還公開嗆聲，殺一兩個人沒什麼大不了，反正不會被判死刑。二、殺人犯罪大惡極卻毫無悔意，因為沒有足以讓他面對罪過懺悔的刑罰與機制，反而充滿了為他辯護、幫他脫罪的音聲。三、被害人慘死的冤屈，社會的正義，無人聞問。四、被害人家屬的人權，不但沒有受到應有的尊重與維護，反而被踐踏到了腳底。照臺灣目前這樣的情況發展下去，將會對廣大善良老百姓的人權與安全構成極大威脅，所以我不得不站出來講幾句公道話。

請各位讀者注意！臺灣並沒有如美國及歐洲一些國家有「不得假釋」的「終身監禁」，在臺灣所謂「無期徒刑」中的「無期」二個字，根本就是「假的」，判了「無期徒刑」，關個幾年，表現良好就可以假釋出獄。

其實，我並不同意「治亂世要用重典」這個觀念，但是，要有足以懲治罪犯犯行的刑罰機制，才能維護社會正義、安定人心，也才能產生真正的教育意義與社會價值，當然我們強烈要求司法要能確實做到勿枉勿縱。

一個有關死囚與死刑存廢的案例

二〇一〇年九月十九日，筆者應馬來西亞吉隆坡廣東義山之邀請，出席馬來西亞第一屆「民間非營利義山轉型升級」研討會，以「現代生死學新觀念——生命的永續經營觀」為題發表專題演說。演講部分結束後，在接下來交流座談的場次及開放問答時段，在場聽眾當中有一位女士提出一個有關死刑及死刑犯的問題。

問題的背景是，來自馬來西亞沙巴州的二十二歲華族青年楊偉光，於二〇〇八年走私四十七克的海洛因到新加坡，被當地警方逮捕，而於二〇〇九年被判處死刑。原本，楊偉光定於二〇〇九年十二月四日行刑，但是他的家屬在最後一分鐘向法庭上訴延緩執行，直到二〇一〇年下半年仍然在等候死刑的執行。

楊偉光事件引起馬來西亞華人社會大眾的關切，民間紛紛成立了「楊偉光後援會」，要求新加坡總統能給予寬赦，讓年輕人有重生的機會。另一方面，楊偉光在獄中潛心修習佛法，為自己過去的行為懺悔。他希望自己可以從死刑改為終身監禁，而在獄中宣導切勿販毒的訊息。

在研討會上發言的這位女士，提問的重點有二：一是希望我能表態支持楊偉光的死刑赦免，因為他已經改過遷善而且一心向佛；二是希望我能表態支持廢除死刑，因為佛教主張慈心不殺。這位女士慷慨陳詞，語氣上很明顯地要我當場表達同意她的觀點。

當時是一個公開座談的場合，而不是私下對話的場景，同時還有許多位媒體記者在場聆聽，這等於是聽眾要求主講人，針對涉及地主國與其鄰國之間的法律與政治敏感議題公開表態，其實是極不適當也極不禮貌的言行，因此，回應時必須十分謹慎。我當場表示，對於民間發動為楊偉光請命的活動，可以理解。從佛教的觀點與立場來看，生命是不生不滅的，死亡並非就是終結，因此問題的核心還不在於死罪赦免或死刑廢除，而是在於楊偉光是否願意為其本身的嚴重觸法行為負責與懺悔，如果他真心懺悔，那麼對他個人的生命而言，其實是個轉機。

站在法律的角度及觀點來看，法律本身有其主、客觀的條件及時空脈絡，死刑的判決也有其客觀性，牽一髮而動全身，針對楊偉光一案，死刑存廢與否，死罪赦免與否，在不了解事件的整個脈絡情況下，我不宜、不願也無從置評。此外，法律講求公平正義，不容許有特例，因而我擔心若此例一開，恐後患無窮。

我個人對楊偉光的處境深表同情，但不宜也不能在那樣一個公開的場合表達我個人的任何意見或立場。

結語

針對死刑存廢的敏感議題，各方各界有影響力的領袖級人物絕大多數都不願碰觸，佛教界也怕引起爭議，幾乎避口不談，唯獨星雲大師不畏批評，基於菩薩道以及關懷弱勢的精神，從因緣法與因果的觀點，認為死刑有其必要性，不贊成廢除死刑，替沉默的廣大民眾發聲，在當今世上是稀有難得的。

當我提出：死刑犯——特別是兇殘的殺人犯，應該誠心誠意懺悔伏法，「以死謝罪」。不少人乍聽之下，都會很驚訝反應，出家人不是應該慈悲為懷嗎？怎麼會贊成死刑的執行呢？

我要反問：慈悲？究竟是對誰慈悲呢？執行死刑就是不慈悲嗎？如果要對兇殘的殺人犯慈悲，那麼對無辜的被害人以及弱勢的被害人家屬呢？從前文中所引述日本十八歲少年犯福田強姦殺人的案例可知，慈悲不是不分青紅皂白、是非曲直的「假慈悲」與「濫慈悲」，否則就應了佛門裡的一句話：「慈悲生禍害，方便出下流。」

佛教講因果，「萬般皆不去，唯有業隨身」，每個人善惡業行，必須自我承擔，任何他人都無法替代，歷經生死的恩恩怨怨也是如此，在我們尚未證悟解脫之前，從過去、現世以至於來世，因果歷歷不爽，縱使度過百千劫，恩恩怨怨不會憑空消逝，能夠及早化解就儘量及早化解，我在前文中所引述慈悲三昧水懺的故事，就是個發人深省的案例。

我是站在「生命的永續經營」的生死觀點以及「罪過必須承擔，恩怨必須化解」的認知立場，才提出「死刑犯應該以死謝罪」的主張，希望恩恩怨怨就此化解，不要生生世世地延續下去，這是一種大慈大悲啊！

從佛教的立場來看，做為刑罰之一的死刑本來就是屬於世俗諦層次的世間法，因此也沒有「絕對不可以廢除」的道理，我個人絕不是一味地反對廢除死刑，但是我的良知無法苟同臺灣廢死聯盟與廢死人士所持的歪曲理由。

佛教主張緣起法，諸法因緣生，諸法因緣滅。從人類歷史演進的脈絡來看，死刑的出現有其主、客觀的因緣條件，在古代幾乎所有的社會都有死刑，甚至於還有比死刑更為殘酷的肉刑與凌遲刑法。

到了現代，不少國家開始廢除死刑，死刑的廢除自然也有其主、客觀的因緣條件。在某個社會背景及時空條件下，它可能被加重，在某個社會背景及時空條件下，它可能被減輕，而在另一個社會背景及時空條件下，它也有可能被完全廢除。

但是因緣法是非常微妙的道理與機制，如果在主、客觀因緣條件尚未成熟的情況下，就貿然地廢除死刑，我們無法預知將來會產生什麼樣的不良後果或後遺症。

雖然世界上已經有許多國家已經廢除了死刑，但是成效究竟如何？以歐盟各國為例，從犯罪率的客觀數據顯示，似乎遠不如預期。

此外，我們還必須了解，那些已經廢除死刑的國家，他們所具備的社會文化條件，我們是否也已經具備了？他們在立法及司法上所制定的相關配套措施與社會機制，我們是否也已經具備了？他們對公民素養的培育及要求，我們是否也已經具備了？我們不能幼稚膚淺地看到所謂先進國家都廢除了死刑，就盲目趕潮流似地也跟著就廢除死刑，可是應有的種種前提條件和配套準備都付之闕如，到時候必然成為社會的亂源。

有朝一日，如果所有主、客觀的因緣條件皆已經具備，廢除死刑才有可能水到渠成。因此，在以上所有這些相關課題尚未釐清與解決之前，在臺灣實在不宜輕言，也不應妄言廢除死刑。

再論死刑存廢問題

前言

根據媒體報導，二〇一五年五月二十九日星期五下午四點，二十九歲男子龔重安翻牆進入自己幼年就讀的北投文化國小，二十分鐘後逛到前棟教室大樓四樓，尾隨八歲小二劉姓女童進入廁所。等女童如廁後開門出來，他以水果刀脅迫女童退回隔間內，以左手將女童捂嘴壓跪在地，右手持刀殘忍地在她頸部連劃兩刀，每刀傷口都超過十公分。女童頸部噴血，龔竟然站在一旁，冷眼看著她倒在血泊中逐漸昏厥，約二分鐘後，他才走到旁邊洗手臺，清洗滿手鮮血，接著走出廁所在四、五樓的樓梯間發呆，過了一會兒之後，才以行動電話報警自首。

不久，該校兩名六年級學童上廁所，發現女童倒臥血泊中，立即通報老師及校方，校方先廣播提醒學生進入教室，隨即通知校護搶救女童。警方在救護車趕抵前先到文化國小，由校方指引到案發現場，發現女童倒臥廁所內第二隔間，衣著完整，有微弱呼吸，五分鐘後，救護車抵達，將女童送往榮總急救。

警方發現女童後，同步在廁所附近地毯式搜索，沒多久就找到龔重安逮捕，他完全沒有抵抗，一副「等著你來抓」的漠然表情。龔重安表示，半年前曾任職保全，因工作很不自由而離職，之後到宅急便擔任送貨員，最近覺得生活壓力大，不想工作而曠職兩天。他說，因為很想殺人，才從家中隨手拿把水果刀犯案，因為曾經讀過文化國小，才選擇該校作案，還跟警方說：「早就知道鄭捷會犯案！」

劉姓女童在傍晚五點零五分送到臺北榮總急診處時，已經沒有呼吸心跳，經過搶救二十八分鐘後，終於恢復呼吸、心跳及血壓，隨後轉送開刀房進行手術，晚上十點轉送兒童加護病房照護，但昏迷指數只剩下三，因凝血因子壞死，所有傷口無法停止出血，情況惡劣。

女童醫療團隊召集人，北榮兒童醫學部主任宋文舉推估，女童自送醫到恢復心跳的時間，再加上被人發現在廁所倒臥血泊的時間，心跳停止約有四十二分鐘以上，因腦部缺氧太久，嚴重傷及腦幹，所以即使不斷打進強心針、腎上腺素、止血針、白蛋白、抗生素等藥物，心臟還是沒有反應，心臟血液打不進腦幹及其他器官，致使腦幹受損，全身器官出血。

隔日上午八點半女童做完電腦斷層檢查，醫師發現其腦部水腫過度，腦壓高達四百毫米水柱，比普通人腦壓高出四倍，女童隨後心跳停止。醫護團隊輪流為女童施以心肺復甦術（CPR），家屬均在旁觀看。經過一個半小時後，女童父親實在看不下去，忍痛向醫師說：「不要了、不要了！」最後簽下放棄急救同意書，醫師為女童拔管，於上午十點四十三分宣告死亡。

事情當然不會因為女童宣告死亡而結束，有關死刑存廢的爭議隨之再起，反對廢死的民意聲浪再度高漲。法務部長羅瑩雪，在六月四日傍晚批准了六名死囚（曹添壽、鄭金文、王秀昉、黃主旺、王俊欽、王裕隆）的死刑執行令，六月五日晚，六名死囚分別在臺北、臺中、臺南、高雄監獄同步執行槍決。

因為這次執行槍決的時間，剛好是在劉姓女童頭七法會過後，所以引起外界聯想，是否因為女童遭割喉命案爆發民怨，法務部才突然批准執行死刑。法務部表示，此次執行死刑，完全依法行政，與國小女童遭龔重安割喉殺害命案「無必然關聯」。除了廢死聯盟的抗議外，國際特赦組織也隨即發表聲明抨擊，同時歐盟對外事務部以其發言人的名義，居然要求臺灣當局立即暫停執行死刑。

這一次女童遭割喉案，我看了相關的報導，對於廢死聯盟、國際特赦組織、歐盟的言論深感不以為然，我要明白地表示：「反對」廢除死刑，當然我要將我的理由講清楚、說明白，讓各位讀者公評。【慧開按：二〇一四年鄭捷殺人案引起死刑存廢爭議，我從七月二十二日至十二月十四日，在《人間福報》「生死自在」專欄以〈從生死關懷觀點對死刑存廢問題的反思〉為題，連續十八週發表了一系列的文章，總計有二萬五千七百餘字，彙整之後，收錄在本書中。】

我的基本立場

二〇一四年七月寫〈從生死關懷觀點對死刑存廢問題的反思〉這篇文章時，我認為在死刑存廢的爭議當中，真正的弱勢以及最需要關心與協助的對象，是那些遭殺害而無辜冤屈慘死的被害人與無助的被害人家屬，絕非殘忍的殺人兇手；因此，我的基本立場是「不贊成」廢除死刑。我甚至主張，殺人兇手應當「好漢做事好漢當」，應該「以死謝罪」。

乍聽之下，很多人會質疑出家人怎麼會那麼不慈悲？

其實，我正是站在佛教三世生命觀的慈悲立場才這麼說，被害人的冤屈如果沒有得到關懷與化解，必然會一直延續下去，即使跨越時空也不會消散。遺憾的是，在現實的世界中，被害人的怨氣卻幾乎得不到應有的關懷，更談不上化解。世俗所謂的「殺人償命」，其實不足以化解被害人的怨氣，兇手還須做更進一步的生命功課。如果兇手能夠真心誠意地懺悔，並且願意「以死謝罪」，被害者的怨恨才可能了結。換言之，殺人兇手不要將死刑當做是法律的懲罰，而是將其看做是「贖罪的生命功課」，坦然面對，這段恩怨才可能化解。

最後在文章的結論中我說道：「在所有這些相關課題尚未釐清與解決之前，在臺灣實在不宜輕言也不應妄言廢除死刑。」然而，在二〇一五年五月底發生劉小妹不幸遭龔犯冷血兇殘割喉致死慘案之後，再回過頭來看，自覺之前我的結論有「鄉愿」之嫌，如今我要修正原先的立場與看法，並且公開嚴正地主張：「堅決反對」廢除死刑。我也呼籲沉默的大眾，勇敢地站出來大聲表達我們沉痛的心聲！

死刑只是用來滿足社會大眾？非也！死刑具有真正的教育意義與社會價值！

二〇一五年六月一日《聯合報》報導：曾任「廢死聯盟」法務主任，代表社會民主黨參選立委的苗博雅表示，劉小妹妹遭殺害的行為不能被容許，但政府應投注心力關心對人生絕望的人，避免憾事再發生，而不是只用死刑滿足社會大眾。苗博雅指出，女童被殺害後，社會又開始浮現執行死刑的聲音，但從過去案例可知，死刑不能做為預防社會問題的良方。她說，殺死女童的行為非常殘忍，但是否執行死刑與防止憾事再發生，是兩件不同的事；死刑是由法官判決，政府可以做的是避免悲劇再發生。

苗博雅舉日本一項研究指出，六十一件隨機殺人案，有二十二件動機是「對自己境遇不滿」，十人是「對特定人士不滿」，九人是「自認無法在外生活而想坐牢」，六人是「想自殺、想被判死刑」，五人是「有殺人欲望」；這項研究完全沒有提到死刑是預防犯罪的方法，反而建議給予有前科者正確的處置，以及穩定就業等改善。

苗博雅的說法，我認為有許多盲點，而且是模糊焦點，死刑只是用來滿足社會大眾？死刑的用意是在預防犯罪？日本的這項研究可以合理化隨機殺人案的動機嗎？非也！

在二〇一四年的文章中，我引述了日本第一個剛滿十八歲而被判死刑的案例，很清楚地說明要有足以懲治罪犯犯行的刑罰，才能維護社會正義、安定人心，也才能產生真正的教育意義與社會價值。

「廢死」就是「文明」？非也！社會沒有兇殺案，大眾免於恐懼，這才是文明！

二〇一五年六月一日《聯合報》刊載，臺北市長柯文哲表示，在接待外賓時，對方常問：「臺灣不是文明國家嗎？怎麼還有死刑？」他告訴對方：「在臺灣不吃牛肉的比不吃狗肉的還多，你們吃牛肉也很不文明啊！」

如果是來問我，我會回應對方：西歐各國（譬如歐盟主要國家）不都是文明國家嗎？為什麼殺人犯罪率絕大多數都高於臺灣？「廢死」就是「文明」的象徵？就是普世價值？非也！任何人都不應該假藉任何個人的理由殘害他人，社會沒有兇殺案，大眾免於恐懼，這才是文明！

二〇一五年六月七日《中國時報》報導：針對臺灣槍決六名死囚，「國際特赦組織」發表聲明抨擊說，死刑並無法帶來正義，這是一項人權倒退的決定，透露政府「政治算計」，欲藉此平息眾怒贏回民心；歐盟也發表聲明，表達反對立場，呼籲臺灣立即暫緩執行死刑。國際特赦組織研究員倪偉平（William Nee）透過聲明表示，民眾對於無辜女學童慘遭殺害，憤怒萬分，完全可以理解，犯下這起駭人罪行的加害者也應面對司法的審判，但是「死刑從來就不是解決問題的答案。」

聲明中說「這項執行死刑決定是政府的政治算計（political calculations），旨在平息眾怒，贏回民心」，這項決定展現了政府「政治領導的失敗（a failure of political leadership）」。聲明表示，執行死刑無疑地不符合臺灣政府長久以來宣示要廢除死刑的目標，呼籲政府必須停止將死刑做為「政治工具」。國際特赦組織強調，沒有任何可信的證據顯示，死刑比其他刑罰能更有效預防犯罪。死刑違反《世界人權宣言》揭示的生命權，是最殘忍、最不人道且又有辱人格的懲罰。

以上這些言論不但模糊焦點、似是而非，並且明白地表露出西方人高高在上「自以為文明」的「鴨霸」嘴臉。空言高談「正義」與「人權」，到底是誰的「正義」與「人權」？極其荒謬的是，被害人與被害人家屬的「正義」與「人權」，從未得到那些自詡為正義人士與團體的聞問與關心。

誰說「死刑並無法帶來正義」？那麼「廢死」就有正義了嗎？對於被害人、被害人家屬與廣大的社會大眾，就現階段臺灣的主客觀環境而言，我認為死刑是「最起碼的正義」，而真正的正義只有在無盡的時空中，透過未來的因果去酬對。

國際特赦組織研究員倪偉平前面才說兇手應面對司法的審判，接著又說「死刑從來就不是解決問題的答案」，他居然還敢說他完全理解民眾的憤怒，這分明是貓哭耗子假慈悲，我認為他根本就無法理解被害人與被害人家屬無法彌補與化解的痛，也無法理解絕大多數臺灣人的心理感受，而只是以一種高傲的姿態對臺灣政府下指導棋。

我必須指出，「死刑從來就不是解決問題的答案」這句話，根本就是愚弄社會大眾的「詭辯」；首先要搞清楚，到底要解決「什麼問題」？如果說是要用「死刑」解決社會上種種「兇殺案」的問題，那可是「牛頭不對馬嘴」；我從來就不認為「死刑」可以「解決」人類社會的「兇殺案」問題，就像是我從來就不認為「現代醫療科技」可以「解決」人類社會的「身心健康」及「生死」問題。

社會上種種殺人案件，本來就不是「死刑」所要「解決」的問題，因為不管是仇殺、情殺、財殺、謀殺、隨機濫殺等等，其根本原因與動機並不是上述文中，苗博雅引述日本的一項研究所指出的社會心理因素（那些理由都只是藉口），而是出自於眾生的無明。

我認為死刑是針對兇殘、冷血的殺人犯的一種「對治」法門與「教育」手段，提醒那些現行殺人犯與潛在殺人犯，他們必須對自己的犯行承擔完全的責任，必須「以死謝罪」來對被害人與被害人家屬表達真誠的懺悔，從而化解恩怨，而不是逃避與推諉，讓亡者的怨氣無止境地延續下去。（讀者可以自行參閱〈從生死關懷觀點對死刑存廢問題的反思〉一文）

另外，倪偉平信口一言就給臺灣政府扣帽子，說槍決六名死囚是「政治算計」，是

「政治領導的失敗」，這分明是公開地干預臺灣內政。話說回來，任何一個政府「平息眾怒，贏回民心」，不是天經地義的事嗎？何「政治算計」之有？難道要搞到民情鼎沸、天怒人怨，才能顯示政治領導的高明？

一位讀者的來信

在這一系列文章刊出之後，我接到不少回響，有人贊同、有人異議、有人質疑，這是民主社會呈現多元意見的常態，不足為奇，也不足為怪。二〇一五年六月底，當這一系列專欄文章還在進行當中，我收到一封來自高雄仁德新村的受刑人（自號「無慧信士」）來信，提出他對我的質疑與異議。我相信他的意見也代表或反映了社會上一部分人對我的文章及論點的看法，很感謝他的坦誠直言相詰，讓我的文章不單是獨白，而有了不同意見的對話。

首先，他認為我「頂著佛光山副住持的高度，及一位出家人的寬廣度，在媒體上公開發表『反對』廢死的立場，並對國際媒體發表的言論，以『不以為然』來評斷」，他認為並不恰當。

針對這一點質疑，我必須鄭重聲明，我是以現代社會一介「平民」與「公民」的身分角色，出自於「個人良知」的立場，表達我對真正的弱勢族群——那些我素昧平生、無辜又被漠視欺凌的被害人及被害人家屬——由衷的同情與關懷，我個人的能力其實很微薄，無法實質幫助他們任何事情，只是仗義執言為他們發聲。

我對於死刑存廢的問題，從頭到尾都沒有任何預設立場，純粹就事論事，明辨道理，後來看到所謂的人權團體、廢死聯盟的諸多言論，覺得非常偏頗；特別是歐盟、國際特赦組織的發言，把臺灣當成是第三世界國家而頤指氣使，非常傲慢無禮，我實在看不下去，無法保持沉默。

這位信士提出：「廢死與否實與重大的社會案件，並沒有必然的因果關係，縱使回復古代的凌遲處死，亦或屠殺九族，亦無法避免鄭捷或割喉案的發生。」我同意在這兩者之間，沒有必然的因果關係，所以我在之前的專欄文章中明白地指出「死刑從來就不是解決問題的答案」這句話，根本就是愚弄社會大眾的一種「詭辯」；我在二〇一四年的文章〈從生死關懷觀點對死刑存廢問題的反思〉中「有關死刑的迷思」這一節裡（本書第二三九頁），有相當詳盡的討論，大家可以參閱。

接著，這位信士說道：「曾幾何時，國家總是在類似案件發生時去執行死刑，誤導或轉移社會的焦點。法務部此舉等同向國人宣示一種以暴制暴的概念，及發仇恨式的報復心理，並做為還給受害者家屬的一種公道正義。天知道！仇恨是絕對無法撫平受害者家人的傷痛。唯有寬恕與包容才是化解傷痛唯一的方法。副住持可以看白冰冰，三個加害者的死亡，有沒有化解喪女的傷痛呢？沒有！唯有寬恕與包容才能帶給受害者家屬真正的平靜。廢死與否，我無法評斷，但政府執行死刑的時機，確實不當，美國校園常常發生槍殺事件，美國政府也沒有用執行死刑來作為工具使用。」

以上所言有兩個重點，一是「執行死刑的時機」；二是「仇恨無法化解傷痛」。先談前者，的確，選在這樣敏感的時間點執行死刑，實在很難不讓人質疑，據二〇一五年六月六日《中國時報》的報導，廢死聯盟批評法務部執行死刑，刻意選在割喉案之後，法務部政務次長陳明堂強調，執行時間沒有問題，任何時間執行都會有不同意見，目前仍有八成以上民眾贊成維持死刑，在社會達成共識並修法廢除死刑前，法務部僅能以最審慎的態度依法行政，並無拒絕執行的空間。

陳明堂次長說到一個重點：「執行時間沒有問題，任何時間執行都會有不同意見。」看了媒體上所有的相關報導，我同意陳次長的說法，也在此為法務部說句公道話。死刑既然已經定讞，法務部就必須「依法執行」，怎能說是「政治算計」？反而是「不依法執行」才是「政治考量」！

我個人認為，法務部一直面臨著兩難的壓力，一方面有依法執行的壓力，另一方面又有社會輿論的壓力，退一步說，如果是選在平常沒有重大兇殺案件的日子執行死刑，難道大家就沒有意見了嗎？當然不是嘛！如果法務部一直瞻前顧後，就會陷入「父子騎驢」的窘境，橫豎任何時間執行死刑都會有不同意見，法務部就應該以平常心面對各方的壓力，依法該怎麼辦，就怎麼辦！

根據二〇一五年六月七日《聯合報》的報導，針對廢死團體質疑執行槍決與北投女童命案有關，法務部長羅瑩雪說，法務部是依計畫進行，因為執行槍決須花很長的時間準備，只是執行的時間點湊巧。羅部長特別指出，她對執行死刑的審核非常慎重，在決定槍決名單的過程中，只要稍有讓她不安心的，證據並非百分之百的，都會剔除。她只是做一件該做的事，而以平常心批准死刑令。

我個人相信執行的時間點真的是湊巧，而且認為羅部長所言合情合理，所以要在此為法務部說幾句公道話。其實，只要稍微有公務行政經驗或概念的人都應該知道，公務部門的行政作業流程是不可能很快速的，特別是像執行死刑這樣重大的事務，法務部更不可能會率爾倉促拍板定案，其過程即使未到「曠日廢時」的地步，也必然是步步斟酌，層層審核。此外，法務部不可能不顧慮國內及國際社會的輿論反應，特別是廢死聯盟的反對聲浪，再加上歐盟和國際特赦組織的「嚴重關切」，法務部決不可能甘冒大不韙，以有重大殺人案件為由，而臨時起意執行死刑。

接著，我們來談這位信士提到的第二個重點，即是「仇恨是絕對無法撫平受害者家人的傷痛，唯有寬恕與包容才是化解傷痛唯一的方法。」這句話的「道理」，我不但舉雙手贊成，而且還五體投地的拳拳服膺，但是，我們不能「執理廢事」，只講「空話」。這位信士只見其一，不見其二，立論難免偏頗，完全忽略了這個「道理」的背後，還有一個「重要的前提」不能或缺。

要談「寬恕與包容」，要有個「大前提」，就是殺人兇手必須向被害人與被害人家屬「由衷至誠懇切地」（而且絕對不能假裝）認錯、道歉與懺悔。如果沒有這個「至誠認錯與懺悔」的「前提」，卻一味希望或要求被害人家屬要寬恕與包容，這不啻是另外一種變相形式的「暴力」相向！這位信士舉白冰冰為例，說道「三個加害者的死亡，有沒有化解喪女的傷痛呢？沒有！」

我要鄭重地回應：「當然沒有！如果有，那就奇怪了！」陳進興等同夥的加害者有真心誠意地向白曉燕、白冰冰認錯、道歉、懺悔嗎？同樣地，鄭捷有真心誠意認錯、道歉、懺悔嗎？龔重安有真心誠意認錯、道歉、懺悔嗎？完全沒有！連一點懺悔之意都沒有！

不僅是殺人兇手毫無悔意，就連為殺人犯辯護的所謂「人權」律師，也全都幫著欺壓被害人家屬。在法庭上，由謝長廷領軍的律師團言詞犀利，坐在旁聽席上的白冰冰覺得自己就像是大海中的「吻仔魚」，彷彿看到「一群殺人鯨」張著大口在旁邊游來游去，她想講什麼都被法官制止。白冰冰不禁要問：「被害人的公道究竟在哪裡？」

我不禁深深地感慨，我們的社會怎麼會如此嚴重偏頗地墮落到這樣黑白不分、是非不辨的境地？那些兇殘的殺人犯，一點認錯、道歉、懺悔的心都沒有，也不見廢死聯盟、人權團體有一句公開譴責的話，居然還有人希望或要求被害人家屬原諒、包容、寬恕，請問：人間還有天理嗎？廢死聯盟、人權團體的諸公們還有良心嗎？

行文至此，我要講一個小故事，一九八〇年間，我在佛光山普門中學擔任訓導主任時，有一個學生在週末假日，以為校園沒有人就翻窗戶進入福利社偷竊，結果被抓到了，送交訓導處議處。我和這個學生面談時，他居然死不認錯，還一再辯稱「我不是聖賢」。我聽了真是覺得匪夷所思，就很嚴厲地斥責他說：如果是你家裡開店，有人翻窗戶進入店裡偷你家的東西，然後他說「我不是聖賢」，你會同意嗎？你會接受嗎？我們並沒有用「聖賢」的高標準來要求你，而只是用「普通正常人」的常規來對待你；如果只有「聖賢」才不偷東西，那麼這個世界會變得非常可怕！聽了我這一翻訓話之後，這個學生才良心發現，面露羞慚，低頭認錯。

《左傳》有云：「人非聖賢，孰能無過，知過能改，善莫大焉。」如果有人犯錯之後，有了悔意而認錯，我們就勸誡鼓勵他，知過能改，這才是這句話的真正的用意，絕對不能拿來當做犯錯的藉口或脫罪的辯解。

就世間法而言，「殺人償命，欠債還錢」，本來就是天經地義的道理，如果連「任意、蓄意、惡意殺人」都可以「不必償命」，「存心欠債、賴債、倒債」也都可以「不必還錢」，世間豈有天理？天下豈能太平？那豈不是惡人當道？回到弱肉強食的蠻荒叢林世界？難道這就是所謂的「文明世界」所應有的「文明景象」與「普世價值」嗎？

這位信士在來函中的最後一段說道：「社會的亂象，或重大案件的發生，都是一種共業的現象，也是一種人生苦質的表現，做為一個宗教者的立場應該是教導眾生去除無明妄想習氣，認識苦的本質，並幫助眾生離苦得樂，這不就是佛陀教育我們的嗎？身為佛光山的副住持的您，有一定的社會影響力，您在媒體公開反對廢死，會產生一定的作用力，但相信絕對無法弭平廢死的爭議，也無法將廢死與否歸於一端。出家人贊成死刑，徒讓人對佛教慈悲的本質產生疑惑。僅此敘述個人的一點淺見呈副住持。」

感謝這位讀者信士對本文的回應指教，但是我有不同的看法，以上這段話中有四點我要回應如下。

其一，「社會的亂象，或重大案件的發生，都是一種『共業』的現象」，請問：臺灣社會及普羅大眾有虧欠「陳進興、鄭捷、龔重安」這些殺人兇手任何事物嗎？我們有必要為他們負擔任何實質上或道義上的責任嗎？就常理而言，「共業」的基本要素是與「嫌犯」或「兇手」等當事人有「共識、共謀、共事或共犯」等情事，我對這種不分青紅皂白，信口隨便用「共業」為理由，就把大眾統統都拖下水的說法，非常不以為然。唉！佛教何其不幸！曾幾何時，佛教的「共業」一詞已經被臺灣政治人物濫用而成為「推卸及逃避責任」的最佳藉口，一般社會大眾也群起效尤。

我來跟大家講一點「造業」與「共業」的道理，於理於事而言，無論善惡，「造業」的基本要素，用佛教的概念來說，就是「自作、教他、見作隨喜、讚歎、方便」。以「殺人」為例，自己動手殺人，當然是造了「殺業」；自己沒有動手，但是卻教唆或脅迫他人動手殺人，這也是造「殺業」；自己沒有動手，也沒有教唆或脅迫他人動手，但是看到別人殺人，心中暗喜，甚至於出言助陣或讚歎「殺得好」，也是造「殺業」；知道別人要殺人，但是他沒有刀槍等工具或方法，就提供殺人工具或方法策略讓他殺人得逞，也是造「殺業」。除了「自作」之外，後面這幾項統統都是「共業」。各位讀者，你們會同意自己和「陳進興、鄭捷、龔重安」這些殺人兇手有任何「共業」的關聯嗎？

其二，「做為一個宗教者的立場應該是教導眾生去除無明妄想習氣，認識苦的本質，並幫助眾生離苦得樂，這不就是佛陀教育我們的嗎？」這位信士說得沒錯，這正是我撰寫本文的用意。然而，如何能夠幫助眾生實質地「去除無明妄想習氣，認識苦的本質，並且離苦得樂」？我的立場與主張，不是幫助眾生「逃避責任」——包括「罪責」或「刑責」，而是幫助眾生「面對責任，勇於承擔」。像「陳進興、鄭捷、龔重安」這些殺人兇手，必須教導他們「好漢做事好漢當」，像他們那樣兇殘冷血地殺害無辜民眾，必須真誠地懺悔——「以死謝罪」，才能真正了結自己的罪愆，化解被害人及家屬的怨恨，也才能真正「去除無明妄想習氣，認識苦的本質，並且離苦得樂」。

二〇一五年南華大學應用社會學系有位畢業生劉育伶，出生時因腸道阻塞併發多重疾病，喪失聽力及視力，造成全盲及喑啞，卻不屈不撓、力爭上游、努力向學，在南華就讀期間，還到各學校及育幼院演講，分享自己的成長故事，被譽為「臺灣的海倫凱勒」。反觀那些殺人犯，手腳好好、身強力壯，卻無緣無故兇殘殺害無辜民眾，居然還有人要為他們卸責脫罪，我不禁感慨萬千！

其三，就如這位讀者信士所言，我也百分之百地相信我的言論「絕對無法弭平廢死的爭議，也無法將廢死與否歸於一端」，這一點本來就不是我為文的目地，那麼我為何還要發言？就是因為長久以來廢死團體的聲浪特別大，幾乎主導了媒體輿論，並且「挾洋自重」，裡外呼應向政府施壓，但所持的理由及論述均十分偏頗，而政府也急於「能和國際比肩齊步」，又在沒有推動任何配套措施的情況下，政策走向明顯地向廢除死刑傾斜。影響所及，造成蓄意、惡意、隨機殺人者有恃無恐，無辜善良百姓人心惶惶，近年來層出不窮的殺人案件可為佐證。（就在這一系列專欄文章出刊期間，臺北捷運又發生隨機砍人事件。）出於現代公民的社會良知，我實在看不下去，無法再保持沉默了，所以才大聲疾呼，堅決反對廢除死刑，所有言論，可以讓社會大眾來公評。至於能否產生影響力，甚或扭轉錯誤傾斜的政策走向，則非我所能預知。

其四，「出家人贊成死刑，徒讓人對佛教慈悲的本質產生疑惑」，感謝這位讀者信士提出這樣的質疑，讓我有機會進一步釐清佛教慈悲的本質。

反對廢死就是不慈悲嗎？慈悲不該只是一句空話，我們究竟是該「對誰」慈悲呢？如果要「對兇殘的殺人犯」慈悲，那麼「對無辜的被害人以及被害人家屬」呢？從日本十八歲少年犯福田強姦殺人的案例可知，慈悲不是「不分青紅皂白、是非曲直」的「假慈悲」與「濫慈悲」，否則就應了佛門裡的一句話：「慈悲生禍害，方便出下流。」

我在二〇一四年的文章中，特別引述了《慈悲三昧水懺》來說明被害人的怨氣絕對不會因為已經死亡了就平白地消散，而是會一直延續到未來，因此殺人兇手如果沒有真誠地懺悔，恩怨是極難化解的。（詳細內容不再重述，請各位讀者自行參閱本書〈從生死關懷觀點對死刑存廢問題的反思〉一文。）

眾所周知，觀世音菩薩是慈悲的化身與代表，根據《觀世音菩薩普門品》，觀世音菩薩為了因應眾生得度的根基，而示現不同的身分，「應以何身得度，即現何身而為說法」，而有「三十二化身」度化眾生，其中即有「應以執金剛神身得度者，即現執金剛神身而為說法。」

一般大眾都誤會佛教「慈悲的本質」，以為慈悲只有「軟性」的一面，而不明慈悲還有「剛性」的一面，所以佛教不是只有「慈眉善目」的諸佛菩薩，也有「頭角崢嶸」的羅漢，還有「怒目而視」的金剛力士；不是只有遍灑甘露的楊枝淨水，還有降魔的金剛杵。禪宗的祖師大德們接引學人，不論是「老婆心切」的殷勤叮嚀，還是「當頭棒喝」的霹靂手段，都是「大慈大悲」的教化法門吶！

《金剛經》云：「須菩提！汝若作是念，發阿耨多羅三藐三菩提心者，說諸法斷滅，莫作是念，何以故？發阿耨多羅三藐三菩提心者，於法不說斷滅相。」

宇宙諸法與有情的生命是「不曾斷滅」的，佛教的「大慈大悲」必須要擴大到「十方三世」的宇宙觀與人生觀才能完整地理解；在此我要強調的是，一切有情的生命都是永續的，「過去、現在、未來」是延續的，世間的恩怨如果沒有化解，也是永續不斷的，因此，我們應該開導罪證確鑿的死刑犯：「好漢做事好漢當」，以虔誠懺悔的心，面對被害人及其家屬，以贖罪的態度坦然面對死刑——「以死謝罪」，這樣才能化解恩怨，否則來生「後會有期」，沒完沒了的啊！基於這樣的觀點，就死刑犯而言，面對死刑的意義，已經不再只是一種「外加於己的懲罰機制」，而是轉化為一種「出自於內心的懺悔與贖罪行為」，唯有如此才能真正地解脫。這就是我的根本信念與主張，究竟是「慈悲」？還是「不慈悲」？我無須辯解，留待大眾自我判斷與公評，因果自會分曉。

另一位讀者的來信

二〇一五年七月下旬，又收到一位臺南明德新村受刑人的來信，這位讀者一開頭就表明自己是佛教徒，也是一名受刑人，未來再服刑不到一年的時間可望假釋出獄。他讀了我論死刑存廢的專欄文章，深表認同，想提出一點看法及感想和我分享，同時也想表達對我的支持與鼓勵，若要引述他來信內容，就稱他為「無名佛弟子」，感謝這位「無名佛弟子」的支持與鼓勵。

相信這位讀者的看法，雖然不是專家學者的專業意見，但可以代表或反映了社會上一般大眾的心聲，我將他想要表達的看法及感想，摘要整理逐條敘述如下，每一條敘述之後再加上我的回應按語。

一、如果說「死刑從來就不是解決問題的答案」，那試問什麼才是解決的答案？終身監禁就能解決嗎？關四十年、五十年，到了老了、死了，被害人就能釋懷了嗎？加害人就能獲得救贖了嗎？【慧開按：死刑背後真正的問題是在於「眾生的無明」，因此世間才不斷有「殺業」的產生，這個問題在世間法的層面是不可能有解決的答案的，因此死刑當然不可能一勞永逸地解決問題。萬一死刑真的被廢除了，按照目前的社會情況，我敢斷言「惡意、蓄意、隨意殺人」的問題一定會更加嚴重。】

二、全國的納稅人並沒有責任與義務，要養這些終身監禁的人，請不要再用「共業」這頂大帽子扣住人民。【慧開按：目前我國並沒有「不得假釋」的「終身監禁」這一項立法條目，未來真的要制訂這樣一條「不得假釋」的「終身監禁」，我的態度是開放的，如果有非常完整的配套措施，我不會反對。然而，就如這位「無名佛弟子」所言，要養這些終身監禁的人，是需要全國的納稅人「買單」的，其後果非同小可，未來的國家領導人以及立法院的諸公們，你們可得站在全民福祉的立場好好想一想！】

三、針對前一位讀者「無慧信士」所言「仇恨是絕對無法撫平受害者家人的傷痛，唯有寬恕與包容才是化解傷痛唯一的方法。」這位讀者表明非常不認同這句話，這把尺不應該放在每個受害人身上，沒有任何人有權利要求被害人一定要原諒、寬恕加害人，每個人都有療傷止痛的方法，不可以偏概全。要原諒、寬恕加害人，那是受害人的權利、是美德，而不是義務。【慧開按：這位「無名佛弟子」說得真切、公道，要原諒、寬恕加害人，那是受害人的權利，那是「美德」，而不是「義務」。】

四、如果說「死刑是以暴制暴」，那麼「終身監禁就是以凌虐制暴」了，不是嗎？死刑是不是必要之惡，各國國情、文化、經濟狀況皆不同，不能一概而論。「人權」這二個字，是用在懂得尊重人權的人身上才是適當的，加害人毫無因由殺害無辜的人，他有什麼權利要求別人要尊重他的生命權呢？【慧開按：我在之前的文章已經說過，以目前的臺灣社會而言，死刑根本就不是「人權」的問題，而是「治安」的問題。一味偏頗地維護殘暴殺人兇手的「人權」，反而是「嚴重地侵害」無辜被害人及其家屬的「基本人權」。】

此外，死刑不是「以暴制暴」，之前已經說過，死刑不但有「教育意義」，而且還有

「宗教意義」。死刑的「教育意義」在於開導死刑犯要對自己的犯行負全責：「好漢做事好漢當」；死刑的「宗教意義」則在於以「虔誠懺悔的心」向被害人及其家屬認錯，以「贖罪的態度」坦然面對死刑，向被害人「以死謝罪」，這樣才能真正地化解恩怨，免除來世的糾纏。

五、日本侵略中國，殺人無數，事到如今，日本從未認錯道歉，中國人談何原諒？世上哪有硬要別人原諒加害者報行的道理？德國不斷道歉賠償，猶太人有人選擇原諒，有人選擇不原諒，大家都應尊重被害人的選擇。以色列不是用寬恕與愛建國，而是用不再幾百年來受盡欺凌的意志建國。【慧開按：這段內容雖然與死刑無直接關聯，但是道理相通。日本不只是侵略中國，還凌虐亞洲各國，至今仍然死不認錯，無數受害眾生的怨氣難解，長遠而言，絕非日本之福。】

司法問題不應混淆轉移為立法問題

六月底來信的那位讀者「無慧信士」，在七月中旬又寫了第二封信給我，他雖然提到民主常態本就會有不同意見，卻仍然質疑我為文反對廢死此舉是否有意義？能否幫助那些受害者家人？以及所產生的效益對整體社會是利是弊？信中所提到的幾點，也可能代表一部分人的看法，簡要敘述如下，但立論似是而非，有必要辯正釐清。

一、反對廢死沒有意義，因為國家政策並未廢死，法務部依法執行國家政策也絕無問題，廢死還未形成共識，也還沒有要進行立法，充其量只是反對那些廢死團體的言論。

二、廢死的聲音不能被消滅，一旦消音，全民同仇敵愾，一來會激起仇恨對待心，這非全民之福；二來法官終將失去「求其生不可得而處死」的準則，失去了謹慎，一旦錯判，就是一條生命，一家人的悲劇。這幾年很多死刑冤案的平反，不都源自於那些人權團體的努力嗎？如果用反對廢死者的論點，殺人者死，用「以暴制暴」才能還公道，那麼對那些冤案死者及家屬，該用誰的命來還給他們所謂的正義呢？這群無聲的冤獄受害者，他們就不是弱勢嗎？這些人誰關心過呢？

三、爭論廢死無法帶給受害者家屬實質的幫助，爭論不休只是增加他們的傷痛而無法平息，不管加害者有沒有真正懺悔，要幫助受害者，不就是要讓他們走出傷痛嗎？沒有真正的放下就永遠走不出傷痛，而要如何才能真正放下呢？

四、受害者在社會中未必就是弱勢者，真正的弱勢是那些被冤判錯殺而沒有聲音者，江國慶母親為兒平反，您想過她跪了多少人嗎？

針對上述幾點，我的回應如下：

一、在扁政府和馬政府的主導下，國家政策已經明顯地朝向廢死傾斜，法務部並未確實依法執行國家政策，絕大多數罪證確鑿且三審定讞的死囚，法務部都一再拖延不執行，如果只有廢死團體的言論，卻沒有反對廢死的聲音，那後果真的不堪設想，如何能說反對廢死沒有意義？

二、我為文的目的是想力挽狂瀾，希望能防止國家政策繼續向廢死傾斜，旨在為沉默的大眾發聲，平衡輿論，根本不曾想要消滅廢死的聲音，也沒有抹煞人權團體為平反死刑冤案的努力。若說法官會因為「廢死一旦被消音」就錯判扼殺一條生命，真的是杞人憂天。前文已經說過，死刑有其教育意義與宗教意義，不是「以暴制暴」。至於被誤判死刑的冤案，當然必須關心，然而那是涉及「偵查、審判」的「司法」問題，與「死刑」存廢的「立法」問題，是性質不同的問題，橋歸橋、路歸路，不能混為一談。

三、真正造成受害者家屬最大的傷痛，就是那些殘暴冷血而且罪證確鑿的殺人兇手「毫無悔意」又「死不認錯」，卻還有一堆人忙著幫他們逃避刑責，甚至於想方設法助其脫罪（例如以精神異常等理由）。在受害者家屬的心目中，這些所謂的「人權」人士的作為，無異於「助紂為虐、為虎作倀」，我們將心比心，那些受害者家屬如何能夠真正放下，走出傷痛呢？

四、一九九六年的江國慶一案，確實是臺灣司法史上的一樁冤案，前國防部長陳肇敏等人疑似為追求破案績效，而使用非法手段刑求逼供，造成江國慶被槍決冤死，該案雖然在二〇一一年獲得平反及冤獄賠償，但遺憾已經造成。然而如前所述，這不是「死刑」存廢的「立法」問題，而是「司法行政」的重大問題，各級司法單位必須深切地檢討改進，確實做到勿枉勿縱，避免悲劇再度發生。

綜觀上述幾點，問題的關鍵在於，這位讀者可能認為，因為有死刑，一定會有誤判死刑的冤獄問題；換言之，廢除了死刑，就不會有誤判死刑的冤獄問題了。此一觀點，我深深不以為然，「司法的品質」必須回歸「司法行政的層面」嚴格要求與檢視，不可能因為廢除了死刑就全面改善而解決了。

惡意兇殘殺害是殺人犯現世當下的無明現行，不可妄言臆測為前世因果

有人問道：看到媒體報導的那些凶殺案，其發生的背後原因，有沒有可能是因為兇手與被害人之間前世的因果？換言之，會不會是因為他們過去世就已經結下的梁子或恩怨情

仇，而導致今生今世的兇殺事件？

對於這樣的說法或懷疑，隱含著有為殺人凶手脫罪的嫌疑，我深感不以為然，即使「就理上」而言，任何人今生今世的遭遇（包括兇殺事件），都有可能與前世因果有某種潛在的關聯性，但是「就事上」而言，我們沒有像佛、菩薩一樣的「法眼」和「宿命通」智慧，不可以毫無事實根據就亂套公式、信口雌黃、妄言臆測。

雖然佛教講三世因果，但是佛教反對「宿命論」的說法，即使芸芸眾生的過去世對於他自己的現在世有影響力，但是「並沒有」因此就決定了他現在這一世的言行舉止；換言之，一個人現前的言行舉止（不論好壞或善惡），雖然會受到過去世所累積下來的「習氣」的影響，但絕對不會因此就被「注定」了，我們仍然可以運用我們當下的自由意志來轉化自己的習氣，改進自己的缺失，提升自己的能力，突破生命的困境。

就我對佛法的理解，我認為那些兇殺案件，無論是謀殺、情殺、財殺或姦殺，也不管是蓄意、惡意還是隨機殺人，都是殺人兇手今生今世貪瞋癡的無明現行，也是違反人性的不理性惡行，絕對不可以妄言臆測為前世因果，做為其兇殘殺人的藉口。

俗諺云：「冤有頭，債有主。」退一步說，即使要講前世因果，也要有個「來龍去脈」與「前因後果」，不可以「無中生有」。就如我在文中引述的《慈悲三昧水懺》為例，唐朝懿宗年間悟達國師在膝蓋上長出一個人面瘡，究其前因，原來是在漢景帝時，同朝為官的晁錯與袁盎之間的累世恩怨，後來承蒙聖僧迦諾迦尊者出面調解，以三昧法水洗滌化解，讓雙方得以化解。（這段因果故事的內容，請讀者自行參閱《慈悲三昧水懺》或〈從生死關懷觀點對死刑存廢問題的反思〉一文。）

鄭捷無端在臺北捷運上隨機揮刀殺人，龔重安無故闖入國小校園對無辜女童下毒手割喉，我絕對不同意，這些兇殺案件的背後有什麼前世因果。再者，如果妄言臆測為前世因果會「沒完沒了」，為什麼？因為要講因果，不能只講一世、兩世，而是要講三世、生生世世，就有扯不清的冤冤相報，那豈不是「沒完沒了」？

因此，我認為不要妄言臆測現世的殺業是因為前世因果，而為今世的過失罪業找個藉口，應該一切回歸今生今世生命當下的人性與理性。一個人不可以找任何理由或藉口來殺害他人，萬一當下無明現行而殺了人、造了業，兇手就必須要為自己當下的犯行業果負起全責，這樣才能解脫罪愆。如何才算「負起全責」？如果殺人兇手能誠心誠意地向被害人及被害人家屬認錯、道歉、懺悔，然後坦然地面對死刑——「以死謝罪」，他的重大過失與罪愆才能真正地解脫，不但現世的罪業可以化解，也可以免除來世的糾纏。

死刑宜慎不宜廢，不應將「人權」汙名化

據二〇一五年五月三十一日《聯合晚報》的報導，中華人權協會名譽理事長、總統府國策顧問許文彬表示，司法院應當宣示刑事政策「當判死就判死」，不要再因為想要達到以「無期徒刑」取代「死刑」的長期目標，而要求各級法院儘量不判死刑。

許文彬說，他過去就曾寫過一篇文章指陳，廢死聯盟以人權做為論據，以此主張廢除死刑，不但不符合社會正義，其結果反而是將「人權」兩字「汙名化」了。人權成了保護壞人的工具，社會反將促進人權者視為寇讎。死刑是「社會正義」問題，而不是「人權」問題，因此他主張：死刑「宜慎不宜廢」，他的主張與我不謀而合。

他並指出，二〇〇五年立法院修正刑法，將無期徒刑的假釋門檻從十年提高到二十五年，就是希望有朝一日以無期徒刑取代死刑，然而，這是一項錯誤的政策，立法院應儘快將假釋門檻降低，因為一個理當被執行死刑的罪犯，卻被關在監獄裡超過二十五年，讓人民以寶貴的納稅錢，供養一個殘暴的殺人犯，完全不符合社會正義與人民的法律感情。

他表示，二〇一四年高雄六龜監獄發生劫獄事件，就是欲以無期徒刑取代死刑政策的必然結果，六個（由死刑犯變成的）重刑犯因為看不到出獄的希望，於是乾脆劫獄，行動

失敗就自己執行「死刑」，可見二十五年的假釋門檻完全是錯誤的，原先該槍斃的，卻被關在牢裡供養，其實他們並不領情。

此外，據二〇一五年六月七日《中國時報》報導，法務部政務次長陳明堂說，有關廢除死刑的爭議，就連已經廢死的國家，也出現要求恢復死刑的聲音，這須依各國的國情、民情及社會狀況而做斟酌，國際公約也沒有規定或共識，要求各國必須廢除死刑。他還說，我國已經廢除了「絕對死刑」，「相對死刑」雖然有七、八種以上，但是也已經逐步減少死刑的使用，目前就連有死刑的美國、日本等國，也都未暫停死刑的執行。

結語

死刑的根源在於殺人兇手逞一己之私剝奪殘害他人生命的殺業，而兇手的殺業源自於其自我的無明私欲。以當今的社會而言，如果沒有兇殺案件，就不會有死刑的存在，也根本不會有死刑存廢的爭議。然而，眾生無邊、煩惱無盡，因此，死刑存廢的爭議也永遠不會終止。即使有一天死刑真的廢除了，但是眾生的殺業不會停止，死刑存廢的爭議仍然會綿延不絕，就如《法華經》所云：「是法住法位，世間相常住。」

在本文結束前，簡要地總結我的基本立場與主張如下：

一、「戒殺」是佛教第一大戒，其實這不是特定的宗教戒律，而是放諸四海皆準的做人基本，任何個人都不應以任何個人私欲的原因或理由殘害剝奪他人的生命。

二、從佛教「十方三世」宇宙人生觀來看，有情眾生的生命是永續的，在世間因為造業所糾結的恩怨也是永續的，造業者必須要對受害人誠心認錯、懺悔，恩怨必須了結化解。

三、萬一逞一己之私造了嚴重的殺業，殺人犯要對自己的犯行負全責：「好漢做事好漢當」，向被害人「以死謝罪」，這樣才能真正地化解恩怨，免除來世的糾纏。

四、死刑不是以暴制暴，而是具有真正的「教育意義」與「社會價值」！死刑的「教育意義」在於：殺人犯以虔誠懺悔的心向被害人及其家屬認錯，以贖罪的態度坦然面對自己的罪刑。就死刑犯而言，面對死刑的意義，已經不再只是一種「外加於己的懲罰機制」，而是轉化為一種「出自於內心的懺悔與贖罪行為」，唯有如此才能真正地解脫。

五、死刑的判決與執行是否公正？這是「司法」的問題，不應混淆轉移為「死刑」存廢的「立法」問題。

六、死刑是「社會正義」問題，而不是「人權」問題，死刑「宜慎不宜廢」。有人說「廢死」就是「文明」，實在太膚淺！社會上「沒有兇殺案」，普羅大眾免於心理恐懼，這才是「真正的文明」！

三論死刑判決與存廢問題

前言

有關死刑存廢的問題，我曾經先後在《人間福報》「生死自在」專欄發表過兩次系列文章：〈從生死關懷觀點對臺灣死刑存廢問題的反思〉（二〇一四年七月二十二日至十二月十四日）與〈再論死刑存廢問題〉（二〇一五年六月十四日至八月二十三日）。其實我不想再談這個問題，因為該講的話，幾乎都已經講了。不料，二〇一六年三月二十八日上午，在臺北內湖發生了四歲小女童被斷頭的驚駭命案。該女童小名「小燈泡」，與母親正在往西湖捷運站的路上準備迎接祖父，卻不幸遭到三十三歲的兇嫌王景玉尾隨在後，無端以菜刀猛砍其頸部，導致女童當場身首異處倒地死亡。

案發之後，輿論譁然，群情激憤，隔兩天我就陸續接到讀者及信眾的來訊，問我對此一案件，就生死學與因果的角度有什麼看法？那時我就在思考（但還沒有決定）是否應該再寫一篇文章。一直到（二〇一六年）五月間，看了新聞連續報導幾起「無期徒刑」的判決，包括：「三十年前在校操行好．蔡京京夫婦弒母免死」、「姦殺女友不判死．兩公約成免死金牌」、「連殺母女分開判．判活定讞．判死發回」、「割喉殺童曾嗆『不會判死』．曾文欽三判無期」等案，我才決定要再寫一篇文章，以〈三論死刑判決與存廢問題〉為篇名表達我的看法，一方面回應讀者與信眾的提問，另一方面提出對法官判決的質疑及評論，讓讀者與社會大眾來公評。

從蔡京京夫婦弒母案談起

曾幾何時，出自法官的判決文「有教化的可能」此一說詞，成了泯滅人性、罪大惡極的兇殘殺人犯得以免死的護身符，連殺害自己的親生母親都可以免死，嚴重違反，甚至於扭曲常民百姓的倫常道德觀。用「恐龍」級的判決來描述法官的審判水準，已經不足以形容其匪夷所思的荒謬程度，我必須極其痛心疾首地說，這是幾近於「腦殘」程度的荒誕絕倫判決。我就先從「蔡京京夫婦弒母案」談起，在評論此案的判決之前，我先引述《觀無量壽經》中有關阿闍世太子企圖弒父、弒母的故事。

釋迦牟尼佛在世時，王舍城的太子阿闍世，聽從惡友提婆達多的教唆而欲篡位，就將父親頻婆娑羅王捉拿，並且囚禁於一處有七重門禁的牢獄中，又禁制所有臣子，不准任何人前往探望。王后韋提希，就設法護衛國王不致餓死，她先沐浴和潔淨身體，然後以酥蜜和糗（炒熟的米或麵等）塗在身上，並於所佩帶的瓔珞中，盛滿葡萄漿，進入大牢秘密地呈獻給國王。

就這樣子，國王得以食用糗及飲用葡萄漿，並求水漱口。漱口完畢，他恭敬地朝向耆闍崛山合掌，遙遙禮拜佛陀，並且說道：「大目犍連是我的親友，希望他發起慈悲，來到這裡為我傳授八關齋戒。」在那段期間，目犍連有如鷹隼般快速來到頻婆娑羅王的囚居所在，傳授國王八關齋戒，日日如是。佛陀亦派遣尊者富樓那，前往為國王說法。這樣經過了二十一天的時間，國王由於食糗和蜜，又聽聞佛法，因此容顏和諧愉悅。

那時，自立為王的阿闍世估計父王應該已經在獄中飢餓身亡了，就詢問獄卒：「父王現今還活著嗎？」獄卒回答說：「大王，韋提希王后在身上塗上糗蜜，於瓔珞中盛滿葡萄漿，拿來獻給國王。沙門目犍連和富樓那從空中降臨，為國王說法，我們無法禁制。」阿闍世聽了之後，遷怒他的母親，並說道：「我母親是賊，與賊父為伍。那些沙門是惡人，施展幻惑咒術，令這個惡王多日不死。」他隨即手執利劍，想要殺害母后。

這時，有一位大臣，名叫月光，聰明多智，與大臣耆婆一同向阿闍世行禮，並且對他說道：「大王！我們聽《毗陀論經》說，自古以來，有不少惡王貪圖國王的權位，因而殺害他們的父王，這樣的事件有一萬八千起，但是從未聽聞有無道的惡王竟然連母親也殺害的。大王現在要做出這種忤逆殺母的事，玷汙了剎帝利種姓，我們為臣者實在不忍聽聞，那可是賤民旃陀羅所做的事，我們不宜再留住此處了。」兩位大臣說完這些話之後，就以手按劍，倒行退下。

當時，阿闍世聽了二位大臣的嚴肅進言之後，心中驚惶恐懼，就對耆婆說道：「你不幫助我了嗎？」耆婆鄭重地回應說：「大王！千萬不可殺害母親。」阿闍世聽了這句話，立即懺悔，並請求耆婆救助自己，他隨即收起利劍，決定不殺害母親。但是他下令宮內的官員，把母后幽禁於深宮之中，不許她再出來。

韋提希王后被幽禁之後，愁苦憂慮，顏容憔悴，遙向耆闍崛山禮拜佛陀，說道：「如來世尊，往昔之時，您時常派遣阿難前來慰問我。現在我愁苦憂慮，即使很想親見世尊，但世尊威重，也無由得見。只盼望世尊派遣目犍連和阿難尊者前來，與我相見。」世尊在耆闍崛山中已經知道韋提希內心的悲苦，隨即命令大目犍連和阿難從空中前往，而佛陀亦從耆闍崛山隱退，於王宮中出現。

韋提希在佛陀現身之後，就摘掉身上佩帶的瓔珞，五體投地，向佛陀哀號悲泣，訴說心中的痛苦，為何會生出這樣的逆子，祈求哀憫，深自懺悔，請求佛陀開示，如何出離五濁惡世，往生到清淨善業、無憂無惱的地方。這就是《佛說觀無量壽經》的緣起，讀者可以自行上網或到圖書館查詢參閱內容，於此不再詳述。

根據傳統佛教通於「聲聞、緣覺、菩薩道」三乘的說法，「殺父、殺母」乃屬「五逆重罪」，不通懺悔，死後墮「阿鼻地獄」（即「無間地獄」）。通常所說的五逆重罪為：(1)殺父，(2)殺母，(3)殺阿羅漢，(4)出佛身血，(5)破和合僧（就是以惡意手段離間僧團，破壞僧眾和諧，引發鬥爭）。造了此五種極重惡業，死後必墮無間地獄，受苦無間，佛不能救，所以又稱之為「五無間業」；並不是佛不慈悲，不救此類眾生，而是「種如是因，必得如是果」，是自作自受的因果報應問題。

我特別引述《觀無量壽經》和「五無間業」的內容，就是要說明「殺父、殺母」的嚴重性非同小可，而且「殺母」是要比「殺父」更為嚴重的罪業，《觀無量壽經》中，月光大臣對阿闍世說的那段話——「自古以來，有不少惡王因貪圖權位，而殺害他們的父王，有一萬八千起，但是從未聽聞有惡王竟然連母親也殺害的」——可以做為佐證。

我們再回到「蔡京京夫婦弒母」案，根據媒體報導，二〇一二年五月四日，花蓮縣豐濱鄉貓公溪出海口發現一具女性浮屍，死者手腳被繩索綑綁，頸部纏繞鐵絲，研判為他殺。鳳林警分局在案發日前接獲北市蔡姓民眾報案說妻子失蹤，才查出死者是住在臺北市的五十五歲婦人陳誼，並鎖定死者的女兒蔡京京（三十一歲）和男友曾智忠（五十歲）涉案。

二〇一二年九月九日，蔡女、曾男遭收押禁見，蔡女被捕時還辯稱「警察抓錯人」，曾男更可惡，推說是女友的爸爸蔡金進殺的，蔡女甚至說「父親是撒旦」。九月十日，蔡金進自國外返臺，一打開手機看到朋友傳的簡訊，得知妻子慘死，女兒又栽贓說凶手是他，讓他差點在機場就昏倒。

蔡京京短暫遊學紐西蘭時，認識了大她二十歲的曾智忠而交往，兩人不久就回國同居。但是他們兩人不找工作，經濟拮据，全靠蔡女父母接濟。因為經常向蔡媽媽伸手要錢，蔡媽媽認為男方行為偏差，多次要求兩人分手，讓曾智忠心生懷恨不滿。二〇一一年底，蔡女竟然帶曾男回家向父母親討房產，雙方爆發激烈口角與肢體衝突，鬧到派出所，所長親自來調解。

二〇一二年五月一日，兩人假借看屋為名，騙蔡媽媽碰面，結果曾智忠以電擊棒電暈蔡母，再於口鼻黏貼膠布令其窒息死亡，隨後以鐵絲繞頸及童軍繩綑繞蔡母手腳，蔡京京居然冷眼旁觀整個犯案過程，甚至協助將蔡母遺體裝入垃圾袋及行李箱，然後一同租車開往花蓮豐濱鄉的「親不知子斷崖」棄屍。

蔡京京夫婦弒母案，法院的荒謬判決

據《中央社》記者二〇一六年二月十五日花蓮縣報導，蔡京京在一、二審均被判處無期徒刑，曾智忠則被判死刑，花蓮高分院日前更一審宣判，蔡京京維持原判，曾智忠改判無期徒刑，仍可上訴。

花蓮高分院更一審合議庭法官認為，被告曾智忠德育及群育成績優良，大學時操行成績良好，從事軍職期間有記功、嘉獎多次的紀錄，非無教化的可能性；國內醫療矯正教化機構的不足，因此不能因無法教化而剝奪生命。法官也有列但書，若無法回歸社會，「即使終身監禁，亦有其必要」。

蔡京京、曾智忠在一、二審均分別被判無期徒刑、死刑，兩人拒不認罪，還在獄中結為夫妻，並屢次自稱罹患精神疾病，要求停止審理。全案上訴最高法院，二〇一五年六月底召開生死辯論庭，最高院撤銷二審判決發回更審，花蓮高分院在日前更一審宣判，蔡京京維持原判無期徒刑；曾智忠歷經一、二審均判處死刑，更一審改判無期徒刑。

據《中時電子報》二〇一六年二月十六日花蓮縣報導，最高法院在二〇一五年七月，以二審未准許曾男與蔡女對質詰問、蔡京京未做精神鑑定等六項原因，認定程序不當發回更審；花蓮高分院連開三日辯論庭，庭上曾智忠否認殺人，駁斥起訴內容，仍指蔡父蔡金進才是真凶，他們才是目擊棄屍的「關鍵證人」。

法院指定律師也主張，曾智忠犯普通殺人罪卻是判得比蔡女殺害直系親屬更重，請求法官量刑再做審酌。合議庭法官經調閱發現曾男求學成績優良、操行良好，任職航發中心期間因執行計畫或計畫試驗獲嘉獎十次，認為他仍有教化可能，改判無期徒刑。

花蓮高分檢於農曆春節前接獲判決書，決議蔡女部分不再上訴，無期徒刑判決定讞；但是針對曾智忠改判無期徒刑無法接受，已完成上訴程序。

據《中時電子報》二〇一六年五月五日臺北報導，最高法院於五月四日駁回蔡、曾及檢察官三方的上訴，但強調是考量他們犯行不是《兩公約》「最嚴重的罪行」，將二人判處無期徒刑確定，讓他們逃過一死。一、二審將蔡女判處無期徒刑，曾則判死，更一審佐以精神鑑定報告，認定蔡有反社會人格，無法遵守法律規範，但有教化可能；而曾在求學時學業不錯，操行良好，甚至在少校退伍前，任職航發中心因執行計畫或試驗有功，並非無教化可能，將他改判無期徒刑。

法官並語重心長希望二人在往後監禁歲月，能接受治療，並要矯正機關嚴謹審核二人是否可回歸社會，否則有必要終身監禁，但仍引起社會質疑是法官不願判處死刑，案件才會發回更審。

檢方認為更一審量刑過輕，而蔡、曾二人則辯稱真凶是蔡父，於是各自提起上訴，最高法院認為，更一審將蔡京京與曾智忠判處無期徒刑，沒有違法或不當之處，駁回三方的上訴，全案定讞。

荒謬的判決，後患無窮！

我為什麼要花費偌大的篇幅引述相關的報導？就是要讓讀者完整地回顧案情的來龍去脈，才得以了解法官判決之荒謬程度。

當初我看了有關蔡京京弒母案的那些新聞報導，特別是看了最高法院的判決之後，心裡面就深感憂慮：慘了！慘了！從今以後，臺灣恐怕會天下大亂！果不其然，二〇一六年五月二十三日就發生了逆子割喉弒母的逆倫慘案。

據《網路快點報報》二〇一六年五月二十五日報導，新莊一名十六歲向姓少年疑因車禍須賠償，二十三日跟母親索討六萬元被拒，竟夥同曾獲全國跆拳道獎牌的十七歲李姓少年擊昏母親後，再持料理刀割斷她的頸動脈後逃逸，向母因失血過多慘死。二十四日向少落網後仍不知悔改，直說原本只是想搜刮財物，但是怕母親醒來後事情很難收拾，決定一刀封喉，死了省得麻煩，冷血態度令人不敢置信。向少母親被毆昏後，李男聽從向少指示，搭電梯將向母藏到隔壁棟新房，全程被監視器拍下。

泯滅人性，大逆不道，邪惡悖理，莫此為甚！

這起駭人聽聞的少年弒母案，發生於新北市新莊區，向姓少年自幼雙親離異，現與母親及繼父同住。警方追查，現年四十五歲的向母，早年離婚後自力養育獨子，基於補償心態，儘量滿足兒子的物質需求，但兒子國中畢業後沒有繼續升學也沒有固定工作，遊手好閒，要錢愈來愈兇，向母生氣拒絕後，向少改找其他理由騙錢。案發日前不久，向少聲稱因撞壞別人的車須賠償六萬元，多次與母親要錢，向母不堪其擾，曾經痛罵兒子：「你好手好腳，為何不自己工作賺錢？」未料，向少竟然因數度索錢不成而埋下殺機。

向母於二〇一六年五月份剛與王姓男友結婚，王男五月二十三日晚九點回舊家找不到妻子，發現屋內有打鬥跡象，她的汽車不在、手機關機，王男覺得不妙，跑去新家查看，驚睹妻子慘死浴室，立即報警處理，警方獲報後，根據監視器鎖定向、李二人行蹤。

新莊警分局循向母的車號追查，五月二十四日凌晨兩點，在新莊區中正路攔獲開車出遊的向少，車內載著三名不知情的朋友，警員在向少的包包內搜出弒母血刀，再追查得知，向少在行兇之後，還將媽媽的手機、戒指等變賣了兩萬六千多元，被捕時已經花掉八千元；警方另外循線至泰山區逮捕李姓少年。

落網的向少滿臉不在乎，被問到行兇動機，先辯稱要幫朋友還債，又說原本想打昏媽媽搶錢，但後來怕媽媽醒來後追究，到時候會「很麻煩」，乾脆殺了媽媽。向姓少年在檢方複訊時供出犯案細節，坦承為了區區六萬元弒母。李姓少年則否認殺人，表示是基於「義氣」才助拳，堅稱不知向少的殺人計畫，也未參與。

庭訊時兩人話不多，沒有表示後悔，也沒有流淚，訊後被裁定收容，送進少年觀護所。律師表示，本案雖是「殺害直系血親尊親屬罪」，依法只有無期徒刑與死刑兩個選項，但因嫌犯未成年，依刑法第六十三條規定，不得判死或無期，未來勢必只能輕判有期徒刑。

向姓與李姓少年，二人的犯行都已經嚴重地泯滅人性，大逆不道，邪惡悖理。就常理而言，不要說是自己的親生母親，就是對非親非故的路人甲、路人乙，也絕對不可能如向姓少年這樣，為了區區六萬元痛下殺手冷血割喉；一般正常人，也絕對不可能像李姓少年所言，基於「義氣」出拳痛毆朋友的母親，這些邪惡悖理的犯行都遠遠超過我們能夠想像的程度，令人髮指。

法官的判決嚴重地扭曲破壞了人類社會最起碼的是非善惡因果責任倫常認知

前述「蔡京京夫婦弒母案」與「向姓少年冷血弒母案」，兩案之間當然沒有明顯的因果關係，但是法官對「蔡京京案」做了「既荒謬又腦殘的判決」，以及判決所持的理由，對於當前臺灣的社會氛圍，絕對有極其嚴重負面的不良影響，因為人類社會最起碼應有的是非善惡、因果責任的根本倫常認知，都被法官的判決嚴重地扭曲破壞了。

我在前文中已經說明，就佛教的觀點，「殺父、殺母」乃屬於「五逆重罪」——而且「殺母」是要比「殺父」更為嚴重的罪業——不通懺悔，死後墮阿鼻地獄（即無間地獄），受苦無間，佛不能救，只有靠地藏王菩薩的慈悲大願來救度。

這裡所謂「佛不能救」，並非佛不慈悲而不救度他們，而是此類無明眾生「種如是惡因，造如是惡業，必得如是惡果」，這是當事人自作自受與因果報應的責任問題。至於所謂「不通懺悔」，並非「不准許他們懺悔」，而是因為所造的罪業實在太重了，不能只是做做樣子自欺欺人，「嘴巴講一下、心理想一下、眼淚流一下、表面裝一下」，為了脫罪卸責，表演式的「假仙懺悔」一下，而是必須坦白面對自己的滔天大罪，至誠懇切、掏心掏肺、肝腦塗地式的真心發露懺悔，才有可能通過承擔自己應有的罪責而洗滌化解罪業。

惡性重大兇殺刑案，法官拒不判死，理由荒謬奇怪，已經成為民眾普遍認知

近一、二十年來，大多數臺灣的政客對於「死刑存廢」以及「死刑判決」的立場，都在看西方國家的臉色，仰歐盟的鼻息，極端害怕西方國家、歐盟、國際特赦組織等針對臺灣的指指點點，完全沒有基於臺灣社會大眾福祉考量的自我主張，可以說是一點國格尊嚴都沒有。

政客們和廢死團體等還相信遵奉一種說法，就是死刑的判決與死刑犯的多寡，是衡量社會進步與否的重大指標。死刑的判決及死刑的執行，只有在落後的第三世界國家才大量

存在，因此，臺灣做為一個「進步」的國家，不能再以死刑做為懲罰的手段，而要以「教化的可能」做為量刑與判決的考量。

就是因為這樣偏頗的政客心態、政治風向與趨勢，再加上廢死人士與團體的推波助瀾，終於影響到法官的判案。對於惡性重大、極端殘忍的兇殺案件，於法、於理、於情都應該判死，但是法官卻為了不判死刑，總是想方設法要找很多似是而非的理由，諸如：殺人犯有沒有罹患精神疾病？是否事出有因、其情可憫？是否有表示懺悔？是否有教化的可能？只要找到一個理由，法官就可拒絕判死。

二〇一二年十二月初，在臺南犯下湯姆熊割喉殺童案的曾文欽，被逮捕時就直接對警方嗆聲說：「現在臺灣殺一、二個人也不會判死刑」，後來歷次審判都以嫌犯精神耗弱、有精神病為理由判無期徒刑，最高法院於二〇一六年五月五日維持原判無期徒刑，全案定讞。二〇一五年五月，在北投犯下殺害一名八歲女童割喉案的龔重安，手段凶殘，引發社會譁然，二〇一六年二月二十六日，士林地方法院做出一審判決，以患有精神疾病中的「思覺失調症」為理由，判龔重安無期徒刑。

面對重大兇殺刑案，法官堅拒判死，在臺灣社會已經成為普遍認知，而且法官大人所持判決的理由都非常荒謬奇怪，我等小老百姓出於良知良能，全然無法理解，也無法認同。二〇一六年四月，高等法院又做了一個比前述的案例更為匪夷所思的判決。

二〇一六年，新北市廚房用品商人張鶴齡，因為與有夫之婦的女鄰居蘇玉真打麻將認識後出軌，張男外遇後和妻子關係惡化，他搬離新北市汐止區的住處並與妻子協議離婚，但兩個女兒的監護權問題未達共識，張妻因而致電蘇玉真的丈夫告知上情，導致蘇女懷恨在心，就慫恿張男殺妻。張男為了與小三蘇女在一起，經蘇女慫恿遂同謀商議殺妻。四月十一日凌晨，張男到妻小的住處，避開監視系統潛入屋內，用沾了乙醚的毛巾悶殺熟睡中的妻子，不料驚醒了十二歲及八歲兩個讀小學的女兒，居然一不做、二不休將兩個女兒一併悶殺，再打開瓦斯製造妻女三人不小心中毒的假象，在犯案當中，竟然還用手機致電小三「實況轉播」悶殺妻女三人的過程。

張鶴齡殺害兩個女兒部分，歷審六次都判死刑，但二〇一六年四月二十六日，到更五審時逆轉，高等法院法官以「有教化可能」等理由，將原來的死刑改判為無期徒刑。

這個極端荒謬的判決，可說是劃時代的歷史性判決，臺灣社會已經從「殺一、二個人也不會判死刑」，演變到「一次殺三個直系血親也不會判死」的「超級荒謬」的程度。常言道，虎毒都不會食子，殺害直系血親是罪大惡極、天理不容的重大刑案，一次連殺三人都可以不判死刑，如此地「無法無天」，這就是臺灣社會的「文明程度」與臺灣的「司法進步」情況嗎？各位讀者，您能夠理解、能夠認同、能夠接受法官的這種傷天害理的腦殘判決嗎？我要仰天長嘯：天理何在！

法官一句「有教化可能」的空口白話與睜眼瞎話，讓社會承受無盡嚴重的禍害

做為一個小老百姓，我不知道，也無法理解，法官大人所謂的「有教化可能」，究竟有什麼「法理」或「學理」上的確切根據？《六法全書》中，有專門針對惡性重大殺人犯「有教化可能」的法規條文與配套措施嗎？我不知道，這要就教於法律與法學的專家學者們。

有關量刑的標準，根據《刑法》第五十七條，科刑時應以行為人之責任為基礎，並審酌一切情狀，尤應注意下列事項，為科刑輕重之標準：一、犯罪之動機、目的。二、犯罪時所受之刺激。三、犯罪之手段。四、犯罪行為人之生活狀況。五、犯罪行為人之品行。六、犯罪行為人之智識程度。七、犯罪行為人與被害人之關係。八、犯罪行為人違反義務之程度。九、犯罪所生之危險或損害。十、犯罪後之態度。

犯行如何「量刑」乃屬《刑法》第五十七條之問題，但《刑法》條文上並無明列「有教化可能」之規定。一般而言，只要在五十七條找得到依據者，例如該條第十款的「犯罪

後之態度」，法官於科刑時不免就會從輕，所以在慘酷案件當中，即使在犯案時手段兇殘，但只要犯後態度良好，表示懺悔或與被害人和解者，法官通常都會認定犯人「具有教化之可能性」，而從輕量刑。至於「教化可能性」的具體依據究竟為何？多半是法官個人片面的決定（認為犯人有悔悟之表現），有時會委託鑑定罪犯的精神狀態與認知是否正常。

總而言之，在《刑法》中「根本就沒有明文規定」有教化可能就不能判處死刑，至多只是做為量刑之參考，並無客觀之評判標準與程序。因此，法官連「殺父又殺母」以及「一次殺三個直系血親」的逆倫罪犯，也都以「有教化可能」而拒絕判死，有嚴重恣意之嫌，徹底違反倫常，根本無法說服社會大眾。

我另外還有一重質疑，法官是「教育理論」或「教學實務」方面的專家嗎？不然如何能夠判定犯人「有教化可能」？此外，就邏輯思惟來說，將「有教化可能」與「沒有教化可能」放在天秤上，是兩個對等的概念，法官為何獨挑「有教化可能」的一邊來講？就普通常識而言，我們從天秤兩端的高低或「百分比」來判斷「有可能」或「不可能」的「傾向」，至少要有六、七成以上的把握，我們才會傾向說「有可能」，如果低於三、四成的把握，我們會傾向說「不太可能」，如果介於四至六成之間，則會說「一半一半」，請問法官大人：您的「有教化可能」究竟是以上三類情況的哪一類？能否具體說明？

臺灣的看守所在羈押殺人兇手時，都會要求罪犯對自己的犯行「寫作文」，而罪犯一定會把握這個機會在自己的「作文」裡面大肆「懺悔」一番，這種「作文」通常就被法官當做「有教化可能」的證據。各位讀者，您不覺得這非常可笑嗎？這簡直就是司法單位、法官和犯人在一起玩套招的遊戲，所謂「有教化可能」原來是這種自欺欺人的虛假道德把戲！

好了，我們再退一步說，就如法官所判定，犯人有比較高的教化可能性，那麼究竟是「由誰來負責教化」的任務與工作呢？教化的「具體內容與項目」為何？又該「如何進行」教化的活動？最後又該「由誰來評估」以及「如何評估」教化的成果與績效？以上這些都是攸關民眾福祉與社會安危的重大問題，請問諸位法官大人：「您有認真思考過這些與您的判決『有教化可能』息息相關的問題嗎？有給我們小老百姓任何負責任的交代嗎？」

針對重大刑案，法官在做出犯人「有教化可能」的判定時，本來就應該針對以上我所提的問題，先縝密周詳地思考，司法單位也應該要有相關的教化配套措施。如果都沒有，我必須沉痛地說，法官的一句「有教化可能」，只是不負責任的「空口白話」與「睜眼瞎話」，卻讓整個社會承受無盡嚴重的禍害。

殺人犯若沒有真誠痛切地懺悔，所謂「有教化可能」都是法官不負責任的「空口白話」與「睜眼瞎話」

從大乘佛法的「義理」上來說，眾生皆有佛性，《妙法蓮華經》與《大般涅槃經》更是明言，犯下五逆重罪、十惡不赦的「一闡提」，未來還是有成佛的可能。【慧開按：「一闡提」，梵文為Icchantika，傳統部派佛教認為這是一種斷滅善根的人，永遠不能成佛。】然而，從眾生界的「事相」上來說，要修道成佛，那可是非得一步一腳印不可，畫餅不能充飢。再從「度化眾生」的角度來說，眾生的根基千差萬別，眾生的煩惱無量無邊，「教化」談何容易？所以觀世音菩薩才須展現「千手千眼」尋聲救苦，不辭辛勞地「應以何身得度，即現何身而為說法」；地藏王菩薩才須發大願入地獄救度眾生。

我從事教學工作，至今已經四十餘年，教學領域從一般學校教育、僧伽教育到社會推廣教育，教學的對象從國中一年級一直到博士班都有，學生的年齡層從十二歲一直到九十五歲不等，也曾多次到臺灣及美國的監獄裡面，為受刑人皈依及開示，深知教學工作與教化任務之艱巨不易，不但要經年累月地深入耕耘，還要想方設法的教學設計，更須以身作則地身心投入，即使如此尚無法期待立竿見影的成效。

在前面的論述當中，我一再強烈地質疑法官縱容那些冷血、殘暴、逆倫殺人犯的腦殘判決，並不是一味否定那些殺人犯「有教化可能」，而是認為法官「執理廢事」，不但在道理、倫常上說不過去，無法服眾，而且是白目、天真幼稚（naive）的可怕。倘若「有教化可能」就如同法官所想像的那麼容易、所講的那麼輕鬆，我們何須大慈大悲觀世音菩薩的「千手千眼」與大願地藏王菩薩的「我不入地獄，誰入地獄」？

我必須鄭重地說，如果殺人犯根本就「沒有」真誠地認錯及痛切地懺悔，那也就根本「沒有」教化的可能。因此，若法官未能明確判定殺人犯是否已經真誠、痛切地認錯及懺悔，就輕率地說「有教化可能」，根本就是不負責任「空口白話」與「睜眼瞎話」。

我還要沉痛地說，法官輕率判決，輕輕的一句「有教化可能」，其結局就是讓那些冷血、殘暴、逆倫殺人犯都得以卸責脫罪，只會使得真正的「教化」成為「不可能的任務」。

死刑本身就是一種教化

我在二〇一四年的〈從生死關懷觀點對臺灣死刑存廢問題的反思〉這篇文章中，引述了日本第一個剛滿十八歲少年犯福田孝行強姦殺人而被判死刑的案例。起初，本案在所謂「人權」律師團的辯護下，一審的判決是「無期徒刑」，福田因而有恃無恐，不但沒有絲毫的悔意，還寫信給朋友說道：「這個世界終究是由惡人獲勝的！……七、八年之後，等我出獄時，你們要舉辦盛大的Party歡迎我啊！」然而，在三審法官做了死刑的判決之後，福田終於意識到自己所犯下罪行的嚴重性，才開始寫信給受害者遺族表達自己的懺悔。

對照日本的這個案例，再回頭來看看臺灣，我們可以很清楚地了解，「刑法懲罰」不只是維護社會正義，也是「社會教化機制」的重要一環，法官的輕率判決，已經出現了非常嚴重的後果：一、殺人犯有恃無恐，還公開嗆聲，殺一兩個人沒什麼大不了，反正不會被判死刑；二、殺人犯罪大惡極卻毫無悔意，正因為沒有足以讓他面對罪過與深切懺悔的「刑罰機制」，反而充滿了為他辯護、幫他脫罪的音聲。

我要再一次強調：死刑並不是以暴制暴，而是具有真正的「教化意義」與「社會價值」！死刑的「教化意義」在於：促使殺人犯真誠地認錯與痛切地懺悔，以贖罪的態度坦然面對自己的罪責。就死刑犯而言，面對死刑的意義，已經不再只是一種「外加於己的懲罰機制」，而是轉化為一種「出自於內心的懺悔與贖罪行為」，唯有如此，殺人犯才能真正地解脫。

當我提出「死刑本身就是一種教化」時，乍聽之下，有些人不免會嚇一跳，心想：一個出家人怎麼會那麼不慈悲？其實，「死刑本身就是一種教化」這句話，絕非信口輕率而言，亦非仇恨報復之語，而是基於「生命永續」的根本信念，同時發自內心的慈悲，經過深刻地思考，我才鄭重嚴肅地提出這樣的主張。

二〇一一年，我應孫效智教授的邀請，回母校臺大開通識教育課程「生死課題的現代省思與探索」，在課堂上我談到：「『死亡』也是『生命』的一種展現」，有學生聽了當下覺得十分震撼，後來在心得報告裡寫道，他從來不曾如此深刻地思考過「死亡」的深層意義，覺得我這句話真的是「一語驚醒夢中人」！【慧開按：讀者若有興趣，可參閱《生命是一種連續函數》一書，第五四—六九頁，〈死亡是一種生命的展現〉一文】

就像是之前我所說的「死亡也是生命的一種展現」，與後來我所說的「死刑本身就是一種教化」，這二句話看起來似乎沒有什麼直接的關聯，其實是基於同樣的根本信念——「有情的生命是永續的」。因為生命是永續的，不論是被害人或是殺人兇手的死亡都不是終結，所以被害人的怨恨絕對不可能一筆勾銷，世間的恩怨情仇如果不化解也是永續的，俗話「冤家宜解不宜結」的背後，還有更深刻的一層哲理。

我在二〇一四年的〈從生死關懷觀點對臺灣死刑存廢問題的反思〉這篇文章中，引述了《慈悲三昧水懺》做為實例，就是為了要讓大家進一步了解，被害人的怨氣不會因為身亡了就平白無故地消散，而且會一直輾轉延續到未來。根據《慈悲三昧水懺》的序文所述，就是一段從漢景帝年間一直延續到唐懿宗年間，一樁跨越歷史時空而難以化解的恩怨，整整經歷了一千年，最後是由於聖僧的慈悲調解與當事人的痛切懺悔，怨氣才得以徹底化解。

我認為在死刑存廢的爭議乃至死刑判決的辯論當中，「真正的弱勢」以及「最需要關懷與協助」的對象，其實是那些遭殺害而無辜冤屈慘死的被害人與無助的家屬，絕非那些殘忍甚至於逆倫的殺人兇手；因此，我的基本立場是「堅決反對」廢除死刑，而且認為「該判死刑的，就應該判死刑」，而不是輕率找個「有教化可能」的瞎理由，判一個「虛假的」無期徒刑。

同時我也主張，殺人兇手應當「好漢做事好漢當」，應該「以死謝罪」以表真誠的懺悔與負責。這句話乍聽之下，也有人會質疑「出家人怎麼會那麼不慈悲」？其實，我正是站在佛教三世生命觀的慈悲立場才會這麼主張，因為被害人的冤屈如果沒有得到應有的關懷與化解，必然會一直延續下去，即使跨越時空也不會無故消散。遺憾的是，在現實的世界中，被害人的怨氣卻幾乎得不到任何應有的關懷，更談不上化解。

殺人兇手不能昧著良心，憑空期盼被害人及其家屬的原諒或寬恕，其他旁人也不能不分青紅皂白地做這樣的要求，就常理而言，「原諒或寬恕」是美德而非義務，何況是對於慘遭殺害的人。《論語‧憲問》篇中有一段記載，有人問孔子：「如果以德報怨，您有什麼看法？」孔子回答道：「如果是這樣的話，那麼我們要如何才能回報恩德呢？因此，『以直報怨』就可以了，要以德報德！」

如果殺人兇手沒有真誠地認錯與痛切地懺悔，世俗所謂的「殺人償命」，其實尚不足以化解被害人及家屬的怨氣，兇手還必須有更進一步的生命功課要做。如果兇手能夠真心誠意地認錯、懺悔，並且願意「以死謝罪」，兇手與被害者之間的怨恨才可能了結。換言之，殺人兇手不應將死刑當做是法律的懲罰，而是應當將其視為「認錯與贖罪的生命功課」，坦然面對，這段恩怨才會化解。以日本十八歲少年犯福田為例，死刑可以促使兇手真誠認錯及懺悔，這就是一種教化。

名不符實的「無期徒刑」所造成的兩難與困境

我在之前的文章中談過，臺灣並沒有「不得假釋」的「終身監禁」，因此，在臺灣所謂「無期徒刑」中的「無期」二個字，其實是「虛假的」，根本就「名不符實」。不管再怎麼惡性重大的殺人犯，即使被判了「無期」徒刑，依據《中華民國刑法》第六十五條（無期徒刑加重之限制與減輕）：無期徒刑不得加重。無期徒刑減輕者，為二十年以下、十五年以上有期徒刑。也就是說，再怎麼嚴重、殘忍、冷血乃至逆倫的殺人犯行，只要判了「無期」徒刑，都可以「減刑」而變成「有期」徒刑。

再者，即使所判的「無期」徒刑沒有明定「刑期」，也沒有「減刑」，然而，依據《刑法》第七十七條（假釋之要件）：受徒刑之執行而有悛悔實據者，「無期」徒刑逾二十五年，有期徒刑逾二分之一、累犯逾三分之二，由監獄報請法務部，得許「假釋」出獄。

各位讀者！您看出來了嗎？明明白紙黑字寫的是「無期徒刑」，卻統統都可以「減刑」而變成「有期」徒刑，不然也統統都可以「假釋」出獄，而且還要全民納稅人供養他們在獄中的生活起居，這不是欺騙蒙混我們小老百姓的障眼法與「文字遊戲」嗎？

總之，中華民國的「無期徒刑」是可以「假釋」的，而且《刑法》規定，不管犯了幾條罪，也不管犯行多重大，如果是判「有期徒刑」，最多也只能判決三十年。而且不管「有期」還是「無期」徒刑，假釋率都很高，平均監禁然後就放出獄的時間又短；因此在臺灣，實際上除了死刑外，重刑罪犯被永久隔離的可能性「趨近於零」。換言之，善良老百姓的生命安全保障是非常令人憂慮的。

那麼，有沒有可能修改《刑法》，讓「無期徒刑」名實相符呢？很不幸的，我認為答案是「Mission Impossible」——「不可能的任務」！

二〇一六年三月二十八日，不幸發生內湖女童小燈泡被隨機斷頭殺害命案，引起社會各界撻伐，根據「中央社」臺北三月三十一日電以及《東森新聞雲》綜合報導，國民黨立法委員王育敏、徐志榮等人分別提案，希望提高殺害幼童的刑責。徐志榮提到，近年來不斷發生多起幼童被殺案件，加上日前的內湖斷頸案，明顯看出現行《刑法》的規範顯然已不足以嚇阻類似犯罪行為發生，因此特別擬訂《刑法》部分條文修正草案，針對殺害未滿十二歲以下之幼童者，處以死刑或無期徒刑，並不得假釋，「以提高嚇阻效用並遏止殺害兒童案件再次發生」。立法院司法及法制委員會於三十一日下午增列議程，審查「殺害未滿十二歲以下兒童處死刑或無期徒刑」部分條文修正草案。民進黨立委周春米質詢時表示，徐志榮提案中的無期徒刑不適用假釋，法務部有什麼看法？

針對徐志榮的提案，法務部次長陳明堂表示，對於判處無期徒刑者不得假釋，這是《歐洲人權公約》第六條談到的「酷刑」。根據歐洲人權法院的見解，判處無期徒刑又不得假釋，是對受刑人的「酷刑」，對於國際人權有所違背。目前我國《刑法》其他條文也都沒有不得假釋的規定，「無期徒刑不得假釋」恐怕會違背國際人權。

陳明堂舉例指出，二〇一五年二月發生的高雄大寮監獄挾持案暴動事件，六名受刑人最後選擇飲彈自盡，其中有一人就是因為現行的「三振法案」條款（《刑法》第七十七條的修正條文），針對累犯三次重罪者一罪一罰，累積到了「四十六年不得假釋」，受刑人對於看起來「沒有明天」的監禁生活感到無望，所以走上絕路。陳明堂表示，目前刑法其他條文都沒有「不得假釋」的規定，無期徒刑不得假釋對於國際人權有所違背，因此認為立委所提案的此項修法不太恰當。

「無期徒刑」的兩難與困境

在上文中，我跟各位讀者分析了名不符實的「無期徒刑」所造成的兩難與困境，接下來再進一步探討「無期徒刑」的兩難與困境究竟何在。

從世間法與世俗諦現實的觀點來考量，「罪刑判決的輕重」與「犯行過失的輕重」及「應負責任的輕重」，這三者之間應該要彼此呼應、一致相符；簡單地說，就是「罪」與

「罰」之間，要符合「比例原則」。

原本「無期徒刑」的設計理念，就是希望能夠在「有期徒刑」和「死刑」之間，尋求一個合理的平衡點。譬如有一些重大的殺人犯行，並非像曾文欽、鄭捷、龔重安、王景玉等人惡意隨機濫殺無辜，而是涉及個人恩怨的仇殺、情殺等，且情節嚴重，如果只是判「有期徒刑」，即使判上二十年，還是讓人覺得太輕，但是如果判「死刑」，又讓人覺得太重，所以折衷判個「無期徒刑」，一方面可以反映殺人犯行的嚴重性，另一方面又不至於再剝奪另一條生命，看起來似乎很理想。

的確，如果臺灣社會「沒有」像曾文欽、鄭捷、龔重安、王景玉等這些人那樣，惡意隨機濫殺無辜，造成社會大眾莫名的恐慌，所有兇殺案件都是涉及個人或江湖恩怨的情殺、仇殺等，即使情節再嚴重，也都是有其個別的「來龍去脈」，而且都是「冤有頭、債有主」，不會牽連或旁及無辜；像這一類的情況，不判死刑而判「無期徒刑」，甚至於因為犯人有認錯懺悔的誠意，而給予假釋的機會，我也不會反對。

但是像曾文欽、鄭捷、龔重安、王景玉等這些人，無端地將自己個人的心理或精神問題「賴給」他人或社會大眾，不分青紅皂白、莫名其妙地隨機濫殺無辜，而且是兇殘、冷血地將被害者置之死地而後快，更甚者是這些殺人兇手在犯後竟然一點悔意都沒有，這就不能和上述的例子一樣相提並論了。在這樣的情況下，判「無期徒刑」已經不符合「比例原則」了，於情、於理、於法，我認為都應該判處死刑。

近十多年來有個趨勢，就是人權團體和廢死聯盟愈來愈強烈地主張「廢除死刑」，希望能以「無期徒刑」完全替代死刑。坦白說，如果沒有曾、鄭、龔、王等這些人因為冷血犯行而引起公憤，「廢除死刑」的主張還可以得到某種程度的社會認同。然而，遺憾的是，曾、鄭、龔、王等這些人的殘酷犯行，引起社會恐慌，反而凸顯人權團體和廢死聯盟想得太幼稚、天真了，看不到眾生的「無明」，他們「廢死」的主張與「善意」反而落得有「助紂為虐」與「為虎作倀」之嫌，引起不少社會大眾的不滿與反彈。

為了因應這樣的反彈，又有一些人士提出「無假釋終身監禁」的主張，一方面希望以此完全取代死刑，另一方面可以化解「無期徒刑」名不符實的兩難困境，以及犯人「得以假釋」而「縱虎歸山」的社會疑懼。

但是「無假釋終身監禁」這樣的主張，其實際的可行性究竟有多高？有沒有社會大眾預期不到的反效果呢？就我的良心認知，心中是一個大大的問號。在上文中，我已經提到法務部次長陳明堂曾舉例指出，二〇一五年二月發生的高雄大寮監獄挾持案暴動事件，就是一個活生生的實際案例。有受刑人因為累犯三次重罪而一罪一罰，累積到了「四十六年不得假釋」，他根本就活不到假釋的年歲，對於「沒有明天」的監禁生活感到徹底絕望，所以企圖鋌而走險越獄而踏上絕路，原先本該槍斃的，卻被關在牢裡供養，他們根本就不領情。

美國是有「終身監禁不得假釋」的刑度，根據統計，二〇一三年全美國的監獄中，每九人就有一人正在服無期徒刑，其中又有三分之一的犯人無望出獄。實施「無假釋終身監禁」的一項主要後果，就是以「死刑處決數」的「稍微降低」，來換取那些不會被判死刑的犯人坐牢時間延長達兩倍到三倍之久。其社會成本與風險是要全體國民來承擔的，我們的政府有沒有務實地認真思考及評估？各位讀者也應該好好地想一想，究竟這些事務也都攸關我們每一個人的安全與福祉！

「無假釋終身監禁」能否完全取代死刑？

經過上文的討論，對於立委的提案——「判處無期徒刑者終身不得假釋」，在現實上是否可行？或者說，「無假釋終身監禁」究竟能否完全取代死刑？很遺憾的，我認為答案是「否定的」，因為從現實上的方方面面來看，於法、於理、於情都有極大的困難無法克服。不說別的，就連受刑人本身對於「沒有明天」的「無假釋終身監禁」都毫不領情，而豁出生命劫獄或逃獄，這樣的立法怎麼可能會是社會治安之道？民眾安全之福？

我認為想要完全廢除死刑，或者以其他刑法完全取代死刑，根本就是不切實際的「迷思」與「妄想」。殊不知「死刑本身就是一種教化」，教化那些殘忍、冷血乃至逆倫且罪證確鑿的殺人犯必須為他們的罪行，擔負「完全的責任」，就是要誠心誠意「以死謝罪」，才能洗滌他們的罪愆，才能化解那些被害人的怨恨與冤屈，也唯有如此，雙方未來的生命在未來的時空才不會繼續糾葛下去。那些「廢死人士」與所謂的「人權團體」，看不到未來生命的負面糾葛或正面開展，完全無視於死刑的真正教化功能，而非常偏執地妄言廢除死刑。

從佛教的觀點來看，世間所有的刑法都是「因緣所生法」，都有其諸多因緣互動交織的脈絡，「此生故彼生，此滅故彼滅，此有故彼有，此無故彼無」。在社會整體因緣條件還沒有進步或改善的情況下，不是我們一廂情願、瞎子摸象式地將不喜歡的死刑廢除了或取代了，世界就會變得更好，我敢講，絕對不會更好，反而會更糟！

所謂「人權」主張的迷思、盲點及不公不義

臺灣社會長久以來，在死刑存廢以及死刑判決的論辯過程中，有個非常奇怪且荒謬的現象，就是主張廢死人士、廢死聯盟與所謂的「人權團體」聲音特別大，他們幾乎成了社會正義的化身與死刑犯「人權」的代言人；反而已經喪命的受害者所遭受到的恐懼、痛苦、凌辱及冤屈，根本就無人關心與聞問，受害者的家屬也變成最為弱勢及完全被忽視，乃至嚴重被歧視的一群。大家認為反正受害者都已經死了，往者已矣，「死者的人權問題」已經不復存在了，所以大家也就關心、聞問不到了，連帶的，受害者的家屬也統統都變成了「沒有人權考量」的「邊緣人」，他們的痛苦心聲完全都被淹沒了，也幾乎沒有人挺身而出為他們代言。

不只如此，被害人家屬在長期訴訟的過程中，不斷遭受到言詞及精神上的凌虐，不但被迫接受司法不公不義的判決結果，還被廢死、人權及司改團體「酸」成是要錢；家屬出庭也遭到殺人犯怒瞪、辱罵，甚至於恐嚇，有時法官、律師還會在態度及言詞上兇家屬，讓被害人家屬情何以堪？我們不禁要問：無辜善良百姓的「人權」究竟何在？

二〇一四年十月，割喉殺童的曾文欽在一、二審都被輕判「無期徒刑」而「免死」，因此引發了嚴重的民怨。「中華民國兒童權益促進協會」理事長王薇君，不滿兒童被虐殺案屢遭司法輕判，冒雨率眾前往司法院抗議，兇權會只不過是要協助被害人家屬請求司法公正判決，卻被廢死人權團體汙衊成「報復」。廢死及司改團體只顧著「維護兇殘殺人犯的權益」，卻從來沒有幫無辜被害人家屬說過一句公道話，極其荒謬地自以為是正義的代言人，其實是「最違反正義」的「幫兇」。

這就是現代臺灣社會裡極為不公不義的亂象，我甚感不平，所以要站出來講幾句公道話。

公正的死刑也是「人權」的延伸與彰顯

我強烈主張：公正的死刑判決與執行，不但沒有違反人權，而且是一種「人權」的延伸與充分彰顯，藉此彰顯被害者的「人權」，以及其家屬的人權獲得應有的尊重，同時凸顯被害者的「生命尊嚴」，不容他人任意或惡意地侵犯與剝奪，也藉此「教育」殺人犯，必須為自己侵犯他人的人權，以及剝奪他人生命的罪行，徹底負責。

我是基於佛教慈悲與「生命永續」的觀點與立場，才嚴正地提出這樣的主張：公正的死刑判決與執行，也是一種「人權的延伸與充分彰顯」。為了讓各位讀者充分了解我的死刑主張與「人權思惟脈絡」，接下來我引用二個分別在東、西方文化裡都是膾炙人口的故事，一個是「包青天」故事裡的〈烏盆記〉，另一個是《格林童話》中的〈唱歌的骨頭（The Singing Bone）〉。

原名《忠烈俠義傳》的章回小說《三俠五義》第五回中有個〈包公斷烏盆案〉的故事，後來改編為傳統京劇老生劇目《烏盆記》，一名《奇冤報》，又名《定遠縣》。這個故事有幾個不同的版本，但主軸大同小異，故事的梗概是，南陽綢緞商劉世昌（另一說為李浩）外出經商，結帳後在返鄉途中，行至定遠縣時不巧遇到大雨，就借宿在窯戶趙大的家中，因為行李沉重，錢財露白。不料趙大夫妻見財起意，心生惡念，遂將劉世昌用酒毒死，然後將屍骨焚燒，再加泥攪和製成烏盆。

趙大因為積欠打柴為生的張別古一擔柴火錢，張別古上門要帳，另外索取了那只烏盆當做是利息。張別古將烏盆帶回家後，一天夜裡，在似夢非夢之中，聽見烏盆哭訴叫喚嗚冤的聲音，張別古醒來之後，愈想愈覺得個中必有蹊蹺。可憐那劉世昌，無緣無故被惡人謀財害命，張別古不覺動了他的俠義心腸。次日，遂帶上那烏盆去包公府衙門，首告申冤。後來包公查明案情，判趙大夫妻二人謀財害命，俱以死罪斬訖。張別古首告得實獲賞，包公將烏盆並原遭劫銀兩，著令劉世昌親族領回並安葬。

在西方的民間傳說裡，也有著類似〈烏盆記〉的故事，〈唱歌的骨頭〉就是其中之一。除了德語的《格林童話》之外，還有法國、義大利、瑞士、英國、冰島、俄國、巴基斯坦、印度和尼日等地，都有類似的傳說，可見無論古今中外，人同此心，心同此理。

這個〈唱歌的骨頭〉也有不同的版本，根據後來流通的版本，故事的梗概是，從前有個國家出現了一頭兇惡的巨大野豬，踐踏耕地，咬殺牲畜並且傷人，百姓為此痛苦不堪，誰也不敢接近它藏身的那片森林。最後國王宣布：任何人若能捕獲或者殺死那頭野豬，他就能娶國王的獨生女為妻。

兩兄弟住在鄉下，是窮人家的孩子，老大狡猾精明但缺乏勇氣；弟弟單純而心地善良，兩兄弟說他們願意接受這個必須冒險的使命。弟弟遇到了精靈的指點，並授予一枝黑色長矛，順利地除去了兇惡的野豬。後來兄弟兩在黑暗中趕路，哥哥心生歹念，來到小河上的一座橋的跟前，就殺害了弟弟，並且將屍體掩埋在橋下，自己扛起野豬去向國王領賞，娶了國王的獨生女為妻。

幾年之後，有個牧羊人趕著羊群經過那座橋，一眼就看到沙子下面有根雪白的骨頭，覺得是做口吹樂器的好材料，於是爬下橋將骨頭撿了起來，給自己的號角做了個吹口。可是當他第一次用它吹響號角時大吃一驚，因為骨頭吹口居然自顧自地唱起了小調：「啊！

朋友！你在用我的骨頭吹奏，我在這河邊沉睡已久。哥哥殺我奪走了野豬，娶的妻子是國王之女。」牧羊人心想：「多神奇的號角呀！竟然自己會唱小調！我一定要把它獻給國王陛下。」於是他將號角獻給了國王。

國王接受了號角，一聽就明白了，於是派人到橋下挖出了被害人的屍骨。罪孽深重的哥哥無法抵賴他的所作所為，因此被縫進一個麻袋，沉到河裡去了。被害人的屍骨則被安葬在教堂墓地裡一座漂亮的墓塚裡了。

這二個故事最深入人心的情節脈絡，在於被害人的遺骸都被殺人犯煙滅，作奸犯科之徒，自以為殺人滅跡、毫無破綻，但是沒想到這兩位已死去的被害人，居然都以器具的形態親口說出被湮滅的冤屈真相，顯示「天網恢恢，疏而不漏」，被害人的「人權」在其死後，並不會因為其屍骨被掩埋或遺骸被湮滅而消失，仍須我們持續地維護與彰顯。

「獎善罰惡」是維持社會穩固與安和樂利的基礎結構

任何結構體，不論是就「有形的物質層面」或是「無形的精神層面」而言，都必須要基礎穩固，才能屹立不搖而延續，如果基礎遭到嚴重的侵蝕破壞，整個結構就有塌陷、傾倒乃至崩潰的危機。現在的臺灣社會存在著這樣的隱憂與危機，就是「空談人權」，而且過度氾濫，導致「行為責任」的嚴重喪失，以及是非黑白顛倒，最明顯的實例就是詐騙集團（間接殺人）以及殺人兇手（直接殺人）都可以不用擔負責任，還有一群莫名其妙的人權團體和恐龍法官維護他們的「人權」。

眾所周知，臺灣的詐騙集團，行騙全世界，騙得臺灣、中國大陸及世界各地無辜的受害者，傾家蕩產者不在少數，甚至於自殺身亡，我們卻無法可管，讓那些詐騙集團不但不用負責，還可以逍遙法外。臺灣的殺人犯，從連殺兩人、三人，到殺父、殺母，甚至於父母雙親、子女也一起殺，法官居然都可以不判死刑，等於是殺人可以不負責任。

就世間法而言，自古以來，無論東、西方文化，「獎善罰惡」本來就是天經地義的道理，「殺人償命，欠債還錢」也是天經地義的道理。雖然說一個人發心行善，是出自於內心的善念，而不是為了獲得他人的獎賞，但是就社會整體秩序而言，「獎善罰惡」是維持社會秩序與安和樂利的基本機制。如果有人無冤無仇、惡意殘忍殺人都不必償命，那與恐怖分子有何差異？或者有人存心賴債、倒債也都不必還錢，社會風氣必然敗壞，道德終將淪喪，秩序必然大亂。

不要「空談人權、無線上綱」、不要「挾洋媚外」、不要「顛倒黑白、不辨是非」

我在上文中討論到，有立委提案「判處無期徒刑者不得假釋」，針對此一提案，法務部次長陳明堂表示，「判處無期徒刑者不得假釋」，這是《歐洲人權公約》第六條談到的「酷刑」。根據歐洲人權法院的見解，判處無期徒刑又不得假釋，是對受刑人的「酷刑」，對於國際人權有所違背。

我看了這段報導，覺得莫名其妙，堂堂的中華民國政務官為什麼動不動就以歐盟馬首是瞻，我們是歐盟的附庸國嗎？為什麼要仰人鼻息？歐洲的人權情況有高明到哪裡去嗎？現在歐洲各國到處恐怖攻擊，人心惶惶，追根究柢，都是美國和歐洲各國自己惹出來的禍端，害得全世界都不安寧。

別的不說，攤開「二〇一〇年各國故意殺人案犯罪率」的數據，大家可以清楚地看到，歐盟主要國家的殺人犯罪率絕大多數都高於臺灣。

歐盟不檢討自己各國內殺人案的犯罪率，反而動不動就對臺灣的死刑內政下指導棋，其實是非常「傲慢無禮」的。

我在之前的文章曾經提及，歐盟強調人權及主張廢死的真正對象，主要是他們周遭那些專制不民主國家，殘殺政治犯、良心犯及異議分子，但是歐盟對那些國家根本就束手無策。為了彰顯其「一視同仁」的普世價值，歐盟就「柿子挑軟的吃」，專拿臺灣的死刑做文章，其心態可議，是很不道德的。

臺灣早已是自由民主的國家，早就沒有「政治犯、良心犯及異議分子」的問題了，我要大聲地說：以現今的臺灣社會而言，死刑根本就不是「人權」的問題，而是「治安」的問題！一味偏頗地維護殘暴殺人兇手的「人權」，反而是嚴重地侵害無辜被害人及其家屬的「基本人權」。

結語

我的基本理念是，有情的生命是永續的，所以被害者的冤屈如果沒有得到化解，其後續的因果也是永續的，所以我主張，殺人犯必須真誠懺悔，以死謝罪，才能化解恩怨。基於這樣的理念，我才會說「死刑也是一種教化」，又說「公正的死刑也是『人權』的延伸與彰顯」，各位讀者要了解我的主張，就要從「生命是永續」的立場來理解。而我最終的希望與理想是，世間沒有殺戮，當然也就沒有死刑的問題了。

您所不知道的「安樂死」真相

「安樂死」其實是非常愚蠢的死法！「生、老、病、死」本來就是有情眾生的「生命常態」與「自然機制」，因此，理想的生命歷程應該是「其生也自然，其死也自然」的！「死亡」本身也毫不例外，「理想的死亡」——亦即「善終」，並非遙不可及，而是可以經由個人的精進修持以及家人的護持而達成。任何人想要「善終」——也就是「死得有尊嚴、有品質」，真正能夠「瀟灑走一回」的「不二法門」就是「回歸大自然的生命機制」與「虔誠精進的靈性修持」！

可惜世人不思返本溯源，讓生命自然地「瀟灑去來」，反而妄想訴諸現代醫療科技的不自然干預以求不斷拖延生命，或者及早結束生命，還錯誤地名之為「安樂死」，不但嚴重地誤導大眾於先，竟然還有人呼籲立法於後，誠然可悲！可嘆！

我曾經從二〇一七年一月八日至四月二日，連續十三個週日，在《人間福報》「生死自在」專欄發表了〈「安樂死」的迷思與解套之方〉的系列文章，可惜瓊瑤女士和傅達仁先生都沒有看到。接下來在二〇一七年的下半年間，報章和網路不斷有傳達仁呼籲「安樂死」立法的新聞，我就想應該要再寫一篇系列文章討論「安樂死之不當」，但是因為當時手頭正在進行〈解讀「生、老、病、死」的自然機制與奧秘〉系列，就想再延後一陣子，等進行中的系列文章結束後，接著就寫〈再論「安樂死」之不當〉。

沒想到在二〇一七年十一月二十八日，臺大晨曦社老同學鄭明貴師兄傳了一則《聯合新聞網》發布的電子新聞給我，標題為〈安樂死議題延燒．單德興新書藏生死機鋒〉，鄭師兄還催促我趕快再寫一篇有關「安樂死之不當」的文章，我就決定先暫時停下正在進行的〈解讀「生、老、病、死」的自然機制與奧秘〉這一系列，馬上著手寫有關「安樂死」的問題討論，標題訂為：「安樂死」其實是非常愚蠢的死法！您所不知道的「安樂死」真相〉。

歐洲死亡文化的法律挑戰——遺族的權利

說來也很巧，就在收到明貴師兄的訊息之前不久，二〇一七年十一月中旬，我在無意間讀到在美國發行的《評論雜誌》（*Commentary Magazine*）網路版的一篇訪談報導及評論，內容涉及一樁發生在比利時的「安樂死」事件，標題為〈歐洲死亡文化的法律挑戰——遺族的權利〉（〈A Legal Challenge to the European Culture of Death: The rights of the survived〉），由伊朗裔的美籍記者Sohrab Ahmari撰稿，於當年十一月十日發表。

事件的緣起是，比利時魯汶大學的化學教授湯姆・莫替爾（Tom Mortier）沒有機會改變他母親一心尋求「安樂死」的想法，甚至於無緣跟她最後道別。二〇一二年四月十九日，他的母親后德里娃・蒂・婥伊爾（Godelieva De Troyer）拜託兩位朋友開車送她到布魯塞爾自由大學（the Free University of Brussels）。到了那裡，在比利時居領先地位的「安樂死」倡導者和提供者溫・狄斯特曼（Wim Distelmans）醫師給她注射了致命的藥劑，她才六十四歲，身體健康，沒有任何生理上的疾病。狄斯特曼在為莫替爾的母親執行「安樂死」之前，並沒有通知他，直到第二天他才被告知這件事。

莫替爾崩潰了。母親的死，將這位化學教授從比利時的「極端自由主義安樂死法律」的溫和支持者，轉變成了最直言不諱的反對者。在這個以「死亡權」做為國家信條之一的國度，他的反對論調遭到了來自四面八方的嘲笑和阻撓。莫替爾的抗議行動迫使他每天都要重演心理上的創傷，標誌著他和罹患精神疾病的母親的生命糾結。

但是莫替爾終於有機會聲張正義了。二〇一七年十一月上旬那一週，宗教自由組織「捍衛自由聯盟」（Alliance Defending Freedom）以他及其母親的案件，向「歐洲人權法院」（European Court of Human Rights，ECHR）提起了上訴。如果被接受的話，這項上訴可能會為比利時的「安樂死」產業提供亟需的司法審判。

當年八月份的時候，記者Sohrab Ahmari在比利時的荷蘭語法蘭德斯（Flanders）區的大學城魯汶郊區的小康家庭裡採訪了莫替爾。學校剛下課，他的三個孩子中有兩個在客廳裡看電視。莫替爾說道：「去一家醫院裡打了一針而致命，這和有人跳到火車前面尋死，沒什麼兩樣。」他的聲音高過了背景的電視卡通片喧鬧聲，他對記者傾訴：「這是人道嗎？我不認為這是人道。」

在那幾個星期前，當地檢察官以「缺乏證據」為理由，駁回了他對狄斯特曼的控告。這個結果意味著莫替爾在國家層級上，已經用盡了他的合法選擇，而現在他可以將他母親的案件提交給總部設在斯特拉斯堡（Strasbourg）的「歐洲人權公約（The European Convention on Human Rights），ECHR」。ECHR要求各國保護「每個人的生命權」。所有國家都有特殊的義務照顧弱勢族群：囚犯，兒童和青少年，以及那些像莫替爾的母親蒂・婥伊爾一樣，其精神狀況不足以保護他們自己生命的人。

莫替爾和他的律師抗議說，比利時當局未能保護他母親蒂・婥伊爾的生命權，而這種失能是由於該國的「安樂死」法律所慫恿的。他們認為，二〇〇二年通過的法案，既不能為弱勢族群提供保障，又不能要求「安樂死」的提供者擔負足夠的責任。

在這項法案頒布之前，支持者向社會大眾保證，「安樂死」會是極少數的。然而，自從其合法化以來，「安樂死」病人的數目持續穩定上升。在二〇一三年，案件數目由（二〇〇三年的）二百三十五件，上升至一千八百零七件，二〇一五年高達二千零二十一件。這是根據負責監督這一法案執行的機構——「聯邦控制暨評估委員會」（the Federal Control and Evaluation Committee，以下簡稱「控委會」）的數據。「控委會」表示，「安樂死」約佔比利時全國所有死亡人數的百分之二。【慧開按：這個「安樂死」的數字比例，高得嚇死人！二〇一一年美國人十大死因，進入排行榜第十名的「自殺」人數，才佔全美國所有死亡人數的百分之一點五。二〇〇四年臺灣人十大死因，進入排行榜第十名的「高血壓性疾病」人數，才佔全臺灣所有死亡人數的百分之一點三十五。可見比利時的「安樂死」已經「氾濫成災」了！】

這還只是公布的統計數字，實際的人數可能會更多。二〇一五年三月在《新英格蘭醫學期刊》（*New England Journal of Medicine*，*NEJM*）上發表的一項比利時研究發現，僅在弗蘭德斯地區（Flanders），「安樂死的比率在二〇〇七年至二〇一三年間顯著攀升，死亡率從百分之一點九上升到百分之四點六。」【慧開按：這個比例數字，已經高到「匪夷所思」的「荒謬」程度，如果放在美國及臺灣，都可以進入十大死因排行榜的第五或第六名！】NEJM的數據來自發給簽署死亡證書的醫師的問卷調查，而不是「控委會」的「安樂死」提供者的自我報告機制。不可避免的結果是，許多醫師在主管監督機構根本就沒有發現或察覺的情況下，就以「安樂死」為名，直接殺害了他們的病人。

這項法案的支持者也堅持認為，這只能用在「末期」的病例，也就是「瀕死」的病人，而且處於「已經無法承受因疾病帶來的痛苦」之狀態。【慧開按：既然已經是「瀕死」階段，來日無多，為什麼還須用「安樂死」來加速死亡？這不是矛盾嗎？其實，「瀕死」階段的疼痛，是可以用緩和醫療的「症狀控制」以及「靈性照顧」而緩解的。】然而，這項法案打開了其他案例的大門。相關的條款規定，尋求「安樂死」的患者必須處於一種「由於疾病或意外事故導致的嚴重且無法治癒的惡疾傷病，遭受持續且無法承受的身心痛苦，而又無法緩解」的醫療無效狀態。然而事實真相，遠非如此，其中隱藏了許多「貓膩」（意指事情不合常理、黑箱作業）的事情！

然而，自從合法化以來，比利時為了「非生理性、非末期」疾病而「被安樂死」的病人數量已經爆炸了。在二〇一四至二〇一五年度報告期間，所有「安樂死」案件中的百分之十五是「非末期性」疾病，百分之三涉及「精神或行為」有狀況的病人。根據「控委會」的數據，「癡呆症」的病例有了「顯著的增加」。【慧開按：這種顯著的增加「很不正常」，顯示其中大有文章！】因此，對於醫師（或「被安樂死」的病人家屬）是否無視於「尋求安樂死的患者必須是『在法律上有行為能力（legally competent）』的這項要求」，而一意孤行，引發了嚴重的質疑。

有時候比利時人會僅僅因為他們的生活「突然變得黯淡」就尋求「安樂死」。在二〇一二年，一對四十五歲的失聰雙胞胎兄弟，後來他們倆發現自己「即將失明」而欲「安樂死」，狄斯特曼居然核准同意，並且真的就執行了。翌年，他又對一名四十四歲「由女轉男」變性手術失敗的病人實施了「安樂死」，病人所持的理由只是因為她覺得自己看起來像個「怪物」。這兩個冰山一角的實際案例，都已經徹底悖離了比利時「安樂死」立法的初衷。

然後就是莫替爾的母親，蒂・婥伊爾，她自從青少年時期就患上了憂鬱症，二十三歲時，她嫁給了一名放射科醫師，生了兩個孩子——就是湯姆・莫替爾和他的妹妹埃爾莎（Elsa）。在莫替爾十一歲的時候，父母親離異，父親拋棄了家庭而出走，兩年後他自殺了。「我母親總是把我和我父親拿來比較」，莫替爾告訴記者：「所以這是我肩膀上的巨大壓力。這是個非常負面的關係，她在我身上看到了像是我父親那樣的怪物。其實，她很討厭我，但是她不會承認，而我能感覺到。我是她破裂的婚姻以及帶著丈夫留給她兩個孩子的結果。」儘管如此，莫替爾仍然盡其所能地支持他的母親。「在我成長的過程中，都是我母親來找我、哭著喊著，我不得不安慰她，從來就不曾是反過來她安慰我的情境。」

其實，蒂・婥伊爾的情緒是起起伏伏的，正如《紐約客》雜誌在二〇一五年的一篇關於莫替爾案的專題報導中所述，蒂・婥伊爾保留了一本日記，在裡面她為自己的日常情緒「著色」，但並非一直都是黑色，也有彩色的。

其實憂鬱症並非是持續性的，而是一種間歇性的疾病，蒂・婥伊爾日常生活中的事件明顯地會改變她的心情。她也有快樂的時光——例如：當莫替爾的孩子出生的時候，當她找到新男朋友的時候等等。在不同的時候，她會告訴兒子，她覺得自己的情況正在進步。然後，在二〇一〇年，她和男友的分手讓她陷入谷底，莫替爾再次扮演照顧者的角色。他花了好幾個小時和母親通電話，邀請她來和他們夫妻倆待在一起。他跟母親說：「希望您能像個身為奶奶的樣子，就像您總是對我們說您想要做的那樣。」

然而這樣的親情呼喚並沒有什麼效果，因為他們母子間的關係與舊的傷痕糾纏交錯。在此同時，忙碌的生活重重地壓在莫替爾身上，他已經有了兩個孩子，第三個不久將誕生。除了在魯汶大學的學術工作之外，他還要負責為祖母（蒂·婥伊爾的母親，但是她們母女之間關係疏遠）找一家養老院以便安置。他已經受夠了，和母親之間的裂痕難以撫平，有很長一段時間，母子間沒有溝通。

然後，二〇一二年一月，蒂·婥伊爾傳了一封電子郵件給莫替爾的妹妹埃爾莎，內容是寫給他們兄妹倆的。她寫道：

親愛的埃爾莎和湯姆：

我已經以精神痛苦為由，向狄斯特曼教授提出「安樂死」的請求。我已經通過了所有的程序，現在正在等待結果。我從十九歲開始進行治療，並且經歷過幾位精神科醫師。我問（我的常規心理醫師）他能夠為我做些什麼，他的回答只是：「我能夠傾聽你的心聲，我可以開藥給你。」從那之後，我就一直在尋找一種方式，能夠有尊嚴地結束生命。

這些年來，我已經承受了許多痛苦，經歷了很多失落。我已經了解到那麼多的痛苦所以活不下去了！對不起，我會給你們帶來一些痛苦，但是我走不下去了。覺得孤單，經過多年的治療之後，還是沒有機會治癒，讓我覺得沒有生命的視野。有尊嚴地死去，是我生命中所僅剩下的唯一選擇。我儘可能地努力奮鬥，已經盡了我的全力了。

莫替爾的妹妹，當時旅居非洲，通過電子郵件回覆道：「對我來說，心中卡著父母都是自殺的記憶活著，並不容易。但是，除了尊重您的決定外，我什麼事也做不了。我覺得無能為力，我需要保護我自己。」

莫替爾不知道接下來該怎麼辦。「你問人家『你會做什麼？』」他告訴記者：「有人會說『我會馬上給她打電話』，但我這位母親認為我就像是我父親那樣的人，所以她恨我，我該做什麼？」

他諮詢了蒂・婥伊爾的心理醫師，他建議再等一等。他也問了大學裡的幾位專家，他們也建議他保持警覺，並隨時準備應變。有人告訴莫替爾：「我認識狄斯特曼，他永遠不會同意這件事。」蒂・婥伊爾的電子郵件裡的語氣也令人放心：「我現在正在等待結果。」這表明她的請求可能會被否絕，或者說會有一個中間過渡階段，在這當中莫替爾還可以介入。

接著三個月都沒有任何消息，直到莫替爾在工作當中接到醫院打來的電話，通知他說母親已經身亡。醫院行政部門要求他趕到太平間，根據她母親的要求，填寫必要的文書作業，以便將他母親的遺體轉移給實驗解剖部門。

「我現在心理嚴重創傷」，莫替爾告訴記者：「沒有人關心我！根本就沒有！這一切都到了這裡。」他一邊說著、一邊捶著自己的心窩。

莫替爾的第一個反應是開始將他的處境為文貼上部落格，但是他不知道的是，「批評狄斯特曼——布魯塞爾大學二〇一五年度人文獎獲獎者」這件事，意味著直接槓上比利時社會中最強大又根深柢固的力量之一，外界的反擊迅速而強勁。莫替爾身為熱情的世俗主義者，卻被大眾指控是一個「虛假偽裝的天主教徒」和一個「情緒脆弱者」。

有一篇社論寫道：「莫替爾『是天主教魯汶大學的一名教師』，這使得他的『大聲疾呼』更顯得有意為之。」這位社論作者是莫替爾的一個朋友，但是很快就變成一個「前」朋友了。「（在比利時）如果你不能接受這件事」，莫替爾告訴記者Sohrab Ahmari：「那你就一定是天主教徒……，一位腫瘤科醫師（以「安樂死」的名義）殺死了你的母親，只是因為她有慢性憂鬱症，而如果你無法面對這個事實，那麼你就一定是情緒失調。我原本以為自己是個人文主義者，但如果這才是人文主義，那麼我就不是個人文主義者。」莫替爾的語氣充滿了無奈與悲憤！【慧開按：比利時社會似乎已經將「安樂死」和「人文主

義」畫上等號，這真的是很可怕的事！】

面對諸如莫替爾的母親這樣的案例，比利時現有的合法救濟管道證明是徒勞無功的。根據「捍衛自由聯盟（Alliance Defending Freedom）」的說法，「聯邦控制暨評估委員會」在「安樂死」合法化之後，在數千個案例中，僅僅提出了一起案件可能涉嫌刑事起訴。記者有要求狄斯特曼就報導的文章發表評論，但是他沒有回應，自從「聯邦控委會」成立以來，他就一直擔任主席。【慧開按：這等於是球員兼裁判，劊子手兼判官，真是可怕！】

比利時當局如何能夠容忍這種明顯得刺眼的利益衝突？這還是一個謎，雖然在之前有其他的委員會成員聲稱，在狄斯特曼本人經手的案件提出審查時，他自己並沒有插手介入。【慧開按：各位讀者！您會相信這種睜眼說瞎話的推託之詞嗎？真的是「此地無銀三百兩」！】

除此之外，還有其他的利益衝突。根據二〇〇二年的「安樂死法案」，當一位醫師在考量「安樂死的請求案」時，必須得到另一位醫師的第二個意見，而且「那位被諮詢的醫師」必須「與主治醫師無任何關聯」。然而，在蒂・婥伊爾的案例中，至少有一位被諮詢的醫師——名叫理衛・蒂恩蓬（Lieve Thienpont）的心理醫師，曾經與狄斯特曼一同發表過學術研究論文，並一起擔任「終極關懷團隊」（ULteam，「UL」代表「終極」之意）

的創始人，以推動「有尊嚴的死亡」。【慧開按：狄斯特曼居然找他的搭檔一起核准安樂死，明顯違反比利時「安樂死法案」的規範要求。】

此外，「控委會」是否曾經審查過蒂・婥伊爾的完整安樂死紀錄，這一點並不清楚。每一份提交給委員會的報告都包含兩個部分：第一個是包含匿名的一般資訊，而第二個是秘密文件，列出姓名和其餘有關個人的詳細資訊。必須要有三分之二的委員投票同意，才能夠打開秘密文件。

「委員會沒有打開也沒有碰它」，莫替爾在談到他母親的報告時這麼說：「即使檢察官也沒有打開這個文件。他們要求提供檔案，但是沒有打開，因為那是事關醫療隱私保密……在法官面前也是沒有辦法拿得到的。」

「現在可能有辦法」，記者Sohrab Ahmari最後寫道：「莫替爾上訴的真正被告，是歐洲野蠻的死亡文化。」

蒂・婥伊爾「安樂死」一案的分析評論

我為什麼不厭其詳地將記者Sohrab Ahmari針對蒂・婥伊爾「安樂死」一案的專題報導

完整地呈現給各位讀者？就是要讓大家了解隱藏在那個冠冕堂皇的「安樂死」背後不為人知的陰暗真相。

在我進一步分析評論之前，我再揭露一些有關「安樂死」的統計數字，自二〇〇二年比利時通過「安樂死」立法之後，從二〇〇三年到二〇一二年之間，比利時公布歷年安樂死案件數字：二〇〇三年二百三十五件，二〇〇四年三百四十九件，二〇〇五年三百九十三件，二〇〇六年四百二十九件，二〇〇七年四百九十五件，二〇〇八年七百零四件，二〇〇九年八百二十二件，二〇一〇年九百五十三件，二〇一一年一千一百三十三件，二〇一二年一千四百三十二件，到了二〇一三年上升至一千八百零七件，二〇一五年高達二千零二十一件。這些還只是經過公布的數字，其實背後還有不少未經發現的隱藏數目。

各位讀者！您看到這些統計數字，不會覺得怵目驚心嗎？我個人認為「安樂死法案」在比利時已經變形成為「毒蛇猛獸」了，該國的一些受害者家屬與有識之士已經開始站出來公開反對了，在臺灣居然還有人呼籲要讓「安樂死」立法通過，真的是匪夷所思！

如果說，在比利時的「安樂死」，是為了幫助那些「處於一種由於疾病或意外事故導致的嚴重且無法治癒的惡疾傷病，又遭受持續且無法承受的身心痛苦，而又無法緩解」的「醫療無效狀態」的少數患者，有尊嚴地解脫痛苦，那麼事實的真相與立法的初衷完全背道而馳。而且在這項法案頒布之前，支持者向社會大眾保證，「安樂死」會是極少數的，那麼我們從二〇〇三年以來，在比利時所公布的「安樂死」統計數字，就知道那是自欺欺人的彌天大謊。

客觀而論，真正處於那種「嚴重且無法治癒的惡疾傷病，又遭受持續且無法承受的身心痛苦，而又無法緩解的醫療無效狀態」的患者，是極為少數的！而且隨著醫療科技的持續進步，就統計上來說，這種病患的人數與比例也應該是持續穩定的，絕對不可能逐年暴增！然而，比利時所公布的「安樂死」統計數字明白顯示，從二〇〇三年到二〇一五年這十二年間，被「安樂死」的人數，從二百三十五件暴增為二千零二十一件，超過了九倍有餘！各位讀者！這不是很詭異嗎？

目前在歐洲，只有荷蘭（二〇〇一）、比利時（二〇〇二）和盧森堡（二〇〇九）三個國家通過「安樂死法案」，但是只提供給本國在地的公民申請，而不接受任何外國人。其實，瑞士並沒有通過「安樂死法案」，其所提供的根本就不是「安樂死（euthanasia）」，而是「physician-assisted suicide（醫師協助的自殺）」，所以媒體報導傅達仁先生想去瑞士「安樂死」，是十分嚴重的錯誤訊息，媒體和傅達仁都沒有搞清楚，而嚴重誤導社會大眾。【慧開按：「安樂死」與「醫師協助的自殺」二者之間的差異，我

會在下文中解釋。】

二〇一四年，比利時又更進一步，解除了「安樂死」的年齡限制，成為全球唯一規定任何年齡的兒童都可選擇「安樂死」的國家，但必須經當事人的父母同意。二〇一六年九月，一名十七歲的末期病人成為比利時第一位獲准接受安樂死的病患，這是極端詭異的現象，有如「潘朵拉的盒子」被打開了！所以我才會說，「安樂死」在比利時已經成為毒蛇猛獸般的洪水，氾濫成災了！

在荷、比、盧這三個國家，「安樂死」已經變成一種合法的「產業」了，它所販賣的是一種「虛擬的商品」——就是人們口中所謂的「死亡的權利」與「死亡的尊嚴」。其實，在這個「死亡的權利」與「死亡的尊嚴」的冠冕堂皇包裝底下，暗藏著許多涉及醫療、健保及法律之間的利益糾葛與不為人知的人謀不臧。

蒂・婥伊爾「安樂死」一案就是一個活生生的例子，在她被安樂死之前，他的兒子莫替爾完全被蒙在鼓裡，直到第二天他接到醫院的電話，要求他去太平間領回母親的遺體。莫替爾在接受《每日訊號》（*Daily Signal*）的採訪時說道：「我心裡徹底地震驚和創傷！」

莫替爾說，母親已經與憂鬱症奮鬥了許多年，而且將她身心惡化的情況歸咎於和男友感情破裂分手，而且和家人疏離，斷絕了聯繫。

在尋求安樂死的時候，他母親要求醫師不要與她的子女聯繫接觸。莫替爾辯解說道：「如果她的情況有部分原因是『感覺與她的子女關係疏離』，那麼醫師就沒有權利確定她的情況是『不治之症』，並且她也不是不可救藥。」

最後竟然是一名「腫瘤科醫師」狄斯特曼，一名專門從事癌症治療的醫師，也是「安樂死」的宣導者暨提供者，以致命的一針結束了她的生命。莫替爾說：無論是狄斯特曼本人，還是他為了核准蒂・婥伊爾的申請案所諮詢的精神科醫師（也是狄斯特曼的搭檔好友），他們兩人以前都從未參與過母親的心理與精神治療。因此，關於蒂・婥伊爾的「安樂死」一案，其核准過程是有嚴重的瑕疵與違法情事的！

事實上，二十多年來，蒂・婥伊爾的精神治療醫師一直拒絕同意她「安樂死」，堅持認為她不符合比利時的法律要求。起初狄斯特曼也同意婥伊爾主治醫師的意見，拒絕幫助婥伊爾結束她的生命。

但是在她捐贈了二千五百歐元（超過三千美元）給「生命結束資訊論壇（Life End Information Forum, LEIF，狄斯特曼和他人共同創立的一個組織）」之後，狄斯特曼就批准同意了婥伊爾的「安樂死」申請案，並且最後成功地執行了。這不是很明顯的利益掛勾與人謀不臧嗎？

莫替爾說，他的母親不是唯一捐錢給狄斯特曼組織的「受害者」。【慧開按：狄斯特曼和他人共同創立了「生命終結資訊論壇」（Life End Information Forum，這是一個民間自願成立的協會組織，但是有比利時政府的資助。這個組織是為了配合「安樂死」法案，提供相關配套措施，以幫助那些面對病人要求「安樂死」的醫師，可以找到一個經過專業訓練、有聯繫管道、獨立的醫師，能夠提供「安樂死」的專業諮詢，這是為了因應「安樂死」法案的規定與要求。此外，這個組織還為那些對於生命終結有疑問的專業醫護人員和病人，提供廣泛的資訊、訓練課程模組和諮詢論壇。表面上看起來，這個組織似乎順理成章，但是由於人性的無明及私欲，它不幸變成一個和比利時的「安樂死」法案掛勾，涉嫌謀利而草菅人命的機構！】

狄斯特曼還領導一個政府設立的委員會（就是之前提到的「聯邦控委會」），負責調查監督在比利時是否有未遵守「安樂死法案」的任何失誤。【慧開按：狄斯特曼還擔任這個「聯邦控委會」的主席，負責監督審查比利時的「安樂死」申請案是否符合法規。我在前文中已經明白指出，狄斯特曼的多重角色之間嚴重而明顯地相互衝突，他等於是球員兼裁判，劊子手兼判官！此外，在蒂・婥伊爾的申請案中，狄斯特曼居然找他的搭檔一起核准安樂死，明顯地違法。】

所以，莫替爾憤怒地聲稱這是「明顯的利益衝突」。他說道：「我無法同意一個腫瘤科醫師，並沒有治療複雜的心理健康問題的專業素養，居然可以殺死一位生理上健康的女性。」【慧開按：狄斯特曼是一名「腫瘤科醫師」，而非「心理醫師」，也從未參與過蒂・婥伊爾的心理與精神治療，卻在他的組織LEIF接受了蒂・婥伊爾的捐款之後，利用職權核准她的「安樂死」申請案，並且在沒有知會她兒子的情況下執行，這種惡劣行徑不只是違法兼謀利，而且是嚴重違反專業倫理，是極度沒有職業道德的惡行。】

蒂・婥伊爾一案，其實只是冰山的一角，許多不為人知的案例逐漸浮現。「安樂死」在比利時的演變情況，充分且具體應驗了「滑坡理論（slippery slope theory）」的預測。根據此一理論，如果某一種行為或狀況被合理化或者被允許的話，那麼在實踐的過程中，它就會被濫用，導致其他更為不道德的行為或更為不合理的狀況會持續發生，因此，這種不合理或不合宜的行為或狀況，從一開始就應該被禁止的。

在現實的世界裡，從「安樂死」在比利時的實際情況來檢視，「滑坡理論」所預測的這種不幸情況已經具體地發生了，原本只限於「末期、不可治癒、疼痛難耐又無法緩解」的「身體傷痛疾病」，而「心理及精神病患」是排除在外的，到後來卻演變為「非末期、非不可治癒、非疼痛難耐、非無法緩解、非身體傷痛疾病」的心理及精神病患，也可以要求「安樂死」。在「死亡的權利」被過度解釋，以及「死亡的尊嚴」被華麗包裝之下，「安樂死」變成了一項「合法」的選擇。很多因為心理因素想自殺卻又不敢自殺的人，就選擇「安樂死」以了結生命。二〇一四年，比利時還更進一步，居然立法通過連兒童都可以「安樂死」，而且沒有年齡限制，真不知伊于胡底！

各位讀者！您能夠想像，萬一臺灣真的像比利時一樣，千不幸、萬不幸地也通過了安樂死法案，會是怎麼樣的恐怖情境呢？以臺灣的司法品質與現狀，我敢鐵口直斷，會發生在比利時的徇私違法亂紀情況，也絕對會發生在臺灣，而且有過之而無不及！

有關「安樂死」的迷思與以及社會大眾對於生命自然機制的認知盲點

在針對蒂・婥伊爾「安樂死」一案的分析與評論之後，接著我要跟各位讀者好好談一談有關「安樂死」的迷思與以及大眾對於「生命自然機制」的認知盲點。【慧開按：我的文章〈解讀「生、老、病、死」的自然機制與奧秘〉，已經相當詳細地分析解說了死亡與疾病的自然機制，請各位讀者自行參閱。】

「安樂死」的迷思與盲點之一：「安樂死」一詞，名不正，言不順

在《論語・子路》中，子曰：「必也正名乎！」「名不正，則言不順；言不順，則事不成！」因此，我們先回到「安樂死」此一中文名詞的本身，來探究它的「名不正」與「言不順」。

追根究柢，我們現在通用的「安樂死」一詞，從它的英文與希臘文的原意來考察，其實是日本人非常錯誤的翻譯，嚴重地誤導社會大眾，誤以為我們可以採用人為醫療干預的方式，讓末期絕症病人，因為痛苦難耐（或是以此為理由）而欲提早結束生命，得以「安樂地」死亡。

按「安樂死」的英文原文是euthanasia，源自希臘文eu + thanas。字首eu為good，easy，亦即「好」或「安易」之意，並沒有任何「快樂」或「不快樂」的意涵。其字根thanas的語源為Thanatos，原為希臘神話中「死神」的名字，代表「死亡」之意。因此，euthanasia的原意有「好死」的意涵，用在現代社會的意涵是「安易（而無痛苦的）死亡」，但是與「安樂」或「不安樂」，根本一點關係都沒有！已故傅偉勳教授曾經建議中文應該翻譯作「安易死」比較妥當。然而「安樂死」一詞，社會大眾已經耳熟能詳且積非

成是，改不過來了。

其實，在二十世紀末，日本社會就已經放棄使用「安樂死」一詞了，而以「尊嚴死」或「安寧死」代之。在當今歐美社會裡面，「euthanasia」此一用語也因為涉及非常嚴重的法律爭議，已經比較少使用了，比較普遍的用語是「physician-assisted suicide」（醫師協助的自殺）。然而，在「euthanasia」和「physician-assisted suicide」二者之間，還是有一些差異。

「安樂死」（euthanasia）與「醫師協助的自殺」（physician-assisted suicide）二者之間的差異

「安樂死」（euthanasia）一般意味著由醫師直接採取行動，例如通過注射致命藥劑，來結束病人的生命；而「醫師協助的自殺」（physician-assisted suicide）是指由醫師提供死亡的手段或方法，最常見的是藥劑處方。由病人自己，而不是醫師，在最後注射致命的藥物。

其實，不論是「安樂死」（euthanasia）還是「醫師協助的自殺」（physician-assisted suicide），本質上都是一種「自我謀殺」的行為，它是由病人意欲提早結束自己的生命，而由專業醫師直接執行（前者），或者醫師只是提供協助而由病人自己執行（後者）。嚴格地說，兩者之間在本質上沒有太大的差異，只不過是執行的方式不同，因為那是涉及法律責任輕重的問題，也可以說是一種迷惑社會大眾的文字遊戲！

現在歐美社會又有一種新的趨勢，就是將「醫師協助的自殺」（physician-assisted suicide），更名為「醫師協助的死亡」（physician-assisted death），因為「自殺」（suicide）一字實在不好聽，帶給社會大眾一種負面的觀感，所以就改為語意比較中性的「死亡」（death）一字，讓社會大眾比較容易接受。說得好聽一點，這是「換湯不換藥」的包裝手法，說得難聽一點，這是「掩耳盜鈴」的欺騙手段，因為骨子裡，它就是一種「自殺」（suicide）。

在前文中說過，目前在歐洲只有荷蘭、比利時和盧森堡這三個國家通過了「安樂死法案」，但是不接受外國人，只提供給本國在地的公民申請。媒體報導傅達仁先生想去瑞士「安樂死」，根本是錯誤的訊息，因為瑞士並沒有通過「安樂死法案」，其所提供是「醫師協助的自殺」（physician-assisted suicide），而非「安樂死」（euthanasia），所以媒體和傅達仁都沒有搞清楚，而嚴重誤導社會大眾。

「安樂死」的迷思與盲點之二：「安樂死」的執行方式與死刑一模一樣

一九九五年四月十九日，美國奧克拉荷馬市中心的「艾爾弗雷德・默拉聯邦大樓

（Alfred P. Murrah Federal Building）」不幸發生了美國本土恐怖主義炸彈襲擊，共計一百六十八人死亡，超過六百八十人受傷。案發後九十分鐘，奧克拉荷馬州巡警攔下了駕駛無牌車輛的蒂莫西・詹姆斯・麥克維（Timothy James McVeigh）並將其逮捕。而後經過調查、起訴，證實他為爆炸案的主嫌，一九九七年六月十三日被判處死刑，二〇〇一年六月十一日執行死刑，執行方式則是採用靜脈注射致命藥物（lethal injection）。

在醫療倫理上爭議多年的「安樂死」之執行，與奧克拉荷馬市爆炸案兇手麥克維的「死刑」之執行，這兩者可以說是一模一樣，在實際做法上，「安樂死」＝「死刑」，這是社會大眾幾乎完全不知道的真相。

不只是奧克拉荷馬州，在美國一共有三十四個州的刑法，是採取靜脈注射藥物的方式來執行死刑。死刑犯所注射的致命藥物，內容包含有三種化學藥劑：「硫噴妥鈉」（sodium thiopental），「盤庫諾林注射劑」（pancuronium bromide）以及「氯化鉀」（potassium chloride）。第一種「硫噴妥鈉」是「巴比妥酸鹽」一類的麻醉劑與鎮定劑，第二種「盤庫諾林注射劑」是一種麻醉輔助劑與肌肉鬆弛劑，第三種是「氯化鉀」，如果注射高劑量進入人體的靜脈，會使血液中的鉀濃度在很短時間內就急速增高，大約在一、二分鐘內就迅速引發心臟驟停，而導致「猝死」。這就是「死刑」實際執行過程——也是所謂的「安樂死」的實際執行方式及過程。

各位讀者！您會同意這種「死刑式的猝死」是「理想的善終」嗎？有「死亡的尊嚴」與「死亡的品質」可言嗎？如果依照傅達仁所以為的，要訴諸「安樂死」才能「死得有尊嚴」，那麼美國的那些被注射致命藥物的「死刑犯」們不就都死得非常有尊嚴了嗎？其實大謬不然！

因此，不論是「安樂死」（euthanasia），還是「醫師協助的自殺」（physician-assisted suicide），都是極度錯誤的生命處置方式，因為那是以「注射毒藥」的方式，強制心臟驟然停止跳動而猝死，等於是以人為干預方式令肉體生命「強制關機」，既不是正常，也不是妥善的，甚至可以說是「非常非常非常愚蠢的死法」！然而，很弔詭的是，目前臺灣社會居然有不少人希望、甚至於「主張立法」對末期病人與植物人實施「安樂死」，真是匪夷所思！

總之，無論是從醫療科技的角度，或是從醫療倫理的立場來看，還是從宗教靈性生命的觀點來看，「安樂死」都是非常不當、不合理、不合宜的做法，必須加以釐清，所以我不得不大聲疾呼，以正視聽。

「安樂死」的迷思與盲點之三：「安樂死」的基本理由根本就不成立

如前文中所述，以荷蘭、比利時、盧森堡等三個安樂死合法化的國家為例，「安樂死」的主要理由是，病人處於「末期」、「不能減輕」和「不能忍受」的身體疼痛情況中，但是必須病人自己主動表達意願，而且必須「由醫師證明」病人確實處於「末期」、「不能減輕」和「不能忍受」的生理痛苦中，但是「不包含」心理及精神方面的痛苦，醫師和病人之間也得先達成共識才能實施。其實，我仔細深入地探究、分析之後，發現這些理由根本是「虛假的議題」，所以在比利時才會衍生出那麼多的弊端！

首先，如果病人已經處於「末期」，根本就「來日無多」，為什麼還須以人為干預方式加工促死？那不是很奇怪嗎？媒體報導：傅達仁罹患胰臟癌末期，二〇一七年十月被醫師告知僅剩兩個月生命，如果傅達仁真的相信醫師的判斷，那麼不久之後時間到了，「自然就會死」，還有「安樂死」的必要嗎？可見以「末期」為「安樂死」的理由是自我矛盾的！

其次，就是所謂「不能減輕」和「不能忍受」的身體疼痛情況，我們就來談一下人體對於疼痛的感受與反應。醫學上將人體疼痛的程度，由輕微到嚴重，分為十個等級，按照這樣的分法，最最嚴重的疼痛是「孕婦臨盆」——特別是初產孕婦的分娩，其疼痛的程度可以達到八至九級，甚至有少數的產婦可達到十級的疼痛。由此可知，孕婦分娩可真的是「十分痛苦」的一件事，而且順產的情況會比剖腹產還要疼痛，因為胎兒要從產道裡出來。根據一些孕婦生產的親身經驗，臨盆時陣痛密集的感受真有如落入地獄一般的痛苦，「痛不欲生」或許可以貼切形容產婦當時的身心狀態。

但是，「生完後，一聽見baby洪亮嚎哭聲，所有疼痛都抛到九霄雲外了」這也是絕大多數產婦在迎接新生命時的喜悅心聲。由此可知，極端的肉體疼痛還是可以超越克服的，就像是孕婦意識到她所承受的疼痛，是迎接新生命的前奏，而在新生命降臨時，不但一切疼痛都化解了，而且充滿了喜悅。

其實，癌症本身並不一定會造成身體疼痛，絕大多數的癌症在初期、中期甚至於末期都是無聲無息、不痛不癢的，不然患者早就察覺了，怎麼會拖到事態嚴重或末期才發現？

再者，從臨床醫學的實證研究來看，癌症患者的肉體疼痛或身心的難過不適，並非完全是由於疾病本身所直接造成，有相當大的比例是因為手術及治療過程所產生的後遺症或併發症。整體而言，絕症及末期病人身心上諸多的痛楚，其實在肉體與生理層面上的疼痛只佔一小部分，心理或精神層面上的苦楚佔了大部分。前者可以透過「疼痛控制」或「症狀處理」而得到有效的緩解；後者則無法經由藥物減輕，而必須透過「心理輔導、精神治療」乃至宗教層面的「靈性照顧」來化解。

我在二〇〇二年八月下旬至九月初，曾經參加臺灣安寧照顧協會舉辦的「安寧照顧學習之旅」，隨團遠赴澳洲西部伯斯（Perth）的安寧機構見習取經，發現澳洲的安寧照顧（Hospice Care）以及緩和醫療（Palliative Care）都做得非常好，比臺灣先進許多。他們的醫師針對癌症及末期病人身心疼痛的緩解，對於疼痛控制及症狀處理，非常先進與專業。除此之外，心理輔導、精神治療以及宗教層面的靈性照顧也都融入到澳洲的安寧照顧體系當中。我深深覺得，澳洲的癌症及末期病人，能夠在那樣的醫療環境中往生，是非常幸福的，根本就沒有要不要「安樂死」的問題。

此外，根據Robert G. Twycross與Sylvia A. Lack兩位醫師在臨床醫學研究與分析，「整體的痛苦」（total pain）可以分析為四個區塊：肉體生理面向、心理面向、情緒面向、精神面向，其個別的內涵分析如下：一、肉體生理反應面向的疼痛，有治療的副作用及其他衍生的症狀等等；二、心理反應面向的苦楚，有鬱卒、失去社會地位、失去收入、失去在家庭中的角色、長期疲憊及失眠、無助感、憔悴不成人形等等；三、情緒反應面向的苦楚，有憤怒、抱怨醫療及健保體系的官僚作風、耽誤了診斷、找不到醫師、治療失敗、朋友不來探望等等，四、精神反應面向的不安及恐懼，有焦慮、恐懼去醫院或安養院、恐懼疼痛、擔心家庭財務經濟、靈性上的不安、對未來的不確定感等等。

從上述的分析，我們可以看出，絕症及末期病人身心的「整體痛苦」，肉體生理的疼痛只佔一部分，大部分是「心理、情緒、精神及靈性」上的苦楚。幸而所有這些絕症及末期病人所遭遇到的身、心、靈問題，都是可以透過安寧照顧以及緩和醫療而得到相當程度的緩解，絕對沒有那種「痛不欲生」且「無法緩解」而必須「及早了斷」的情況。由此，我們可以更深刻地了解到「安寧照顧」以及「緩和醫療」，對絕症與末期病人及其家屬的重要性。

美國著名的精神醫學暨死亡學者伊莉莎白・庫布樂・羅絲醫師（Dr. Elisabeth Kübler-Ross，一九二六—二〇〇四），畢生致力於陪伴照顧絕症末期與臨終病人凡四十多年，有非常豐富的臨床實務經驗，公開大聲疾呼反對「安樂死」。在她一九九一出版的《論死後生命》（*On Life after Death*）一書中，她提到透過現代的醫療及護理措施，可以讓末期病人維持身心的安適、清潔，緩解疼痛，根本就沒有「安樂死」的問題。

在羅絲醫師前二十年的臨床實務經驗裡，只有一位病人要求「安樂死」，一開始她不了解為什麼病人會做此要求？她就到病人床邊坐下來問他。病人說：並不是他自己想要

「安樂死」，而是他母親的問題，因為他母親無法再承受他現在的狀況，已經到達極限了，所以他才答應母親要「安樂死」，以求解脫現在這樣的情境。原來並不是病人無法忍耐肉體的疼痛，也不是母親不愛自己的兒子，而是他母親「在精神上」無法承受他目前的處境。了解了情況之後，羅絲醫師就去安慰開導病人的母親，化解了生死的困局及一場可能產生的遺憾。

庫布樂・羅絲醫師的現身說法告訴大家，如果我們用愛心與關懷來照顧絕症與末期的病人，同時也關心病人的家屬，幫助他們在病人這一期生命的最後階段，完成他們未完成的任務及功課，沒有人會要求「安樂死」的。

「安樂死」的迷思與盲點之四：「安樂死」美麗言詞包裝底下不為人知的事實情況

我曾在二〇一七年刊出的〈「安樂死」的迷思與解套之方〉系列文章中，提到美國密西根州的退休病理學者（pathologist）傑克・克渥基安（Jack Kevorkian，一九二八—二〇一一），他發明了兩款助人自殺的器材（分別命名為Mercitron與Thanatron），而且直接用以幫助自願安樂死的病人，提早結束生命，是故人稱「死亡醫師（Dr. Death）」。他公開提倡透過「醫師協助的自殺」（physician-assisted suicide），完成所謂「末期病患」的

「死亡的權利（the right to die）」與「死亡的尊嚴（the dignity of death）」；他生前聲稱已經協助了至少一百三十名患者結束生命。一九九九年，克渥基安因為二級謀殺罪被判處十到二十五年徒刑，自一九九九年入獄服刑八年，於二〇〇七年六月一日，他同意不再為病人提供自殺建議及協助，不參與任何涉及「安樂死」的協助自殺行為，也不鼓吹或談論有關協助自殺的過程，在此條件下獲得假釋出獄。

社會大眾很容易被「安樂死」的「美麗言詞包裝」所迷惑，諸如：「死亡的權利」、「死亡的尊嚴」與「自我掌控生命」等等。克渥基安曾說：「我幫助病人的目的不是造成死亡，我的目標是結束痛苦，它（意指「安樂死」）必須被合法化。」如果真的是出於悲天憫人的善心善行，為什麼克渥基安會被判處重刑而坐牢？那不是天大的冤枉嗎？請各位讀者先看完我在下文所引述的事實內容，然後再做判斷。

根據《底特律自由報》（*Detroit Free Press*）的報導，在克渥基安的幫助下「被自殺」的一百三十名患者中，有百分之六十「根本就不是末期病人」，至少有十三人「未曾抱怨過身體疼痛」。該報導進一步斷言，克渥基安對於患者的診斷諮詢過於簡單草率，至少有十九名患者在與克渥基安初次見面後「不到二十四小時」就被「安樂死」，簡直是草菅人命！至少有十九件案例欠缺精神症狀檢查，其中有五人有憂鬱症病史，儘管克渥基安有時候會被提醒，病人不舒服、不快樂的理由，其實是醫療狀況以外的其他因素，但是他完全不予考慮。非常諷刺的是，克渥基安自己在一九九二年寫道，在執行「協助自殺」時，總是需要諮詢精神科醫師，因為一個人的「精神狀態是最重要的」，很顯然是說一套、做一套。

該報導還指出，至少有十七名患者因為「慢性疼痛」而求助於克渥基安，但是他卻沒有轉介給「疼痛專科醫師」。有時候他還沒有得知病人完整的病歷紀錄，就逕行幫病人自殺，至少有三件由克渥基安協助自殺的案例，在解剖驗屍之後，發現「被自殺」的人根本就「沒有任何身體疾病」的跡象。Rebecca Badger是克渥基安的病人——同時也是有精神問題的藥物濫用者，卻被誤診為「多發性硬化症」。

該報導還說到，克渥基安的第一個「安樂死」患者珍妮特・阿德金斯（Janet Adkins）根本就還沒有和克渥基安談過話，就被挑選要率先執行「安樂死」，克渥基安只是和她的丈夫談過話而已。當克渥基安在要幫她自殺的前兩天，第一次見到珍妮特的時候，他「根本沒有真正用心去確認阿德金斯女士是否真的希望結束自己的生命」，這段話是密西根州上訴法院在一九九五年的一項判決所陳述的，該項判決堅持克渥基安的行為嚴重違法。

【慧開按：珍妮特・阿德金斯女士生前是一位任職於大學的殘障輔導員，當她被診斷得了阿滋海默症的那一天，就下定決心要「安樂死」。顯然她的丈夫和兒子也支持她的決定，而且她丈夫還為她找上了克渥基安，以至於克渥基安還沒有跟她談過話，就決定讓她成為自己的第一個「安樂死」病人。】

根據《經濟學人》（*The Economist*）雜誌的報導：「研究克渥基安的人認為，雖然（那些被「安樂死」的患者當中）有許多人的病情惡化，可能是癌症或神經系統疾病，但通常「都不是末期」的，驗屍報告顯示有五個人「完全沒有任何疾病」。那些來找他協助自殺的人，女性多於男性，往往是未婚的，並且在和醫師交談時通常會很不自在。只有略多於三分之一的人處於疼痛情況，有些人可能只是患有疑病症或憂鬱症而已。」

伊莉莎白・庫布樂・羅絲醫師曾於一九九四年接受美國加州聖荷西州立大學（San Jose State University）名譽教授肯尼斯・克萊莫（Kenneth Kramer）的訪談，其內容全文後來在羅絲醫師往生（二〇〇四年八月）後，首次刊載於*OMEGA- Journal of Death and Dying*。【慧開按：OMEGA是一份探討死亡與臨終的著名期刊】

在訪談中，羅絲醫師很坦白地表達她全然反對克渥基安幫病人自殺的行為。她提到曾經邀請克渥基安來參加她的一場工作坊，她想要了解他為什麼會到處幫人自殺。她絕對相信他有一些未完成的生命功課，可能是他無法幫助自己的妻子善終，這是羅絲醫師的推測，她並不確定。她告訴他，她可以治癒他未完成的生命功課，然後他不必將他的餘生都花在幫人自殺上面。克渥基安說「好」，他會來的，但是第二天，她接到電話，他改口說只有在她同意親眼目睹他幫人自殺的案例一次之後才會來。她回覆說她不能那樣做，因為她完全不同意他的殺人行徑。她確信他會濫用這件事做公關，做為廣告噱頭。看了這一段羅絲醫師所述她和克渥基安的互動，透露出他們兩人應該相互認識，而且彼此很清楚對方的所作所為，這也讓我不由得懷疑克渥基安幫人自殺的真正動機與心理癥結究竟何在？

我在前文中，引述了《底特律自由報》（*Detroit Free Press*）有關克渥基安幫人自殺的報導，起初我也很納悶他做為一位「專科醫師」，即使是出於善心真的想要幫病人「安樂死」，怎麼會犯下那麼多醫療上的錯誤和疏失？經過一番探索分析之後，才恍然大悟，而且發現不少鮮為人知的內情。

對照庫布樂．羅絲和克渥基安二人，雖然都有「醫師」之名，但實質截然不同。前者是真正的「臨床醫師」，窮其畢生的精力親身臨床照顧末期與臨終病人，陪伴及協助他們完成人生最後的功課，安詳地走完生命的全程；而後者「根本就不是」臨床醫師，也「從未」親身照顧關懷過任何病人，他只是個「病理學者」（pathologist）——也就說，他只是在病理實驗室裡檢驗探究病人身體組織切片的病理原因。他真正的興趣，根本就不在於關心末期或臨終病人的身心痛苦，而是在於人體死亡的相關生理實驗，類似於二次大戰期間納粹德國醫師在集中營裡對猶太人所做的人體實驗。

最早在一九五九年，克渥基安就在《刑法學、犯罪學暨警察學期刊》（*The Journal of Criminal Law, Criminology, and Police Science*）上發表文章，建議對死刑犯進行相關的「安樂死」實驗。其後，他又鼓吹從死刑犯身上摘取器官，然後移植到需要器官的病人身上。當然，他的主張不但一直都沒有獲得支持，而且多半都遭到反對，最後他退而求其次，以幫助末期與臨終病人「有尊嚴地死亡」為名，進行他的「安樂死」實驗。【慧開按：因篇幅關係，我無法在本文內詳述有關克渥基安的完整故事內容，未來有時間的話，我計畫寫一本完整討論「安樂死」以及克渥基安的專著。】

「安樂死」的迷思與盲點之五：尋求「安樂死」的真正原因其實是「生命的無意義感」

在美國有位極力「鼓吹自願性安樂死」的知名作者韓福瑞（Derek Humphry，一九三〇—），原係英國記者，在一九七〇年代為了患有乳癌的絕症妻子Jean，透過一位匿名的醫師取得致命的藥物，成功地幫她自殺。【慧開按：以今日的醫療觀點而言，乳癌是很普通的癌症，根本算不上是惡疾絕症，遠遠達不到要尋求「安樂死」的程度。】在愛妻死後，他移居到美國，於一九八〇年與第二任妻子共同創立提倡安樂死運動的「毒芹協會」（The Hemlock Society），出版了好幾本鼓吹安樂死的書籍。

我讀了他的著作《最後的出口》（*Final Exit*，一九九六第二版），書中舉了很多尋求「安樂死」或「協助自殺」以及向作者詢問相關問題的案例，我很仔細地閱讀並分析其內容，有二點發現：其一、並不是所有的尋求者或詢問者都是絕症、末期或嚴重殘障的病人，不少人既非絕症、亦非末期、更非傷殘，只是想「自我了斷」而已；其二、即使是絕症、末期或嚴重殘障的病人，他們希望「安樂死」的真正原因，主要並非身心的痛苦，而是極度的「生命無意義感」。

從美國到歐洲各國，就那些已經發生的「安樂死」與「醫師協助的自殺」實際案例而言，表面上的理由是為了追求「死亡的自主權」以及維護「死亡的尊嚴」，聽起來相當冠冕堂皇且義正詞嚴，但是經過仔細深入檢視，卻發現其背景因素不一而足，有種種不同於表面的隱藏理由，當然其共同點就是「一心想死」。而令人驚訝的是，那些「被安樂死者」並不全是因為惡疾絕症到了末期，也不必然是由於身心承受極大的痛苦，真正符合這樣程度的病人只佔其中一小部分，而且這一類的病痛問題大都可以透過安寧療護的臨床措施與照顧，得到很大程度的緩解。

隱藏在「安樂死」諸多表面理由背後的真正共通原因，其實是一種灰暗無助的「生命無意義感」，這是現代醫療科技無法解決的困境與難題，但這並不表示就完全無解，而是要「回歸到生命的靈性關懷與宗教探索層面」。當一個人的「生命無意義感」醞釀累積到達一定程度之後，就會認為自己生命已經走到山窮水盡的絕路，活著沒有意義、沒有前景，而產生想「一了百了」的「自殺欲求」。

當然，末期絕症或難忍的病痛，有可能會引發或者加重病人的「生命無意義感」，乃至於「想死」，但這當中並不存在絕對必然的客觀因果邏輯，其主觀的「人格特質」以及「人生觀」才是關鍵因素。在現實生活中，往往「有病的人活得很堅強」，而「沒病的人卻活得不耐煩」，所以「病痛本身」並不足以構成「想死」的真正理由，「生命無意義感」才是背後的關鍵原因。

為什麼「安樂死」與「醫師協助的自殺」有「市場」與「顧客」？

一個人即使「想死」，但是要真正採取實際行動，而且能夠成功地「自殺」，除了要有足夠「勇氣」外，最大的挑戰是，如何在「技術層面」上很「有效」地達到「理想」的自殺目的，這是相當「高難度」的事情。這裡所謂「有效」而又「理想」的意涵，包括了「效率」及「效能」，前者意指在時間上能夠「快速而不致拖延」，後者意指能夠「無痛苦」而且「有尊嚴」地自殺成功。

很顯然，諸如：跳樓、上吊、臥軌、投河、槍擊、切腹、服毒、塑膠袋套頭等等方法，不是太慘烈，就是太痛苦，而且死相難看，都不是「理想」且有「效率」的自殺方式，更談不上有尊嚴。我在前文中提到韓福瑞（Humphry）的著作《最後的出口》（*Final Exit*），他在書中提到很多人寫信問他：如果採取某種方法或方式自行了斷好不好？有什麼方法（方式）可以優雅而且無痛苦地自殺？或者請醫師協助自殺最好？書中有一章標題為「Death Hollywood Style」（好萊塢式的死法），然而作者認為電影及小說裡所描述的那些死法都不切實際，不能當真，統統不建議採用。另一章標題為「Bizarre Ways to Die」（怪異的死法），羅列了不少奇奇怪怪的自殺方法，都不符合有效的理想死法。

此外，對於某些末期重症病人或者重度身障者而言，他們往往沒有行為能力可以自行採取行動自殺，所以必須獲得他人的從旁協助，才有可能完成自殺的心願。其實，不論有無行為能力，要想能夠有效、無痛苦、優雅地自殺，必須要有某種專業的知識與技術才能夠成功，這也就是為什麼「安樂死」與「醫師協助的自殺」會應運而生，而且會持續不斷有「市場」及「顧客」的原因。只要有「需求」就會有「供給」，這是自古以來的市場法則。然而，市場的產生與存在，並不意味它就是合理或合法的，就像是毒品氾濫與槍枝氾濫的情況一樣，並不意味其存在即是合理、合法的。

「安樂死」的迷思與盲點之六：「安樂死」尋求者與推動者的斷滅見——完全看不到「生命的未來」與「未來的生命」

接下來，我要再為大家進一步分析隱藏在「安樂死」現象背後的最根本問題，亦即「生命觀」的建構問題，這是涉及「安樂死」如何能夠真正解套的「哲學思考」與「心理建設」問題。「安樂死」問題的真正解套，是在「哲學思考探索」與「宗教靈性開展」的層面上，而不在「醫療科技」的層面上，醫療科技反而是產生問題的根源。

普世的眾生對於自我的生命，存在有二種極端的欲求：第一種是自我生命「存在及永恆延續」的欲求，也就是希望自我生命能夠青春永駐且無限長存，能夠不斷地享有世間的財富、愛情、名位、權力等等，直到永遠。古來多少帝王信奉黃老之術，煉丹求仙，希望能夠長生不死。現代人則不再迷信神仙之術，轉而求助於科技迷思的「冷凍人」或「複製人」，形式雖有異，其欲求一也。但是落在人生的現實面，希求肉體生命的永恆存在，終歸是一種不切實際的妄想及幻想。絕大多數現代人已經不再迷信我們的生身肉體真的能夠「長生不死」，但是仍然極力抗拒死亡的到來，希望能夠仗持醫療科技的進步，儘量延續死亡的蒞臨。

與上述第一種完全相反，第二種是自我生命「斷滅及不復存在」的欲求，乍看之下非常矛盾。其實這種「生命斷滅及不復存在」的欲求，就是一種「自殺」動機與行為的根源。當然「自殺現象」是非常複雜的個人與社會問題，有種種的個人加上環境的主、客觀因素，以及千奇百怪的不同原因。此外，自殺有種種深淺不同的意義層面，譬如：殉國、殉難、以死明志、以死謝罪等等，諸如此類則並非自我否定生命，而是以死亡做為生命的「另一種展現」，不屬於我現在要談的「自殺欲求」，各位讀者可以參閱《生命是一種連續函數》書中〈死亡是一種生命的展現〉一文。

我現在要談的「自殺欲求」，其核心思考是以「斷除生命」為終極目標，讓個人身心所有的痛苦、問題與煩惱能夠藉此「一筆勾消」，而「安樂死」就是他們認為能夠成功有效達到「斷除生命」的終極手段。

如果生命真的可以如其所願地「一了百了」，那麼對於尋求「安樂死」的人士而言，可真的是天大的福音，問題就在於有情的生命根本就不可能如此地「一了百了」，而是徹頭徹尾地「沒完沒了」，就如同白居易在《長恨歌》中所言：「天長地久有時盡，此恨綿綿無絕期」。

從佛教的觀點而言，有情的生命是「不生不滅」，這是佛教對於一切有情生命的如實知見。一言以蔽之，對於十法界的一切眾生而言，無始無終、無窮無盡的生命之流，並不是（也無須）被外力所創造出來的，這就是「不生」之義；同時也無法被任何力量所摧毀、終結或滅除，這就是「不滅」之義。

根據《唯識三十頌》（世親菩薩作・玄奘大師譯）：「由假說我法，有種種相轉，彼依識所變；此能變唯三：謂異熟思量，及了別境識。初阿賴耶識，異熟一切種，不可知執受，處了常與觸，作意受想思，相應唯捨受，是無覆無記，觸等亦如是，恆轉如瀑流，阿羅漢位捨。」

如上所述，從佛教唯識學的觀點來看，一切有情生命的主體，亦即阿賴耶識（第八意識），連同末那識（第七意識），其存在及活動狀態為「恆轉如瀑流」，也就是像瀑布一樣地永恆不停轉動；要一直到有情個體證悟到阿羅漢的果位，才能夠因為「轉識成智」而將如瀑流般的意識（亦即「妄念」）轉化為般若智慧而畫下休止符。換言之，一切有情個體在尚未證悟到阿羅漢果位之前，即使在其肉體死亡的那一剎那，他的意識之流仍然像瀑流一般地波濤洶湧，不斷地流轉。

因此，如果我們將「死亡」定義為「個體生命的斷滅與消失」，那麼，從佛教的立場來看，這樣的「死亡」——亦即絕對意義的死亡，根本就不存在、也不成立的。一言以蔽之，有情眾生的「生命」根本就不曾、也不會死亡，而是不斷地流轉，生死交替循環，一段接著一段，而構成綿延不絕的「分段生死」，無始無終。

我們所實際經驗到的「死亡」現象，只是「相對意義」的死亡，亦即「分段生死」的「轉捩點」與「銜接點」。換言之，有情眾生肉體的「死亡」，只是無限的靈性生命在跨越生死之際，所經歷的一種「時空轉換狀態」；從當世的角度觀之，是「一期生命」的「落幕」，從來世的角度觀之，則是過渡到「下一期生命」的開始。

結語：「安樂死」的真正解套之方是「求往生」

有情的生命，是「無窮無盡的心識之流」所展現出來的，而且以一期生命接著一期生命的方式串聯起來，生命內在的心識之流，是不可能被摧毀滅除的，所以「欲安樂死者」或是「欲自殺者」，希望能「一了百了」地斷除生命的目的，是根本無法達到的，生命困境的真正解套之方，就是好好地活者，然後一心一意地「求往生」。

回歸大自然的生命機制，順應肉體生命自然死亡的歷程

其實，我們一期生命的肉體本來就會自然死亡，肉體的自然死亡「不是疾病」，而是「大自然的生命機制」，老人或病人的自然死亡與嬰兒的出生一樣，有其個別自然的節奏與時機（timing），本來就無須，也不應當遭受到人為的醫療干預。

肉體的自然死亡，就像是落葉歸根、瓜熟蒂落一樣，會經歷一段自然凋謝的歷程。在不受任何醫療干預及干擾的情況下，將養分與精力集中保留到大腦，臨終者才有機會保持意識清楚，而且「正念現前」，輕鬆愉快地「往生」。肉體的自然死亡，就有如電腦作業系統關機一樣，萬一在關機過程中，有不當的指令強行介入阻礙關機，則會導致當機！

當已經確知面臨一期生命的末期，就應該要一心一意地「求往生」

當面臨一期生命的末期時，絕大多數現代人的反應都是走極端，不是一味地「求生」而不斷遭受醫療急救的摧殘，就是一味地「求死」而以醫療干預的方式「安樂死」，這兩種極端都是錯誤的生命處置方式。

一味地「求生」而不斷遭受醫療過度不當干預，導致病體一直消耗到「多重器官衰竭」，結果會因為耗盡僅有的精神與體力，最後死得很淒慘！至於「安樂死」，表面上看起來好像是沒有痛苦，其實是以注射過量毒藥的方式強制心臟驟然停止跳動而猝死，等於是以人為干預方式令肉體生命「強制關機」，可以說是「非常愚蠢的死法」！這兩者有一個共通之處，就有如不讓生命的關機程式自然跑完，而以人為醫療干預的方式強制關機，造成生命當機！

不走極端，中道而高明的做法就是「求往生」，「求往生」絕對不是要放棄生命「求死」，而是要養精蓄銳，保留足夠的精神與體力，集中心念發願往生，持誦佛號醞釀與佛、菩薩感應道交而來接引的契機。如果不是佛弟子，也可依照個人的宗教信仰，稱念諸如：三清道祖、瑤池金母、耶穌基督、真主安拉等聖靈的名號，以求往生到個人心目中的天堂或歸宿。因此，一個人發願「求往生」，無礙於「好好地活著」直到往生，這是「生命永續」的具體實踐。

為什麼我一再強調：想要如願往生淨土或天堂，千萬不能有醫療的不當干預，而且千萬要保留精神與體力做為往生之用，因為「真正的往生」並不是一種消極的「狀態」，而是一項積極自主的「行動（action）」，必須要有足夠的動能（也就是最後的精神與體力）支持才能完成。這個道理大家一定要深切地了解，並且要與親朋好友廣為分享。

電腦要能正常順利地開機、關機，必須要有足夠的電力（power）支持才能運作，當電腦要關機的時候，萬一關機程式還沒跑完，就沒電了！會發生什麼情況？當機！同樣的道理，任何人要想善終，更進一步地想要如願往生，在臨終捨報的時候，要能夠跟阿彌陀佛（或者耶穌基督等聖靈）連線（online），屆時如果沒有精神和體力做為動能是絕對不行的！

一個人在臨終捨報往生之際，欲求與阿彌陀佛（或者其信仰上的聖靈）感應道交，有二項關鍵要素：一者、體力要足夠，就有如手機的電池要有足夠的電力，臨終者才有能量跟阿彌陀佛連線（online）。二者、精神要充沛，意識要清楚，才能正念現前，就如同手機接受wifi訊號的力度要夠強，欲往生者才能夠與阿彌陀佛連線（online）。以上二者兼備，才能夠與阿彌陀（或者其信仰上的聖靈）感應道交，才能蒙佛接引（或者蒙主恩召）。

各位讀者看完我的分析，就可以了解：生命原本就充滿著無限的希望，往生佛國淨土或者天堂的大門永遠是開著的，「安樂死」反而是讓生命鑽入死胡同而不得解脫。

【愛・生命012】

生命的永續經營（中冊）

生死大事的抉擇課題：不做生命的延畢生 優雅謝幕風光畢業

國家圖書館出版品預行編目(CIP)資料

生命的永續經營. 中 / 慧開法師著. -- 初版. --
新北市 : 香海文化, 2020.10
面； 公分
ISBN 978-986-97968-7-3 (平裝)

1.生死觀 2.人生觀 3.佛教修持

220.113 109004021

作者 慧開法師

總編輯 賴瀅如
主編 田美玲
編輯 蔡惠琪
封面設計 翁翁
美術設計 不倒翁視覺創意・翁翁

出版・發行 香海文化事業有限公司
發行人 慈容法師
執行長 妙蘊法師

地址 241新北市三重區三和路三段117號6樓
110臺北市信義區松隆路327號9樓
電話 (02)2971-6868
傳真 (02)2971-6577
香海悅讀網 www.gandha.com.tw
電子信箱 gandha@gandha.com.tw
劃撥帳號 19110467
戶名 香海文化事業有限公司

總經銷 時報文化出版企業股份有限公司
地址 333桃園縣龜山鄉萬壽路二段351號
電話 (02)2306-6842

法律顧問 舒建中・毛英富
登記證 局版北市業字第1107號

定價 新臺幣390元
出版 2020年10月初版一刷
2021年 6 月初版三刷
ISBN 978-986-97968-7-3（中）
978-986-97968-9-7（套號）
建議分類 生死觀｜人生觀｜佛教修持